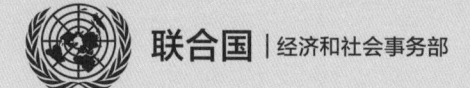

世界公共部门报告（2023）

后疫情时代通过机构转型实现可持续发展目标

联合国经济和社会事务部 / 编

上海社会科学院信息研究所 / 译

联合国经济和社会事务部的宗旨

联合国经济和社会事务部（United Nations Department of Economic and Social Affairs, UN DESA）是经济、社会和环境领域的全球政策与国家行动之间的重要纽带。该部门的工作主要涉及三个相互关联的领域：(1) 汇编、制作和分析范围广泛的经济、社会和环境数据与信息，供联合国成员国在审查共同问题和评价政策抉择时加以使用；(2) 促进成员国在国际机构框架内就采取什么联合行动方针来应对现有或者新出现的全球性挑战进行谈判；(3) 就联合国各次会议和首脑峰会上制定的政策框架转化为国家方案的方式方法向有关政府提供咨询意见，并通过技术援助来协助国家能力建设。

免责声明

本出版物中采用的名称和展示的材料不意味着联合国秘书处对下列问题表达任何官方意见，如任何国家、领土、城市、地区和其管理当局的法律地位，以及对其边界或国界的划分。本出版物中所用"国家"和"经济体"等词也只在适当的情况下代表领土和地区。本出版物中采用的国家组别来源于联合国统计司的分类，并不代表对特定国家或地区当前发展阶段的判定，而仅仅是为了统计和分析的方便。本出版物提及的任何公司、组织、产品或网站，并不意味着联合国对其官方的认可和支持。

为读者方便，本出版物提供相关网站的链接及其信息，并保证其在出版时完全正确。对于这些信息以及外部网站后续内容的准确性，联合国不负任何责任。

本出版物内容仅代表作者个人观点，并不代表联合国秘书处的立场，也不代表其他为其做出贡献的组织或个人的意见。

© 2023 联合国中文版
© 2023 联合国英文版

全球保留所有权利。未经事先许可，不得以任何形式或通过任何手段（电子、机械、影印、录制或其他方式）复制，储存于检索系统或传播本出版物的任何部分。

中文译本由上海社会科学院信息研究所资助出版。
统筹：吴雪明
协调：丁波涛、程福财、钱运春、汪怿、侯佳嘉。
翻译：王兴全、李天驹、季佳榕、施悦、陈新野、杨亚、王赛锦、毛志遥、刘子钰、史万春、康茫华。
任何疑问都将由翻译人员处理，翻译人员对翻译的准确性负责。

出版号：ST/ESA/PAD/SER.E/217
ISBN：978-92-1-002909-4
eISBN：978-92-1-358502-3
ISSN：2411-8923
网络ISSN：2411-8931
销售号：E.23.II.H.1
建议引用：联合国，2023年，《世界公共部门报告（2023）：后疫情时代通过机构转型实现可持续发展目标》，经济和社会事务部公共机构和数字政府司（Division for Public Institutions and Digital Government, DPIDG），纽约，9月。
网址：publicadministration.un.org
Clung Wicha 印刷有限公司排版
联合国纽约总部印刷

序

在《世界公共部门报告（2023）：后疫情时代通过机构转型实现可持续发展目标》（简称《世界公共部门报告（2023）》）中文版即将出版之际，我谨代表联合国经济和社会事务部公共机构与数字政府司，对该书的出版表示衷心祝贺！

随着《变革我们的世界：2030年可持续发展议程》（*Transforming Our World: The 2030 Agenda for Sustainable Development*, 简称《2030年议程》）的实施进入中期，我们不禁反思过去几年中所面临的诸多考验，以及这些考验如何塑造我们的未来。新冠疫情（COVID-19）的全球大流行、俄乌冲突的爆发、气候变化的加剧，这些事件不仅考验了人类社会的韧性，也暴露了我们在实现可持续发展目标（SDGs）过程中的脆弱性和不足。

《世界公共部门报告（2023）》旨在深入探讨后疫情时代通过机构转型实现可持续发展目标的路径。报告不仅是对过去经验的总结，更是对未来行动的指引。它强调了公共机构和公共管理在推动可持续发展中的关键作用，尤其是在全球范围内促进和平、正义和建立强大机构的重要性。报告的核心在于3个关键问题：如何增强政府与社会的信任关系；如何评估和解决政策优先事项；如何通过创新来改革公共部门。这些问题不仅关系政府的公信力和治理效能，更关系每一个公民的生活质量和未来的福祉。

在《2030年议程》的指引下，我们认识到实现可持续发展目标需要全球的共同努力。各国政府、私营部门、民间社会组织以及每一位公民都扮演着不可或缺的角色。我们需要加强合作，提升透明度，确保政策的连贯性和一致性，同时在面对复杂的全球性挑战时，展现出更大的灵活性和创新性。

《世界公共部门报告（2023）》通过深入分析和案例研究，为我们提供了宝贵建议。它不仅是一份政策制定者和实践者的参考资料，更是激励我们共同行动、推动变革的号角。在这份报告中，我们看到了全球各地在新冠疫情中展现出的创新精神和坚韧不拔的努力，这些经验无疑将为我们在未来的挑战中提供宝贵的启示。我们生活在一个充满不确定性的时代。但《世界公共部门报告（2023）》提醒我们，通过集体智慧和共同努力，我们完全有能力克服挑战，实现更加公正、包容和可持续的未来。让我们携起手来，通过机构转型推动实现可持续发展目标！

加快公共部门转型、促进可持续发展是全球共同的任务。我相信，《世界公共部门报告（2023）》中文版出版将有助于促进中国与各国在此领域的交流合作，携手推动可持续发展目标的实现。

朱巨望
司长
公共机构与数字政府司
经济和社会事务部

前言

公共机构和公共管理在实现可持续发展目标（SDGs）中扮演着至关重要的角色。关于和平、正义和机制的专门目标（可持续发展目标16）进一步强调了有效治理对可持续发展的重要性。

新冠疫情的出现影响了人民与政府间的关系，这种长期趋势和风险逐渐被凸显，甚至在某些情况下被加剧了。舆论两极分化、错误信息和虚假信息增加、不平等现象加剧、数字鸿沟加深以及机会减少等后果正在不断涌现。政府在政策权衡、风险预估、危机应对以及与公众沟通等关键职能方面的疲软再难掩饰，民众在获得教育、卫生和司法等基本公共服务方面的不平等现象也暴露无遗。正如联合国秘书长的报告《我们的共同议程》所反映的那样，应对这些挑战现已成为国际优先事项。

与此同时，在疫情期间，公共机构在运营方面及与人们的互动方面都出现了必要的新方式。一些部门发生了翻天覆地的变化，这既带来了积极影响，也带来了消极影响。各国政府通过与非国家行为体的合作，探索提供公共服务的新方式，并且想方设法维持或扩大政府关键行动的透明度和问责制度。这些创新的成功与失败为未来提供了许多经验和教训。

要实现《2030年议程》所要求的转型，扩大成功创新的规模和范围至关重要。我们必须识别那些能使公共机构更具有效性、抗冲击性、参与性、包容性和前瞻性的创新，以及能引领社会变革、更加公开透明并能够对自己负责的创新，这也体现在可持续发展目标16.6和16.7中。

在此背景下，《世界公共部门报告（2023）》提出的问题是：我们应如何利用这些创新推动实现《2030年议程》？

我期待这里详细的案例和建议能够激励各国政府利用制度创新来推动《2030年议程》。距离实现可持续发展目标仅剩7年，我们必须加倍努力，使公共政策和公共机构达到《2030年议程》所提到的转型要求。

李军华
联合国副秘书长
主管经济和社会事务部

致 谢

《世界公共部门报告（2023）》由联合国经济和社会事务部公共机构和数字政府司编写。该报告由朱巨望负责，由David Le Blanc领导的联合国工作人员小组编写。小组成员包括Lisa Ainbinder、Xinxin Cai、Aránzazu Guillán Montero、Jessie Kalepa、Seok-Ran Kim、David Lung'aho和Valentina Resta。工作组感谢为本报告撰写23篇文论的38位专家（见下文），以及2022年8月在纽约参加会议（《世界公共部门报告（2023）》启动会议）并制定本报告框架的专家。

本报告由Terri Lore编辑。

公共机构和数字政府司实习生Sabrina Ali、Kiana Schwab和Sinan Li为本报告提供了研究支持和意见。

作者

第1章由Lisa Ainbinder负责协调，撰写了概述部分。本章由以下专家撰写：Jeffrey Owens和Ruth Wamuyu（WU全球税务政策中心）；Müge Finkel和Melanie Hughes（匹兹堡大学性别不平等研究实验室）；Torsha Dasgupta、Mirza Shadan和Kaushik Bose（全球健康战略）；Valeria Betancourt（进步通信协会）；Sarah McCoubrey（CALIBRATE）；Elly Page和Alexandra DeBlock（国际非营利法中心）；James Sloam（伦敦大学皇家霍洛威学院）；以及Naledi Mashishi（前"非洲检查"研究员）。

第2章由Aránzazu Guillán Montero负责协调，撰写了概述部分。本章由以下专家撰写：Nina Weitz（斯德哥尔摩环境研究所）、Karin Fernando和Thilini De Alwis（贫困分析中心）、Franklin Carrero-Martínez（美国国家科学院、工程院和医学院）、Cherry Murray（亚利桑那大学）、E. William Colglazier（美国科学促进协会）和Emi Kameyama（美国国家科学院）；Catarina Tully（国际未来学院）；Carlos Eduardo Lustosa da Costa（巴西审计法院和全球治理管理学院校友）、Isabela Maria Lisboa Blumm（全球治理管理学院校友）和Simran Dhingra（康拉德-阿登纳基金会印度办事处，全球治理管理学院校友）；Rolf Alter（赫蒂学院）；Raquel Ferreira、Aura Martínez和Juan Pablo Guerrero（财政透明全球倡议）；Omar A. Guerrero（艾伦-图灵研究所）和Gonzalo Castañeda（经济研究与教学中心）；以及Ole F. Norheim（卑尔根大学卑尔根伦理与优先事项制定中心）。

第3章由Valentina Resta负责协调，撰写了概述部分。本章由以下专家撰写：Jonathan Fox（美国大学国际服务学院）；Nick Thijs和Jamie Berryhill（经济合作与发展组织）；Ankita Meghani和Taryn Vian（旧金山大学）；Louis Meuleman（鲁汶大学）；Odette Ramsingh和Carlien Jooste（Sefako Makgatho健康科学大学）；以及Geert Bouckaert（鲁汶大学）。

第4章由David Le Blanc根据报告小组的意见撰写。

同行评审人员

第1章：Jonathan Perry（联合国经济和社会事务部）、Marta Roig（联合国经济和社会事务部）和MandeepTiwana（CIVICUS公民参与联盟）。

第2章：Cameron Allen（莫纳什可持续发展研究所）、Clovis Freire Junior（联合国贸易与发展会议）和Marcelo LaFleur（联合国经济和社会事务部）。

第3章：Sture Patrik Andersson（联合国经济和社会事务部）、John-Mary Kauzya（斯泰伦博斯大学）和Hyam Nashash（联合国公共行政专家委员会前成员）。

以下个人为本报告做出了贡献：Yamini Aiyar（Center for Policy Research政策研究中心）；Lisa Amsler（印第安纳大学奥尼尔公共与环境事务学院）；Shermon Cruz（Center for Engaged Foresight参与展望中心）；Jessie Kalepa（联合国经济和社会事务部）；Wai Min Kwok（联合国经济和社会事务部）；Gogontlejang Phaladi（希望之柱项目）；Mandeep Tiwana（CIVICUS公民参与联盟）；Lelio Rodriguez Pabón、Leonardo Fassel Buitrago Gil、Claudia Numa Paez、Monica Diana Parada Moreno和Diana Paola Quiroga Veloza（哥伦比亚财政和公共信贷部）。

缩略语

AI	Artificial Intelligence 人工智能	
APC	Association for Progressive Communications 进步通信协会	
A4R	Accountability for Reasonableness 合理问责制	
BEPS	Base Erosion and Profit Shifting (project) 税基侵蚀和利润转移项目	
BW4SD	Be Wise for Sustainable Development (initiative) 智慧地看待可持续发展倡议	
CCT	Conditional Cash Transfer 有条件现金转移支付	
CEPA	Committee of Experts on Public Administration 公共行政专家委员会	
CIDE	Centro de Investigación y Docencia Económicas 经济研究与教学中心	
CIEP	Centro de Investigación Económica y Presupuestaria 经济与预算研究中心	
CIMULACT	Citizen and Multi-Actor Consultation on Horizon 2020 (project) 公民和多方行动者关于"地平线2020"计划的咨询	
CMP	Change-Maker Project 变革者项目	
CMU	Carnegie Mellon University 卡内基梅隆大学	
CoG	Centers of Government 政府中心	
COP	Conference of the Parties to the United Nations Framework Convention on Climate Change 联合国气候变化框架公约缔约方会议	
COVID-19	Coronavirus Disease 2019 2019新型冠状病毒（新冠疫情）	
CSO	Civil Society Organization 民间社会组织	
DHIS2	District Health Information System 地区卫生信息系统	

DPIDG	Division of Public Institutions and Digital Government	
	公共机构和数字政府司	
ECOSOC	United Nations Economic and Social Council	
	联合国经济及社会理事会	
eVin	Electronic Vaccine Intelligence Network	
	电子疫苗情报网络	
FMIS	Financial Management Information System	
	财务管理信息系统	
GDP	Gross Domestic Product	
	国内生产总值	
GIFT	Global Initiative for Fiscal Transparency	
	全球财政透明倡议	
GIRL	Gender Inequality Research Lab	
	性别不平等研究实验室	
G20	Group of 20	
	二十国集团	
HGG	Hawai'i Green Growth	
	夏威夷绿色发展	
HISP	Health Information Systems Programme	
	卫生信息系统计划	
HIV	Human Immunodeficiency Virus	
	人类免疫缺陷病毒	
HLPF	High-level Political Forum on Sustainable Development	
	可持续发展高级别政治论坛	
HNWIs	High-Net-Worth Individuals	
	高净值个人	
IAP2	International Association for Public Participation	
	国际公众参与协会	
IATT	United Nations Interagency Task Team on Science, Technology and Innovation for the SDGs	
	联合国可持续发展目标科学、技术和创新跨机构工作队	
ICEFI	Instituto Centroamericano de Estudios Fiscales	
	中美洲财政研究学会	
ICMR	Indian Council of Medical Research	
	印度医学研究理事会	
ICNL	International Center for Not-for-Profit Law	
	国际非营利法律中心	
ICT	Information and Communications Technology	
	信息和通信技术	

IIR	Income Inclusion Rule	
	收入纳入规则	
IMF	International Monetary Fund	
	国际货币基金组织	
INFF	Integrated National Financing Framework	
	综合国家融资框架	
INTOSAI	International Organization of Supreme Audit Institutions	
	最高审计机关国际组织	
KU Leuven	Katholieke Universiteit Leuven	
	鲁汶大学	
K-12	kindergarten through twelfth grade	
	幼儿园到十二年级一贯制	
LGBT	Lesbian, Gay, Bisexual and Transgender	
	女同性恋者、男同性恋者、双性恋者和跨性别者	
LGBTQI+	Lesbian, Gay, Bisexual, Transgender, Queer and Intersex	
	女同性恋者、男同性恋者、双性恋者、跨性别者、酷儿和间性者	
MGG Academy	Managing Global Governance Academy	
	全球治理管理学院	
MNEs	Multinational Enterprises	
	跨国企业	
NASEM	National Academies of Sciences, Engineering, and Medicine	
	美国国家科学、工程和医学院	
NHA	National Health Assembly	
	国家卫生大会	
NHS	National Health Service	
	国家卫生服务	
NWT	Net Wealth Taxes	
	净财富税	
OECD	Organisation for Economic Co-operation and Development	
	经济合作与发展组织	
OHCHR	Office of the United Nations High Commissioner for Human Rights	
	联合国人权事务高级专员办事处	
OPSI	(OECD) Observatory of Public Sector Innovation	
	公共部门创新观察站	
OTC	Over-The-Counter	
	场外交易	
PCR	Polymerase Chain Reaction	
	聚合酶链式反应	

PFM	Public Financial Management 公共财政管理	
PIC/S	Pharmaceutical Inspection Cooperation Scheme 药品检查合作计划	
PPI	Policy Priority Inference (research programme) 政策优先级推断（研究计划）	
PS4SD	Public Strategy for Sustainable Development (think tank) 可持续发展公共战略（智库）	
RBAP	(UNDP) Regional Bureau for Asia and the Pacific （联合国开发计划署）亚洲及太平洋地区局	
RIS	Research and Information System for Developing Countries 发展中国家研究和信息系统	
SADP	Sistema de Alta Dirección Pública 高级公共管理系统	
SAIs	Supreme Audit Institutions 最高审计机关	
SARS-CoV2	Severe Acute Respiratory Syndrome Coronavirus 2 严重急性呼吸综合征冠状病毒2	
SDGs	Sustainable Development Goals 可持续发展目标	
SEI	Stockholm Environment Institute 斯德哥尔摩环境研究所	
SEPIS	System of Records of the State Sanitary Inspection 国家卫生检查记录系统	
SIGMA	Support for Improvement in Governance and Management (programme) 支持改善治理管理（计划）	
SORMAS	Surveillance Outbreak Response Management and Analysis System 监测爆发响应管理和分析系统	
SPI	Science-Policy Interface 科学—政策界面	
SSEC	Smithsonian Science Education Center 史密森科学教育中心	
STEM	Science, Technology, Engineering and Mathematics 科学、技术、工程和数学	
STI	Science, Technology and Innovation 科学、技术和创新	
STRIP	Systematic Testing using Robotics and Innovation during Pandemics (platform) 疫情大流行期间使用机器人和创新的系统测试（平台）	

TCU	Tribunal de Contas da União 联邦会计法庭	
T20	Think 20 (process) 智库20	
UCLG	United Cities and Local Governments 城市和地方政府联合会	
UNCTAD	United Nations Conference on Trade and Development 联合国贸易和发展会议	
UNDAF	United Nations Development Assistance Framework 联合国发展援助框架	
UNDP	United Nations Development Programme 联合国开发计划署	
UN DESA	United Nations Department of Economic and Social Affairs 联合国经济和社会事务部	
UNESCO	United Nations Educational, Scientific and Cultural Organization 联合国教育、科学及文化组织	
UNGP	UN Global Pulse 联合国全球脉动	
UN-Habitat	United Nations Human Settlements Programme 联合国人类住区计划	
UNICEF	United Nations Children's Fund 联合国儿童基金会	
UNPSA	United Nations Public Service Awards 联合国公共服务奖	
UTPR	Undertaxed Payment Rule 低税支付规则	
V-Dem	Varieties of Democracy (project) 民主多样性（项目）	
VLR	Voluntary Local Review 自愿地方审查	
VNR	Voluntary National Review 自愿国别审查	
VSR	Voluntary Subnational Review 自愿次国家审查	
VSS	Voluntary Sustainable Standards 自愿可持续标准	
VUR	Voluntary University Review 自愿大学审查	

WCED	Western Cape Education Department 西开普省教育厅
WFH	Working From Home 在家工作
WHO	World Health Organization 世界卫生组织
WJP	World Justice Project 世界正义项目
W-LEAD	Women in the Lead—Leadership, Engagement, Advancement and Development (programme) 女性领导力——领导力、参与、进步与发展（计划）

执行摘要

《世界公共部门报告（2023）》检视了新冠疫情大流行期间国家层面出现的制度创新和治理创新在《2030年议程》余下7年实施中扮演的角色。

期限过半，目前可持续发展目标的实施进程停滞不前，甚至在某些案例中出现了走回头路的情况。过去3年，新冠疫情、俄乌冲突和气候灾害加剧了国际社会面临的挑战，使可持续发展目标在短、中期内更难实现。有鉴于此，识别出改进的机会至关重要。

尽管疫情暴露了社会契约的脆弱性，新冠疫情的出现也激发了政府机构和公共管理的快速创新。我们观察到了积极的改变：公共机构的内部运作，机构之间、机构与社会之间的互动方式，还有公共服务与人们的互动都出现了积极的变化。

疫情期间出现了一些行之有效的制度创新，加以利用，可以使公共机构效率更高、面对冲击更有韧性，使其更具参与性、包容性和前瞻性，使其更能领导社会变革、更加透明且负责，从而更加有力地推动《2030年议程》所呼吁的变革。

《世界公共部门报告（2023）》检视了不同情境、不同部门和不同政策过程中出现的制度革新，并探讨了对可持续发展目标产生了积极作用的成功创新。上述创新应在后疫情时代沿用。报告解决了如下3个问题：

（1）政府如何提高公信力及加强政社关系？

（2）政府如何评估政策优先事项，解决自2020年以来出现的政策权衡难题？

（3）政府如何调动资源、利用创新来改革公共部门，实现可持续发展目标？

本报告包含了与上述3个问题有关的章节综述和来自全球38位专家的23篇文论。专家们提供的建议可以为各国政府就如何利用2020年以来出现的制度创新和制度实践提供灵感。

政府如何提高公信力及加强政社关系？

近年来，公民和政府的关系发生了巨大的改变。全球范围内，公民空间遭到侵蚀，其性质也发生了改变。社会内部出现了高度两极分化，不平等现象加剧。人们普遍质疑信息的准确性。政府快速数字化也重塑了国家与人民的关系，带来了积极和消极的双重影响。现阶段，恢复人民对公共机构的信任已经成为可持续发展目标取得进展的重要前提和关键目标。

第1章检视了治理、民主价值观、传统、制度和信息完整性领域的趋势与机遇。新冠疫情大流行期间，各国政府向公民空间施加了诸多限制，并授予它们自己更多权力。这些权力受到了更少制衡，对公民的结社自由、集会自由和表达自由影响较大。一些政府为各项紧急措施设限，确保其必要性、成比例、合法性和具有非歧视性影响，同时确保监管机构参与审查上述措施。一些国家邀请公众对新冠疫情相关的挑战和政策提供意见和反馈，同时邀请民间社会代表加入政策制定委员会、参与议会辩论，从而更加广泛地应对危机。在一些国家，保卫和平集会的自由和捍卫隐私权是重要考量。民间社会在以下领域发挥了至关重要的作用：监测和提升对侵犯权力行为的认知，形成网状联系和联盟，倡导取消刑事制裁，支持妇女、土著人民、青年、老年人、残疾人和其他弱势社会群体的权利和福祉，以及通过战略性诉讼挑战紧急措施。疫情期间产生的积极案例可以指导政府在未来保护和拓展公民空间。

青年人过多地受到多次危机的影响。青年人对政府和公共机构的信任程度已经下降，他们觉得政策制定过程中无视了他们的声音。让年轻人投身参与式治理，创建和保护包容性结构、过程和空间——诸如青年组织、激进主义、社区调研和理事会——将会帮助制定更有效和可持续的公共政策。

全球的证据表明，公共行政中保持性别平等可以润滑政府运作、提高服务提供的响应能力和有效性以及公民对公共机构的信任。然而大多数国家在决策层离实现平等所差甚多。政府为了确保疫情期间各项工作正常运作，为公务人员制定了新的工作场所政策，其中一些政策对实现性别平等有积极影响。适应"新常态"并重新关注全球公共行政中的性别平等，我们需要在如下3个方面同时努力：牢记疫情前的经验教训，并重新采用在数据和透明度、培训和带教以及目标和定额等领域的良好做法；巩固在新冠疫情期间取得的积极变化，并在未来公共行政中实现性别平等中保持这些做法；大胆行动，重新夺取到2030年实现可持续发展目标5和目标16的势头。

新冠疫情为各国政府在危机期间与社会各界进行有效沟通提供了重要经验教训。驱动人们信任政府的一个关键因素是反应高度意向性的沟通。一些政府通过与诸如民间社会的力量形成有效合作，控制住了疫情传播，取得了早期成功。影响沟通策略成败的重要因素包含以下：对循证信息和明智的科学建议的依赖程度，发言人的可信度，可信、简洁信息的发展程度和多种传播渠道的使用度。在关键利益相关人中保证消息一致尤为重要，同样重要的是在危机沟通策略中使用新媒体工具。考虑到上述因素，各国政府应采取透明的、植根于当地环境的且协调一致的公共传播方法。展望未来，我们必须认识到在危机开始之前就要做好沟通准备工作的重要性。

新冠疫情大流行期间，虚假信息和错误信息不断发酵，导致公众不信任卫生部门，也破坏了公共卫生应对措施的实施，从而产生各种危险行为。总体而言，打击虚假和错误信息的方法极端复杂。各国政府应当支持危机期间信息的自由流动，定期通过宣传活动和主动披露传播准确的信息，并建立系统，方便公众从中获取信息。打击不准确信息也应包含使用社交媒体和其他平台揭穿虚假信息并更正。政府不应仅仅依靠限制言论自由的惩罚性立法，他们也应专注于提高媒体素养（包括提高学生的媒体素养），通过与本地媒体和私人组织合作，或采取其他相关行动，拓宽人们获得准确信息的渠道。

法律框架和监管改革并没有跟上数字技术的发展步伐。在疫情期间，各国政府在解决危机和提供一系列公共服务中普遍使用了数字技术和移动通信。发展中国家和发达国家同时面临的主要挑战包括数字鸿沟、限制在线言论自由、数字监控、侵犯隐私和侵犯数据保护，这突出了在线人权保护和离线人权保护之间的脱节。国家和国际层面需要在努力利用数字技术的同时，做到维护人权。

有效、透明和负责任的争端解决机制是政府—公民关系的一个重要方面。"封城"暴露了司法系统的脆弱，因为其严重依赖纸质文件、亲自申请及出庭，且其缺乏互操作性。因此，"封城"

也为迅速转向电子司法系统创造了必要条件。随着公共机构从临时的、一时兴起的小修小补模式转向可持续的运作模式，一个"以权利为中心、聚焦法治"的司法系统数字化转型机会窗口已经出现。为了利用这一窗口，以下3点尤为重要：围绕人们的冲突经历或不公正经历组织改革工作；让法官和人权维护者参与设计数字解决方案；采用支持尽早、非正式解决争端的法律程序。

新冠疫情对社会和经济的影响是负面且长期的，当今大多数国家面临财政空间缩小的问题，人们开始就税收制度的公平性，和社会不同阶层对公共财政资源贡献的责任大小展开辩论。许多人认为，对跨国集团和高净值个人征税不仅是一种在紧张的经济环境中增加收入的方式，也是一种减少财富和收入不平等、提高税收公平性和增强人民对政府信任的途径。有专家指出，这场辩论必须超越个人和企业所得税，从而涵盖整个税收体系。税务管理部门，特别是发展中国家的税务管理部门应该获得更多资源，以提高税务合规性，并改善其对纳税人的服务。围绕国际税收制度改革的讨论正在进行，研讨了上述问题和与之相关问题。2022年12月，联合国大会通过了一项关于在联合国促进包容、有效的国际税务合作的决议；随后，在2023年8月联合国秘书长就同一主题作了报告。

综上，所有趋势表明我们需要采取全面的方法来重建并加强社会契约，这也是2021年出版的联合国秘书长报告《我们的共同议程》关注的重点。这一需求的解决将使社会关系更加牢固、社会凝聚力明显增强，从而提高我们应对危机的能力，最终加快实现可持续发展目标。在重塑其与其他社会各界的关系过程中，政府无法孤军奋战。但首先，它们应该走出至关重要的第一步，即为增强关系创造有利的环境。比如，它们可以增加透明度、尊重人权、促进公众参与献言献策。批判地讲，政府在寻求更多信任的同时，也可以更加信任其他行为者。

政府如何评估优政策优先事项，解决自2020年以来出现的政策权衡难题？

《2030年议程》和可持续发展目标进展缓慢且不均衡，新冠疫情紧随其后的各类危机还加剧了挑战。更有甚者，自2015年以来取得的进展出现了倒退现象。许多可持续发展目标仍未上轨道；即使有些目标已经接近成功，完成临门一脚也颇为费力。可持续发展各子目标之间的相互依存关系也受到了危机的影响，在调动资源、综合实施各目标方面，产生了新的权衡和挑战。新冠疫情和随后危机使政府各事项优先级、预算分配和公共支出发生变化。高度不确定、预算紧缩和信任不断销蚀，使得各机构在实施一以贯之和相辅相成的政策与行动时面临挑战。

第2章强调了各国政府在实施《2030年议程》过半之际，需要更有效地利用可持续发展目标的协同增效作用。各国政府必须优先实施提供协同效益的行动，同时有效管控各类权衡，从而实现可持续发展目标。可持续发展目标间的互动需要考量现实语境，且具有动态性，本章强调了理解上述性质的重要性。政府需要充当复杂系统的组织者，领导融合而连贯的政策行为，从而触发长效改革。各目标和相关目标之间存在复杂性和标准冲突的特质，制度整合与政策一致对于解决上述问题至关重要。

大量研究已经分析了可持续发展各个目标之间的相互依存关系。然而，现阶段使用的方法效力不足，主要体现在不能有效评估这种互动的动态性和语境性、互动如何随着时间的推移而变化以及互动对决策的影响。研究结果往往缺乏实操性，与决策过程的实际需要之间产生了鸿沟。鉴于此，对可持续发展目标之间相互联系理解的加强并不总是能转化为各国政府更具协同效益的实际行动。

在资源有限和发展需求多样化的背景下，我们有必要根据优先程度对可持续发展目标和相关目标进行排列。为了确定优先级，各国政府必须明确可持续发展的切入点，并评估其各项政策对可持续发展各目标的影响。不同的研究提出了不同的优先标准。一种实用的方法是：根据每个国家的具体权衡和想要达到的协同增效，进行政策优先级排序和资源分配。用于优先级排列的标准、流程和工具需要对公众透明，这对促进公众认同、增强政府决策的合法性至关重要。

制度安排对可持续发展目标的融合实施至关重要。连贯且负责任的制度能将许多利益相关者聚集在一起，发挥协同增效作用，并解决权衡问题。也有必要加强协调机制，校准发展战略和预算，并在跨领域的过程和制度安排中考虑风险管理。评估影响工具、监管影响分析和绩效审计有助于保持政策连贯，并加强问责制。

关于制度融合和政策连贯在不同国家背景下如何发挥作用的证据有限，自愿国别审查（VNRs）报告也没有在这一问题上多费笔墨。不过总的来说，各国政府在政策连贯性方面没有取得重大进展。分析能力不足、数据限制和利益相关者的有限参与阻碍了政策和规划过程。制度碎片化、公共机构的内部程序复杂化和政治意愿有限化等障碍仍然存在。

科学界通过综合证据、化知识为政策选项、支持预警和风险评估系统以及促进参与进程，有力支持了可持续发展目标的实施。为了更好地满足决策者的需求，包容性替代品和能力的共建至关重要。诸如对问题的共同理解、问题的合作框架、指导实施的权力以及信息的战略使用等程序要素也至关重要。投资公职人员和其他利益攸关方的能力建设和培训，可以促进知识共享，加强科学方法和科学工具的应用，并提供进行评估、分析协同增效和权衡以及促进政策一体化所需的技能。

诸如战略展望法和情境故事法等各种基于科学的方法和工具，可以支持可持续发展目标的政策一致性和一体化。战略展望法使利益相关者参与进来，促进机构合作，并帮助决策者评估风险，找到政策替代方案。虽然各国政府机构已开始将战略展望法纳入其施政过程，但在使用上述工具为政策设计和执行提供信息方面尚有改进的空间。

科学政策接口（science-policy interfaces）使可持续发展目标的整合行动成为可能。它们使决策者和科学界之间的合作成为可能，促进知识的交流和共创，使可持续发展目标可以有根据地实施。它们可以促进政策一致，增强公众对科学的信任。不同类型的科学政策接口已经正式化，让实现能够支持包容性能力发展的合作成为可能。有必要确定最能支撑政策一致性和一体化的科学政策接口的制度形式和制度过程。虽然全球科学政策接口产生了关键性知识，但它们的激增可能会导致碎片化。

资源有限和财政不可持续为政策一致性设置了挑战，并影响了对可持续发展目标的资金支持。在疫情期间，各国政府修改了预算分配和公共支出。教育等可持续发展目标领域获得的资金较少。尽管许多国家增加了在卫生和社会保障方面的支出，以应对紧急情况，但全世界中低收入国家中的半数削减了卫生和社会保障支出，加剧了不平等状况。医疗卫生权利和社会经济权利之间的权衡往往很激烈，但在某些情况下，这种竞争也刺激了政策创新。联合国在国家综合融资框架（INFFs）方面开展的工作为决策者进行权衡并做出有根据的决策提供了实用的指导。

加强公共财政管理体系建设对于提高公共支出的效率和公平性、加强可持续发展目标的综合实施至关重要。这包括密切关注预算执行的效率，并确保各国政府根据其核定预算进行支出。透明的预算信息使公民社会能够监督可持续发展目标的实施、倡导变革、并追究政府的责任。监督机构可以利用预算信息来审计预算的执行情况，核算预算执行对可持续发展目标进展的贡献。

了解公共支出与可持续发展成果之间的关系对于我们掌握可持续发展目标的实施至关重要。将预算与可持续发展目标、国家监测框架联系起来，可以提高政策的一致性和可问责性。通过将预算与可持续发展目标挂钩，政府可以更好地解决预算分配之间的冲突或重叠，并提高公共支出的效率。计算模型可以帮助分析额外公共支出的影响；并确定由于结构性瓶颈，即使进行进一步投资可能影响也有限的领域。将公共财政管理决策与社会中不同群体（同时应考虑到公平和代际）的发展成果联系起来非常重要。

政府如何调动资源、利用创新来改革公共部门，实现可持续发展目标？

国家和有效、负责、反应迅速、包容各方的公共机构在识别危机和制定应对危机的创新解决方案方面起到了关键作用，新冠疫情使上述作用进入人们的视野。为了保持公众信任并加快实施《2030年议程》，各国必须继续创新，做好准备，积极应对未来的冲击。政府可以利用新冠疫情期间的创新来满足社会需求；然而为了确保创新惠及所有人，有必要采取包容性措施。

第3章侧重于公共行政部门如何将新冠疫情期间出现的成功创新纳入实现可持续发展目标的长期战略。这涉及在以下两个方面采取创新办法：公共行政部门内部的行政、组织和系统的变革；各国政府与利益攸关方之间互动的改革，特别是在提供公共服务方面的改革。本章着重描写了有助于促进公共行政部门变革的关键要素。它将公共问责制、各级政府之间的一致性、公务员能力和专业精神的增强以及数字化转型确定为鼓励创新战略的重要组成部分。

新冠疫情严重扰乱了公共部门的运作，迫使公共机构尝试替代方案，从而加速了创新。在某些案例中，它们找到了效率更高、更有效的方式来提供公共服务。这可能会带来永久性的改变。然而我们尚不清楚危机后创新的势头能否持续。曾经，危机带来的临时创新可能不足以支撑长期转型，也不足以支撑可持续发展目标的加快实施。创新应该被嵌入决策和公共行政的核心，并被制度化为公共部门的新运作模式。政府在创造创新生态系统、促进各组织和部门之间的合作方面发挥着关键作用。

透明度和问责制对公共机构的有效性至关重要。由于新冠疫情期间迫切需要尽快扩大服务提供和社会保障，这在不同程度上干扰了公共监督，所以新冠疫情给透明度和问责制改革带来了挑战。话虽如此，一些国家还是采用了创新方法来促进信息获取、提升透明度和加强问责制。印度、巴西、菲律宾和哥伦比亚的案例研究突出展示了参与式监督改革的成功和韧性，也展示了混合协作治理模式的有效性。

各级政府之间的合作与协调对危机管理和应对至关重要。新冠疫情暴露了碎片化的挑战，并强调了通过合作促进多层次治理的必要性。在这个方面，几个国家在疫情的迫使下进行了不同的实验。在思考如何提高政府支持可持续发展目标行动的纵向一致性过程中，这些经验教训应该能提供借鉴，它们包括多级别对话、协调、协作和资金统筹。

公职人员的能力和表现在变革中发挥了重要作用。这场疫情展示了公务员的可塑性；确保不间断地提供公共服务；对拥抱创新和与其他行为者合作持有开放态度。因为各机构恢复到疫情前的工作方式，可能不会鼓励创新或促进变革，所以在后疫情时代保持这种心态可能是一个挑战。利用数据和工具创新，这需要一定的心态、能力还有技能，而要做到这一点，公共行政的能力建设是必要的。

数字化转型在新冠疫情期间发挥了至关重要的作用，使公共部门能够继续运营并提供服务。数字技术改变了核心系统和功能，并研发了更高效的流程，比如在线面试。它们还在数据分析方面颇有建树，可以为决策提供根据，并让疫情期间至关重要的社会保障福利送达人民手中。然而，我们必须谨慎行事，以确保有道德地使用数据并防止歧视，同时必须承认考虑现实语境的必要性。

政府与非国家行为者之间的互动也需要进行变革，从而提高政府政策的合法性、有效性，提高公共服务的质量和覆盖率。人们需要具有包容性的和负担得起的公共服务，各国政府在这方面有着越来越大的压力，特别值得一提的是它们在医疗保健、教育、水和卫生、营养和社会保障等领域面临的困难。本章在这一背景下探讨了如下潜在机制：参与、共同生产、共同创造和增强服务提供。

疫情期间，创新的参与机制被用来提供新的服务或改进的服务。共同生产——服务提供商和用户二者在规划、设计、实施和评估公共政策和服务方面的合作——在疫情之前和期间流行于各个部门。疫情加速了包括医疗保健、运输和教育在内的几个部门的共同生产。疫情还突显了公私伙伴关系的成功，我们可以从新冠病毒检测、治疗和疫苗快速研发中看出这一点。除了确保私营部门和公共部门之间适当分担风险和分配利益，推广共同生产发还需要采用合适的立法框架、提供激励措施、提高透明度和建立问责制机制。

新冠疫情加快了医疗服务提供方面的创新，比如出现了远程医疗（telemedicine）、无人机药品运输和机器人执行医疗任务。教育方面，许多国家实施了一些举措，如通过提供笔记本电脑、网络连接和数字扫盲培训，增加学生的学习机会，弥合数字鸿沟。疫情期间，数字技术在改革服务提供方式上也发挥了重要作用，如远程健康（telehealth）、在线教育、电子治理和公共服务数字门户。一些国家在疫情期间加快了向电子政务的转变。然而，数字化运营和数字化服务的转型也凸显了解决数字鸿沟的必要性，确保边缘化的弱势群体有接触数字化的能力。为了确保数字化转型走向公正和包容，各国政府需要提供在线、离线相结合的混合服务模式。如果要保护用户权利和确保安全与公平，那么对数字服务的监管就至关重要。

总之，新冠疫情为公共机构走向创新和变革提供了机会。各国政府应在学习这些经验的基础上应对未来的挑战，同时通过创新和转型的新方法推进可持续发展目标。公共机构必须有充足的资金、具备问责制、公开透明且具有包容性，才能达成上述目标。通过拥抱创新、接触利益攸关方，各国政府可以在疫情后的"新常态"中创建一个更有韧性且更有效的公共部门，从而实现《2030年议程》。

目 录

联合国经济和社会事务部的宗旨	ii
序	iii
前言	iv
致谢	v
缩略语	vii
执行摘要	xiii
引言	**1**
第1章 政府如何提高公信力及加强政社关系？	**7**
概况	9
1.1　引言	10
1.1.1　构建积极的政社关系对打造高效、负责、透明、包容的政府机构和落实《2030年议程》有何意义？	10
1.1.2　政社关系评估	11
1.1.3　政社关系背后的社会经济格局	11
1.2　治理赤字与治理机遇	13
1.2.1　提供及时服务与包容服务	13
1.2.2　信息公开与责任追究	14
1.2.3　推进数字政府建设	15
1.3　后疫情时代逆境中的转机	16
1.3.1　巩固民主价值观、民主传统和民主制度	16
1.3.2　保护和拓展公民空间	16
1.3.3　打击虚假信息与错误信息	18
1.4　反思	20
专家文论	25
迈向公平的财政契约？私营部门和高净值个人对社会有何"亏欠"？	26
公共行政管理中的性别平等：疫情三年政府新常态	30
与社会行动者携手共传疫情信息：对未来危机的启示	33
规范数字技术在公共行政中的应用以保护和促进人权	37
电子司法意愿有望推动落实可持续发展目标并巩固权利保护成果	41
公民空间与新冠疫情	45
青年之声与可持续的公共政策：重振城市民主	48
整治错误信息迫在眉睫：非洲视角	52
专家意见总结	55

第2章　政府如何评估政策优先事项，解决自2020年以来出现的政策权衡难题? …… 59

概况 …… 61

  2.1　引言 …… 62

  2.2　利用可持续发展目标的相互依存性和协同增效作用，迎接2030年的到来 …… 63

    2.2.1　认识可持续发展目标间的相互作用 …… 63

    2.2.2　可持续发展目标间相互作用的背景和动态性质 …… 65

    2.2.3　研究可持续发展目标的相互作用，确定目标和行动的优先事项 …… 65

    2.2.4　可持续发展目标的综合实施 …… 66

  2.3　综合实施可持续发展目标的背景因素 …… 67

  2.4　科学政策互动机制在支持可持续发展目标综合行动方面的重要性 …… 69

    2.4.1　为落实可持续发展目标提供科学支持 …… 70

    2.4.2　利用战略远景规划和类似方法支持政策的一致性 …… 71

    2.4.3　可持续发展目标的体制形式和进程 …… 72

  2.5　通过公共财政管理支持可持续发展目标的综合实施 …… 72

  2.6　为落实可持续发展目标做出的制度安排 …… 75

专家文论 …… 89

  随着可持续发展目标取得进展和事项优先级确定的紧迫性日益增强，如何从国家层面和地方各级层面管理政策权衡和协同增效 …… 90

  构建协同机制，推动平等和经济复苏：斯里兰卡在社会保障体系上的创新 …… 95

  加强科学与政策互动，推动实现可持续发展 …… 100

  实施战略远见，更好地帮助各国政府在后疫情时代管理权衡和协同，以推动落实可持续发展目标 …… 105

  跨国网络和专业交流在支持可持续发展目标整合实施方面的作用 …… 111

  新冠疫情之后的风险管理：在支持可持续发展目标的实施方面，其对改善联系评估、加强协同的作用 …… 116

  在实施可持续发展目标方面，基于证据的资源优先排序 …… 121

  政府支出与可持续发展优先级：政策优先推理研究计划的经验教训 …… 126

  建设开放、透明和包容的政府来为艰难的政策选择和权衡构建合法性 …… 133

专家意见总结 …… 139

第3章　政府如何调动资源、利用创新来改革公共部门，实现可持续发展目标? …… 143

概况 …… 145

  3.1　引言 …… 146

  3.2　政策创新和公共行政改革 …… 147

    3.2.1　创新与转型 …… 147

3.2.2　创新与公共问责 ··· 148
　　　3.2.3　地方层面的多层次治理与创新 ··· 148
　　　3.2.4　公职人员的作用 ··· 149
　　　3.2.5　数字化转型 ··· 150
　3.3　政府与利益攸关方之间的互动及公共服务提供方式的转变 ······················ 151
　　　3.3.1　创新且有弹性的参与机制 ··· 152
　　　3.3.2　共同生产、共同创造和服务交付的变化 ······································· 153
　　　3.3.3　包容性服务交付 ··· 153
　　　3.3.4　技术驱动服务交付 ··· 154
　3.4　未来前景 ··· 155

专家文论 ·· 159
　政务改革与公共服务交付：制度韧性与国家和社会协同 ······························· 160
　通过共同创造推动创新：实现从本地到全球的跨越式发展 ··························· 164
　新冠疫情期间医疗服务交付的创新 ··· 168
　新冠疫情暴发后所开展的多层次创新治理与准备工作 ·································· 173
　医疗高等教育中的混合式教学：新冠疫情催生的新模式及其对南非一所公立大学创新和
　　绩效的影响 ··· 178
　关于后疫情时代公共部门运营模式的思考 ·· 182

专家意见总结 ·· 187

第4章　结论 ··· 191
　4.1　公众和社会对治理目标和实践方面的期望产生了改变 ···························· 192
　4.2　在各层面上增强参与度和投入度 ··· 193
　4.3　调整公共部门的运作模式，使公共机构能够同时应对危机和实现可持续发展目标 ··· 194
　4.4　提高政府和非国家行为者推进《2030年议程》和管理危机的能力 ········· 196
　4.5　从危机走向常态：保留和利用新冠疫情期间出现的积极变革和创新 ······ 197
　4.6　展望：疫情的教训能否为机构变革提供启发，以更好地支持实现可持续发展目标？ ······ 197

专栏
　专栏1.1　主要社会行动者及其角色要素 ··· 10
　专栏1.2　政社关系评估工具 ··· 12
　专栏1.3　新冠疫情期间巴西土著人民的权利之争 ·· 17
　专栏1.4　《联合国数字平台信息完整性行为准则》框架 ······························ 19
　专栏2.1　在应对新冠疫情大流行时，权衡健康权与社会经济权：以马拉维为案例 ··· 68
　专栏2.2　将传统知识纳入科学政策互动机制 ·· 70

专栏2.3	可持续发展预算编制：哥伦比亚的经验	74
专栏2.4	利用外部审计工具推动全面落实可持续发展目标	77
专栏2.5	通过管理全球治理伙伴进行机构能力建设的观察性证据	113
专栏3.1	柬埔寨新冠疫情应对策略	147
专栏3.2	巴西和智利地方政府应对新冠疫情的举措	148
专栏3.3	新加坡在新冠疫情期间实施公共服务数字化的系统性方法	150
专栏3.4	波兰利用数字技术分析新冠疫情期间的健康和生活习惯	152
专栏3.5	灵感来源：资源导航与创新指南	165

图表

图2.1	变革性战略远见三角：利用综合战略远见，实现社会转型治理	108
图2.2	三个相互关联层面的能力	112
图2.3	2023年风险图示	117
图2.4	2030年预期差距	128
图2.5	在不同国家组别，国际援助对可持续发展目标的影响	129
图3.1	公共部门创新以实现可持续发展目标并增强应对危机的能力	146
图3.2	公共行政管理内部的政策创新与变化	147
图3.3	政府与利益攸关方之间的互动及公共服务提供方式的转变	152
图3.4	创新能力框架	166
表1.1	关于加强政社关系的专家建议	56
表2.1	分析可持续发展目标相互依存关系的方法及其如何为决策提供依据	64
表2.2	可持续发展目标标签法在特定预算阶段所能带来的好处	122
表2.3	关于加强可持续发展目标一体化和政策一致性的专家建议	140
表3.1	专家关于公共服务转型和实现可持续发展目标的建议	188

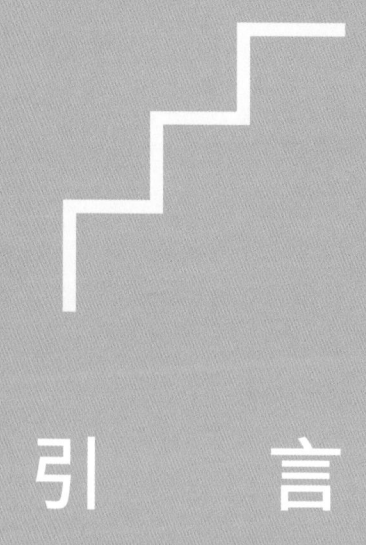

引 言

2023年是《2030年议程》实施的中点。2015—2019年，国际社会高度关注可持续发展目标的实施进展。公共机构和公共行政管理的变革是所有可持续发展目标取得进展的重要手段，它们的作用得到了广泛认可。同时，这也要归功于可持续发展目标16"和平、正义和强大机构"的存在。

2020年初，新冠疫情大流行突然冲击了几乎所有国家和整个国际社会。即便在疫情之前，包括可持续发展目标16在内的许多可持续发展目标也没有走上2030年必定实现的轨道。新冠疫情暴发造成的重大破坏对许多可持续发展目标的进展产生了负面影响，此后，旷日持久的疫情也让《2030年议程》遭受重大挫折。这造成了很多长期影响，包括许多国家面临严重的经济困境、人民对政府和公共机构的信任不断销蚀，不平等和鸿沟显著增长，这一切都对几乎全部国家的特定人群产生了负面影响。疫情危及了在扩大妇女权利和增加妇女机遇领域已取得的进展，甚至出现了不进反退的情况。此外，实现可持续发展的基本先决条件"和平与安全"等在世界许多地方受到不利影响。

2022年初，世界正在谨慎地期待着新冠疫情限制的逐步解除。然而，俄乌冲突等事件导致了全球能源和食品价格大幅上涨，全球出现通货膨胀。此后的各类地缘政治事件对世界许多地区的可持续发展的基本先决条件（和平与安全等）产生了负面影响，这些影响有可能进一步破坏《2030年议程》的实施，使可持续发展目标在短、中期内更难实现。[1]在这样的背景下，一定不能失去迄今已取得的成就，同时应当识别出取得进展的机遇。

疫情从多方面暴露了影响人民与他们的政府关系的长期趋势与风险，这包括公众舆论两极分化、错误信息和虚假信息泛滥、不平等加剧、数字鸿沟的消极影响以及公众参与机会的减少。它还揭示了影响各部门政策连贯性和各级政府间合作的制度弱点，并进一步指出了人们在获得教育、医疗和司法等基本公共服务方面的不平等。正如联合国秘书长2021年发表的里程碑式报告《我们的共同议程》所言，[2]疫情使其中一些趋势和风险在国际政策议程上更加显眼和突出。疫情还暴露了政府关键职能的薄弱环节，这包括风险管理和危机准备、与公众的沟通能力、科学政策接口、透明度和问责制。[3]

与此同时，世界各地的公共机构不得不在疫情期间进行试验和创新。我们在公共机构的内部运作，公共机构彼此之间、公共机构与更广泛的社会之间互动的方式，以及它们在提供公共服务时与人们的互动中都观察到了创新。一些部门发生了急剧的变化，例如转向在线教学，这些变化产生了积极和消极的影响。它们也找到了通过与非国家行为者合作提供关键公共服务的新方法。行为者们使用各种工具，以维持或扩大政府关键行动（其中包括公共资金的使用和影响人权、公民空间的政策变化）的透明度和可问责性。因为没有两个国家在同一时间面临完全相同的挑战，也没有两个国家拥有完全相同的一套制度，所以我们观察到的制度创新广泛而多样。有趣的是，在某些部门和某些类型的机构，有人一直在努力记录自2020年以来出现的变革。[4]然而在大多数情况下，人们不会记录这些变革。

如果公共机构准备实现《2030年议程》，那么它们就需要变革，而利用新冠疫情期间成功的制度创新可能会有力地推动这样的变革——正如可持续发展目标16.6和16.7所要求的那样，使其面对冲击时更有效、更具韧性、更具参与性和包容性、更具前瞻性、更能引导社会变革、更透明和更有可问责性。

从这一前提出发，《世界公共部门报告（2023）》致力于研究在不同背景、不同部门和不同政策过程中观察到的制度变化，并探索保持并利用成功创新的可能性。这些成功的创新可以对后疫情时代实现可持续发展目标产生正面影响。该报告探寻的关键问题是：在国家层面，制度和治理创新可以在未来几年推动《2030年议程》的实施中发挥什么作用？

该报告具有前瞻性。它的重点放在从现在到2030年，人们将可持续发展目标放到政策议程的中心的机会，以及在可持续发展方面取得进展的机会；而不是关注自2020年以来已有详细记载的旧日挑战。

研究目的和范围

该报告从3个角度审视了国家层面的制度改革及其在后疫情时代的潜能：

（1）政府如何提高公信力及加强政社关系？即各国政府如何重塑与其他行为者（包括其服务的人民）的关系，从而增进信任，促使产生更可持续与更和平的社会所必需的行为变化？

（2）政府如何评估政策优先事项，解决自2020年以来出现的政策权衡难题？

（3）政府如何调动资源、利用创新来改革公共部门，实现可持续发展目标？

这三个问题囊括了过去几期《世界公共部门报告》的重点领域。2018年版着眼于可持续发展目标背景下的机构整合；2019年版审查了可持续发展目标中包含的6项关键制度原则，以及这些制度原则在《2030年议程》和特定可持续发展目标领域的实践情况；2021年版包含了总结新冠疫情推动的制度变革的一章。读者可参考这些报告以获得更深入的信息。当然，本报告只关注了众多潜在利益中的3个方面。例如，公共服务资金是公共行政学者和从业者长期讨论的主题，在疫情期间受到了相当大的关注，在疫情之后得到了更大的关注，但本书不包含上述主题。

研究方法

《世界公共部门报告（2023）》的规划和编制由联合国经济和社会事务部公共机构和数字政府司牵头。

以往版本是由公共机构和数字政府司工作人员综合编写，本报告采用了与以往不同的编写模式。为了反映各类观点并更深入探讨选定的主题，报告小组选择向全球专家征求简短的个人稿件（约1 800字），请他们根据各章主题审查特定领域的制度发展情况。报告收录了这些个人稿件，也收录了联合国经济和社会事务部工作人员撰写的概述，总结了每一章的主题并介绍了突出问题。联合国贸易和发展会议（United Nations Conference on Trade and Development, UNCTD）发表的《贸易和环境报告（2013）》也使用了这一模式。[5]

在就报告的模式达成一致后，编写小组于2022年8月在纽约联合国总部召开了一次专家组会议，以支持制定报告。[6]会议成员是来自学术界和非政府组织的十名专家和本报告编制小组。会议不仅讨论了各章节概述部分应解决的关键问题，还产生了每一章下的初步子主题清单，有资质的专家可能会对这些子主题进行有针对性的深入研究并撰写稿件。

会议结束后，小组缩小并完善了子主题列表。每一章的主要作者都邀请专家（包括一些专家组会议与会者）讨论这些主题。每篇稿件都包含了简短的受委托权限（terms of reference）。稿件的大体方向是这样的：稿件作者需写明在新冠疫情大流行期间，公共机构是否以及如何实施变革，从而成功应对或缓解与实施可持续发展目标相关的多重交叉挑战。不同的稿件提出了子主题，解释了其相关性（新的或疫情后重新开始的），并重点阐述了其在后疫情时代为可持续发展目标的实施做出贡献的潜力。根据具体的子主题，稿件侧重于创新做法、工具、制度进程或组织变革，并使用不同国家的例子来说明主要论点。每篇稿件都包含关键信息、政策建议或行动要点，可以用来激励各国政府、国际组织和其他利益攸关方向前迈进。本报告包含38位专家的23篇文论。

在阅读本报告时，请记住3个主要章节的概述部分并不是专家稿件的摘要。总的来说，概述的范围更广，包括专家稿件中没有涉及的主题。后者旨在通过深入分析选定的子主题和提出政策建议来对前者内容进行补充。

报告内容

除引言外，报告还包括3个实质性章节和1个结论。

第1章 政府如何提高公信力及加强政社关系？

近年来，人民与政府间的关系发生了深刻变

化。公民空间正在全球范围内受到侵蚀，其性质也发生了变化。社会内部两极分化加剧，人们对腐败的认识更加深刻。不平等现象加剧，许多人没有机会诉诸司法。人们普遍质疑信息的准确性。传统媒体式微，而社交网络媒体在塑造、推动和操纵舆论方面发挥着越来越大的作用。与20年前相比，"进言"和"退出"的传统渠道和其权衡折中的运作方式似乎有所不同。向数字政府的快速转变正在重塑人民与国家之间的关系。这些趋势已然很明显，但在新冠疫情期间，许多趋势变得更加突出。现在已经到了这样一种程度：实现可持续发展目标的关键变成了恢复人民与公共机构之间的互信。

在此背景下，本章概述部分重申了政府机构与社会其他行为者之间建立积极关系对实现《2030年议程》和可持续发展目标的重要性，并强调了衡量和评估这些关系的一些方法。然后，它审查了3个关键领域的治理赤字和其中蕴含的机遇：提供快速响应且包容性强的服务；政府履行它们承诺的透明度和问责制；以及数字政府的扩张。然后，本节回顾了新冠疫情后各国政府通过支持民主价值观、传统和制度，保护和扩大公民空间，打击虚假信息和错误信息来扭转不良趋势的一些机会。

本章的专家文论讨论了如下主题：

（1）迈向公平的财政契约？私营部门和高净值个人对社会有何"亏欠"？

（2）公共行政管理中的性别平等：新冠疫情3年政府新常态

（3）与社会行动者携手共传疫情信息：对未来危机的启示

（4）规范数字技术在公共行政中的应用以保护和促进人权

（5）电子司法意愿有望推动落实可持续发展目标并巩固权利保护成果

（6）公民空间与新冠疫情

（7）青年之声与可持续的公共政策：重振城市民主

（8）整治错误信息迫在眉睫：非洲视角

第2章 政府如何评估政策优先事项，解决自2020年以来出现的政策权衡难题？

新冠疫情大流行凸显了可持续发展各目标之间相互依存关系的密切度和重要性。一些可持续发展目标倒退可能会影响其他可持续发展目标的实现，各目标之间的相互联系模型随之改变。未来在财政困难和公共债务增加的总背景下，可以预料政策权衡会出现在各个层面，这从长远来看限制了政策空间。政府如何权衡，如何与公民合作以确定前进的道路并为其政策提供支持，上述可能取决于政府内部和政府外组织对现有及潜在政策权衡的分析能力，以及将分析转化为决策的政治意愿和可用机制的多寡。

本章概述部分提供了一些制度变迁的例子，这些改革帮助政府在不同层级、不同部门做出政策权衡。概述也强调了政府和公共机构如何使用预算、风险管理、科学政策接口、建模和情境等工具来分析权衡，为公众制定相应的政策选择，最后做出决策。它探讨了为加强政策连贯性、跨部门和各级政府之间的协调、国家与非国家行为者的接触而进行的创新，也探讨了为提高冲击前准备和冲击后复原而进行的变革。本章强调了上述领域的局限和未来的机遇。

本章的专家文论包含以下主题：

（1）随着可持续发展目标取得进展和事项优先级确定的紧迫性日益增强，如何从国家层面和地方各级层面管理政策权衡和协同增效

（2）以平等和经济复苏为目的推动协同效应：斯里兰卡社会保障制度的创新

（3）强化科学政策接口，从而实现可持续发展

（4）利用战略展望法，更好地支撑各国政府在后疫情时代背景下管控可持续发展目标的权衡和协同增效

（5）跨国网状联系和专家交流在支撑综合实施可持续发展目标方面的作用

（6）疫情后的风险管理：其在改进相互关联评估和增强协同增效作用中扮演的角色及该角色如何支撑可持续发展目标实施

（7）实施可持续发展目标使用资源的循证优先级排序

（8）政府支出和可持续发展中的优先级："政策优先级推理"（Policy Priority Inference）研究项目中的经验教训

（9）通过建设开放、透明和包容的政府，为艰难政策选择和权衡确立合法性

第3章 政府如何调动资源、利用创新来改革公共部门，实现可持续发展目标？

新冠疫情期间出现了一轮创新浪潮，这些创新行之有效，旨在改善问责制、透明度、公众参与、公共服务提供和实现包容性的方法。除了法律框架、监管框架和政策中出现变革外，创新还出现在公共行政部门内的制度、行为者和程序中，"前线"/政府与公民之间的互动接口也出现了创新。疫情结束，虽然有些创新也许很难维系，但仍有许多创新可能会在未来沿用。

本章的概述部分考察了公共行政和公共机构创新的背景，使读者能够更好地了解相关内容。它概述了监督、透明度、问责制以及多层级治理方面的创新，并强调了公务人员在试验、创新并将其成果制度化中发挥的作用。概述还讨论了数字技术扮演了创新工具的角色，及其在疫情期间发挥了很大作用的事实。之后，本章简要探讨了政府与人民在互动接口中出现的创新四维度：创造性的和弹性的参与机制；共同生产和服务提供的变化；提供包容性服务；技术驱动的服务提供。

这一章的专家文论包含以下主题：

（1）政务改革与公共服务交付：制度韧性与国家和社会协同

（2）通过共同创造推动创新：实现从本地到全球的跨越式发展

（3）新冠疫情期间医疗服务交付的创新

（4）新冠疫情暴发后所开展的多层次创新治理与准备工作

（5）医疗高等教育中的混合式教学：新冠疫情催生的新模式及其对南非一所公立大学创新和绩效的影响

（6）关于后疫情时代公共部门运营模式的思考

在每一个实质性章节的末尾，都有一个表格收录了专家提出的、未经报告小组筛选过滤的具体建议。其目的是为各国政府、国家一级的非国家行为者和国际社会内的各种行为者提供多样化的建议。

第4章 结论

本章较简短，它重申了报告的主要发现，并超越了单个章节之间的疏离，强调了3个主要章节中提到的关键行动领域。结论简短且有前瞻性，概述了一些本质问题。这些本质问题应当可以为通过制度转型实现《2030年议程》提供信息依据。

尾注

1 参见联合国 "Progress towards the Sustainable Development Goals: towards a rescue plan for people and planet: report of the Secretary-General (special edition)", advance unedited version（2023年5月）。

2 联合国秘书长报告《我们的共同议程》（Sales No. E.21.I.8），请参见如下网址：https://www.un.org/en/content/common-agenda-report/assets/pdf/Common_Agenda_Report_English.pdf。

3 参看联合国经济和社会事务部《落实可持续发展目标的国家机制安排：五年回顾总结——世界公共部门报告（2021）》（Sales No. E.21.II.H.1），参见https://www.un.org/en/desa/world-public-sector-report。

4 包含以下例子：《落实可持续发展目标的国家机制安排：五年回顾总结——世界公共部门报告（2021）》指出，已经对新冠疫情开始后创建的数据库进行审查。这些数据库用于记录知情法及该法应用案例的变革；《世界电子议会报告（2022）：大流行后的议会》考虑了议会在新冠疫情期间加快使用数字工具的情况及其对未来的影响；第25届联合国/最高审计机关国际组织研讨会（2021年）的报告盘点了世界各地的最高审计机构对新冠疫情的应对措施，重点关注了它们的工作方法和战略优先事项。

5 联合国贸易和发展会议《贸易与发展评论（2013）——未雨绸缪：在气候变化背景下，现在就让农业真正可持续以确保粮食安全》（UNCTAD/DITC/TED/2012/3）（日内瓦，2013）请参见：https://unctad.org/webflyer/trade-and-environment-review-2013。

6 参见联合国经济和社会事务部 "Inception meeting for the World Public Sector Report 2023"。该报告内容来自2022年8月9、10日在纽约联合国总部举行的 "Public Institutions and Digital Government" 专家小组会议。该会议由DESA组织。

第1章
政府如何提高公信力及加强政社关系？

概況

1.1 引言

1.1.1 构建积极的政社关系对打造高效、负责、透明、包容的政府机构和落实《2030年议程》有何意义？

公共行政管理是国家和地方政府向民众提供基本公共服务、保障社会正常运转的活动。即使政府换届发生人事调整，公共行政管理仍然具备一定的延续性，因此它在实现基础设施建设与维护、能源供应、清洁水供应等联合国可持续发展目标（SDGs）的过程中发挥着重要作用。《2030年议程》第16项目标第6条指出"在各级建立有效、负责和透明的机构"，进一步体现了公共行政管理的重要性。

虽然设立政府公共机构的目的是为社会公众服务，但公共机构的履职和发展离不开政府以外的社会行动者（见专栏1.1）。政府和社会是相辅相成的。新冠病毒感染等危机凸显了政社关系的重要性，危机能改变政社关系，而政社关系又反作用于危机应对。新冠疫情暴发后，各国政府与民营企

专栏 1.1　主要社会行动者及其角色要素

政府本身便是社会行动者，其义务来源于国家法律、宪法规定和国际承诺。民众普遍希望政府维护国家安全、依法治国、尊重并保障人权，希望政府准确地公开政务数据和其他涉及公共利益的信息。此外，政府有责任提供质量过硬、包容并蓄的公共服务，例如教育、医疗卫生和社会保障，这些服务能够在很大程度上促进人的发展。追求公平是人类与生俱来的特性，政府应树立公平观，坚持正义导向，通过各种方式激发个人潜能，实现共同繁荣。

虽然从立法机关到最高审计机关，一切公共机构都扮演着重要角色，但本文重点关注的是行政机关，也就是为资助人、资助企业和其他社会资助者提供商品和服务的单位。征税是实现政社互动的重要途径。直接税收收入和间接税收收入应惠及全体社会行动者。包含其他社会行动者在内的所有人都要遵纪守法，尽到彼此照顾的义务，要或多或少地参与社会事务，比如担任社区志愿者、参加投票评选活动、监督各级政府工作、在政府履职不力时申请问责等。

民间社会组织多种多样，包括非政府组织、合作组织、社区团体、工会以及学术科研机构。它们在各领域发光发热，对政府工作起到补短板、填空白、转方式的作用。它们会采取不同方法达成目标，譬如参加宣传游说活动维护权益或限制权力，促进社会公平正义改善民生等。各项政府工作，无论是财政支出还是执法行为，都面临着民间组织的监督和审视，他们经常监察和督导政府兑现政策、落实举措。不少民间社会组织致力于知识生产、专技开发以及开拓创新。它们还会为公众提供商品和服务，供应对象包含社会边缘个体及群体；某些情况下，尤其是在发生冲突、需要人道主义介入的时候，民间社会组织会承担起政府无法履行的关键职能。

私营部门是就业增长、收入增长和经济增长的重要推动力量，也是商品服务、创新成果和公益项目资金的重要来源。新冠疫情大流行期间，关于私营部门应该扮演何种角色，特别是企业应该为政府和社会做些什么以换取基础设施和其他资产使用权的问题油然而生。[a]

另一个关键的社会行动者是媒体，媒体应向公众传达信息，引发关注与讨论，并通过舆论监督和透明报道帮助追究政府（以及其他权力机构）责任。关键的社会行动者还包括捐助人及政府间组织，它们或能在政策与技术方面提供指导与工具，或能提供资金支持，或能制定标准规范并监督执行。

社会行动者所承担的角色并不是一成不变的，他们都具备发展力和创新力。

资料来源：（a）联合国经济和社会事务部，《〈世界公共部门报告（2023）〉启动大会呈文》，摘自2022年8月9日至10日纽约专家组会议。

业、非政府组织等社会主体携手合作，共同推进疫苗研发、查验及分配工作，还在管控期间齐心协力派发物资、提供服务，成为抗击疫情的中流砥柱。与此同时，受到虚假信息传播、不平等现象加剧等问题的影响，许多国家不得不面对全新的或者更为严重的政治分歧和社会分歧，并因此错失消弭危机、推动可持续发展的良机。加强政社关系需要大家团结一致，但政府应当奠定合作基础，努力赢得公众的信任。

1.1.2 政社关系评估

对政府与不同社会行动者之间关系质量的评估本来便是主观的、不准确的。用来衡量政社关系的指标有政府公信力水平、民主程度、包括群众参与度在内的政社互动程度等（见专栏1.2）。社会凝聚力和社会机会也是政社关系评估的标准。本章将围绕政社关系的影响因素展开论述。

公信力问题值得我们特别关注。人们普遍将公信力视为评价政府职责履行、民意回应以及政民互动水平的重要尺度，但实现有效治理同样必然离不开公信力；事实上，它既是善治的要素又是善治的结果。除了当届政府及现任领导的工作实绩外，民众对公共机构的信任程度还取决于更为宽泛的社会热点、经济热点和政治热点，比如全球能源价格的变动或科学技术的重大突破。[1] 政府公信力在公共危机状态下显得尤为关键，因为落实举措化解公共安全风险需民众配合。新冠疫情流行初期，先前的研究成果得以证实，即群众对勤洗手、保持社交距离等健康行为规范和准则的遵守度随着政府公信力的攀升而提高。同样地，政府公信力越高，疫苗接种率就越高，病毒感染率也就越低。[2] 许多研究谈到政府的社会公信力问题，但要加强政社关系，政府对公民和其他社会行动者的信任度也很重要。

2022年发表的一篇报告分析了世界各国中央或联邦政府的信任度调查数据，结果表明，民主国家的政府公信力在1995年，特别是2007—2008年全球金融与经济危机后出现整体滑落现象，近年来又开始回升。[3] 2020—2022年，人们对民主政府的平均信任与信心度上升数个百分点，基本维持在42%—43%，略高于2015年水平。该报告认为，由于政府是贯彻执行病毒防控有效措施的唯一主体，此次新冠疫情直接促成政府公信力的增长。旷日持久的"聚旗效应"或许已经应运而生，也就是说，在重大公共挑战面前，公共机构或政治领袖的支持率出现上涨。尽管支持率上涨，但民主国家的政府公信力仍比1995年水平低将近10个百分点。这说明重建信任用时不短，即使取得阶段性成果，也有可能相当脆弱。[4]

政社关系与社会契约的基本理念息息相关。联合国秘书长将其描述为"社会内部人们对于如何处理公共问题、管控风险、集中资源提供公共产品以及公共机构和群体规范如何运作的看法"。[5] 社会契约涉及公共管理者等一切社会行动者的目标或义务（无论是不成文的还是被写入一份乃至多份文件中的）。2021年，联合国秘书长指出"民政服务机构与群众脱节且脱节程度日益严重，很多人感觉自己被抛下，不再相信这些机构是在为他们服务了"。[6] 缺乏公信力会动摇政民团结的根基，削弱政民凝聚力——这种情况在危难之时尤为显著。随着新冠疫情的蔓延，恐慌、迷茫和骚乱之中人们对彼此责任、社会责任和自然责任的质疑进一步加剧。气候灾害、俄乌冲突等其他危机也来雪上加霜。然而，危机时刻最能体现社会契约的关键性。因此，各国社会要想应对当下的复杂局面、做好准备迎接未来挑战并坚持落实可持续发展目标，就得打造新的社会契约，公信力建设为重中之重。各国政府通过了《2030年议程》，明确承诺要与社会各界携手合作，共同实现可持续发展。

1.1.3 政社关系背后的社会经济格局

在新冠疫情暴发之前已有不少热点问题使得政府与其他社会行动者心生嫌隙。有些热点问题受疫情影响进一步恶化或倍受重视。

其中，最为严重的是新冠疫情叫停了25年来

专栏 1.2 政社关系评估工具[a]

评估政社关系时可以运用各种工具实现单因素、多因素以及决定性因素分析，这些工具能大致反映出政社关系的特点与强度。以下罗列的几种工具是用来衡量政府公信力、民主程度、治理能力和福利水平的。它们也能进一步揭示细节（和差距），比如公共服务满意度、公共空间可用性、法律法规适用性以及腐败状况（包括实际腐败和腐败感知）。这些工具类型丰富，既有认知调查，又有指标聚合。

诸如非洲晴雨表、阿拉伯晴雨表、亚洲晴雨表、中亚晴雨表、拉丁晴雨表、欧洲晴雨表等地区性民意调查涵盖了公信力方面的内容。虽然设计的问题略有不同，但这些调查都要求受访者反馈自己对政府的信任度或信心度（评分范围通常是0—3分）。[b] 世界价值观调查和盖洛普世界民意调查也会涉及政府公信力问题。[c] 而爱德曼信任度晴雨表则每年衡量民众对政府的信任度以及政府、媒体、企业和非政府组织发可信度。[d]

2021年，经济合作与发展组织（OECD）发布了一项有关政府和公共机构建立信任加强民主的调查，向22个成员国征集结果。[e] OECD还制定了美好生活指数，这是一个交互式综合幸福指数，其中设有公民参与政治治理指标；[f] 该指数覆盖经合组织所有成员国及4个伙伴国。

钱德勒良好政府指数用以评价政府能力和效能。2022年该指数采集了104个国家数据。[g] 国家和地方各级公共服务供给水平也有相应的评估标准。菲律宾推出公民满意度指数系统以便衡量选民对地方政府服务和公共部门总体绩效的满意度。[h]

世界正义工程制定了WJP法治指数，在2022年对全球140个国家及司法管辖区进行评估。[i] 该指数拥有八大级指标，包括政府权力制约，政府及其公职人员权力受法律制约，人权保障，非政府组织监督公共权力等。

透明国际创建了清廉印象指数，根据人们对公共部门腐败感知程度为180个国家及地区排名。[j]

经济学人智库编制的民主指数反映了165个独立国家和2个地区的民主状况。[k] 其测量指标丰富多样，分别是选举程序与多样性、政府运作、政治参与、政治文化和公民自由。国际民主与选举援助研究所使用全球民主状况指数测评国家、区域和全球各级的民主趋势。[l] 全球民主状况指数采集173个国家的信息，拥有116项指数。民主多样性项目（V-Dem）和自由之家（Freedom House）发布的《全球自由度报告》亦能量化民主程度。[m]

在公民领域也不乏测评工具。全球公民参与联盟（CIVICUS）与来自世界各地的20多个合作伙伴组织联合开发了CIVICUS Monitor，旨在衡量对言论自由、集会自由、结社自由等公民基本权利的保护水平。[n] 目前，CIVICUS Monitor的数据和信息来源涵盖197个国家和地区。

资料来源：(a) 作者 Jessie Kalepa，初级专业人员，公共机构和数字政府司，联合国经济和社会事务部；(b) 更多细节参加以下网址：非洲晴雨表（https://www.afrobarometer.org/）, 阿拉伯晴雨表（https://www.arabbarometer.org/）, 亚洲晴雨表（https://www.asianbarometer.org/）, 中亚晴雨表（https://www.ca-barometer.org/en）, 拉丁晴雨表（https://www.latinobarometro.org/lat.jsp）以及欧洲晴雨表（https://europa.eu/eurobarometer/screen/home）; (c) 参见世界价值观调查（https://www.worldvaluessurvey.org/wvs.jsp）和盖洛普世界民意调查（https://www.gallup.com/home.aspx）; (d) 参见爱德曼信任度晴雨表（https://www.edelman.com/trust/trust-barometer）; (e) 经济合作与发展组织，《建立信任加强民主：2021年OECD关于公共机构公信力驱动因素的调查发现》，《构建公共机构公信力》（巴黎，经济合作与发展组织出版社，2022年），参见 https://doi.org/10.1787/b407f99c-en; (f) 经济合作与发展组织，美好生活指数，参见 https://www.oecdbetterlifeindex.org/; (g) 钱德勒治理研究所，《2022年钱德勒良好政府指数》（新加坡，2022年），参见 https://chandlergovernmentindex.com/wp-content/uploads/CGGI-2022-Report.pdf; (h) 菲律宾，公民满意度指数系统，参见 https://csis.dilg.gov.ph/; (i) 世界正义工程，WJP法治指数，参见 https://worldjusticeproject.org/rule-of-law-index/; (j) 透明国际，清廉印象指数，参见 https://www.transparency.org/en/cpi/2022; (k) 经济学人智库，"2022年民主指数：前线民主与乌克兰战争"，参见 https://www.eiu.com/n/campaigns/democracy-index-2022/; (l) 国际民主与选举援助研究所，《2022年全球民主状况：在不满时代缔造社会契约》，《民主倡议全球形势》，参见 https://idea.int/democracytracker/gsod-report-2022; (m) 民主多样性项目（V-Dem），参见 https://v-dem.net; 自由之家，《全球自由度报告》，参见 https://freedomhouse.org/report/freedom-world; (n) 全球公民参与联盟CIVICUS Monitor，参见 https://monitor.civicus.org/。

扎实前行的减贫脚步。[7]2020年，4年多来取得的减贫成果消失殆尽，自此以后减贫事业几近停滞。气候变化、地区冲突、经济冲击等因素本就威胁着饥饿与粮食安全状况，新冠疫情暴发后，此类问题更加突出。不平等现象根深蒂固，并且在许多地方可能已经愈演愈烈。[8]儿童与青少年之间存在教育鸿沟，这对低收入家庭而言特别不利，代际流动或将变得更加遥不可及。一旦民众认为自己的境遇无法改善或者他们的孩子不会获得更多机会，那么他们对政府的信心就会减弱。

尽管新冠疫情给低收入国家造成的损失更大，但经济问题、粮食安全问题和饥饿问题也同样给富裕国家带来负面影响。可是，富裕国家更有能力扩大和完善现有的社会保障计划，为有需要的人提供援助。2020年，全球仅有46.9%的人口能够顺利领取至少一份社会保障金。[9]社会保障的缺位和不足还有不断拉大的福利差距可能会让很多人，尤其是最弱势群体觉得政府扶持力度不够，故而疏远政府。与此同时，新冠疫情引发了一场"史无前例但不均衡的全球社保行动"，[10]反映了各国政府实现变革的规模和速度，至少在短期内是这样的。

疫情之下，社会保障的重大意义得以彰显，但诸多国家却转而采取紧缩政策。疫情防控耗费成本、动摇社会经济，税收收入减少，多重危机叠加（例如粮食危机和燃料危机）产生影响，各国政府面对的赤字问题和债务问题日益严峻，2022年国际货币基金组织对政府支出加以预测分析，结果表明大多数国家政府自2021年起便着手削减公共支出，到2025年收紧开支的政府越来越多——平均削减幅度可能高于先前水平。[11]到2023年，紧缩性政策将波及67亿人口。很多处于酝酿期或实施期的举措——包括那些希望实现短期内收入增长的举措，比如提高公共服务收费标准——进一步恶化了弱势群体的处境。

政府还能通过其他渠道拓展财政空间，比如打击非法资金流动、秉持公平原则推动税制改革等。哥斯达黎加把所得税最高税率上调10个百分点，阿根廷和玻利维亚向富人征收财富税与团结税。[12]西班牙计划对高收入人群及雇主加税，用于建设更公平、可持续的养老金制度。[13]Jeffrey Owens 与 Ruth Wamuyu 将在后文深入探讨税收公平问题，视角涵盖国际层面。

基于上述背景，本章剩余部分将谈及政府治理、信息准确性、民主价值观、民主传统、民主制度等系列热点与机遇。在简要描述热点问题的同时，本章还会对卓有成效、前景广阔的制度和政策变化加以研究，借此探求热点问题解决方案。这些变化由疫情催生，能够帮助公共行政部门更灵活、更负责地处理多元利益诉求，旨在构建政府公信力、加强政社关系——从而向可持续发展目标再出发，加快奋进步伐。

1.2 治理赤字与治理机遇

抗击新冠疫情，各国政府或多或少都取得了一定成就，但它们也在其他方面遭遇滑铁卢。治理能力参差不齐阻碍政策落地生效一直是大多数政府不得不面对的顽瘴痼疾——一场疫情更是让这种通病暴露在光天化日之下，让风险跟着"水涨船高"。疫情时期人们陷入紧急状态，处境极其艰难，社会根基是以动摇，然而也正是这段时期孕育了各种创新成果，公共行政管理创新由此诞生。

1.2.1 提供及时服务与包容服务

新冠疫情扰乱政府运作，妨碍其提供基本公共服务，而基本公共服务供给正是公共机构与个人及其他利益攸关者进行互动的主要方式，所以它是改善政社关系的关键切入点（见第3章）。[14]对于任何政府来说，向所有人提供便利可及、价格合适、质量可靠、包容普惠、及时回应的公共服务都是一个持久挑战，然而，在近期暴发的新冠疫情公共卫生危机中，各大机构不得不迅速适应新环境并抓紧制定新措施以便满足公众不断变化的需求。

在公共行政当中，比如进行伙伴关系管理的时候，灵活性是不可或缺的品质。爱尔兰"社会包容和社区激活计划"的本意是通过吸引地方民众参与、建立弱势群体与社区组织、公共机构的合作伙伴关系来扶贫帮困、化解社会排斥。[15]新冠疫情暴发后,"社会包容和社区激活计划"的实施者,即各类地方企业表现灵活,想方设法援助社区、增强社区韧性。这项计划转而关注粮食安全、精神卫生挑战以及数字鸿沟。不同企业各司其职,以便满足当地居民的不同需求;比方说,有些企业会向困难家庭和老年群体发放物资、供应餐饭以便确保粮食安全,另一些企业则会为当地粮食生产和新鲜农产品销售提供帮助。

公共机构的代表性是影响公共服务质量的另一大因素。只有听民声、察民情才能更好地服务群众;这一点对决策层而言尤为紧要。[16]虽然平均46%的公职人员都是女性,但在高层领导和高级管理人员当中,女性仅占比31%和30%。[17]尽管在公共行政管理领域女性员工人数更多,但决策层女性比例依然偏低。越到高层女性越少,这一现象在各个地区普遍存在。新冠疫情期间,特别是初期阶段,公共行政部门的反应与各行各业都有着相似之处。在很多情况下,要想留住女性职员,就得做出改变,例如将工作模式调整为远程办公或混合办公,平衡工作与生活的关系等。种种变化引发了人们内心关于推动男女平等和性别包容的新思考,这可能是挖掘女性在公共行政管理方面的潜力,从而使公共服务更具包容性、回应性和强韧性的关键所在。Müge Finkel 与 Melanie Hughes 将在本章《专家文论》小节中详细阐述这个话题。

1.2.2 信息公开与责任追究

信息公开与责任追究机制为公共机构公信力奠定基石——危机期间正是这两条原则最难坚守。做好新冠疫情防控管理工作,就要让公众知道政府能干什么、在干什么,要让公众了解真实信息,包括病毒情况、突发公共卫生事件应急处置政策以及抗疫决策背后的设想和依据。[18]可持续发展面临多重危机、多方威胁,各国政府理应抓住机会提高信息透明度、强化政民互动交流。

《世界公共部门报告(2021)》重点提及新冠疫情初期各国政府采用的沟通策略与机制,[19]例如在国家门户网站和移动应用程序上发布疫情消息,利用社交媒体平台、官方简报和社区干部外展活动传递资讯等。不少信息渠道是由多利益攸关方合作开发的。一些政府着力保护信息权,还有很多政府全力推进协调工作,帮助弱势群体提高信息获取能力。譬如,墨西哥政府就为残疾人印发了无障碍通信指南。[20] Torsha Dasgupta、Mirza Shada 和 Kaushik Bose 撰文分享了风险沟通的案例及其对政社关系加强的意义。

追究责任同样离不开信息公开。非国家行动者相信政府能够诚信施政、恪守承诺,这就要求所有利益攸关方都有能力监督政府行为、评估政府表现并向政府追责问责。新冠疫情给责任追究体系带来方方面面的压力,然而许多国家的追责部门,诸如最高审计机关、信息获取和隐私监管机构等,却能坚持履职,把监督抗疫政策法规落实情况、传播相关新闻的使命贯彻到底。立法机关和审计机关对政府的抗议表现加以评估并形成报告,为提高政府韧性、强化应急准备提供了宝贵经验。各国政府理应听取报告意见,而后付诸行动。[21]

贪污腐败会严重损害政府公信力,应急状态下其破坏力达到最强。贪污腐败除了加重纳税人负担外,还会削弱机构职能,削减机构韧性。抗疫期间,腐败机会随着公共支出的急剧增长而增加。抗疫法令与政令的普及、对现金措施的过度依赖、紧急状态下国家反腐败机构作用有限且参与不足、信息缺乏透明度以及非国家行动者不够作为,种种因素导致腐败风险进一步加剧。[22]各国政府都经历过艰难抉择,它们在推行大规模应急处置措施的同时还得努力维护善治原则——危机形势错综复杂,未来充满了不确定性,做好准备应对这种动态变得越来越有必要。[23]即使面对重重挑战,有些国家还是成功抵制了腐败风险。某些国家的民间社会组织加入了疫情救济措施监督委员会。马尔代夫的反腐败委员会在疫情期间印发了廉洁自律准则和欺诈腐败风险防控准则，开展了执行情况检查工作。为加强防疫经费监管，贝宁和巴基斯坦搭建了财务管理信息系统的补体系统。²⁴这些举措能够支持善治，提高政府声望，也有可能促动利益攸关方的参与，进而达成合作。

新冠疫情暴发前，由于各个政府未能尊重和保护国家法和国际法规定的所有人权，公信力下降的苗头已然显露，特别是法律改革和监管改革既无法跟上数字技术发展的脚步，又难以反映数字技术对人权的影响。数字技术通常由企业开发，包括公共部门在内的几乎所有社会行动者都会用到，它们的使用频率可谓与日俱增，用途也变得越来越广泛。这些数字技术可以在很多方面——譬如认证合法身份和提供社会保障服务——推动实现可持续发展目标，帮助人们行使权利。但与此同时，有证据表明，各种社会行动者应用数字技术，或有心或无意地把隐私权、知情权、言论自由权、不受歧视权等置于危险境地。比如，一再发生的数据泄露事件曝光个人隐私，数据集中存在着错误和偏见，还有在公共行政管理中利用人工智能传播信息或者做出重大决策时可能产生歧视。有的国家清查假借社会保障和福利援助体系内诈骗（这个问题有时受到过度关注，其严重程度往往会被夸大）等名义，²⁵或者出于不正当的镇压异见、审查信息等政治目的，²⁶利用数字技术监视打压个人与群体。在政府与科技型企业关系突飞猛进、日益复杂的背景下，这些扰乱私人生活、侵犯权利的做法会拉低政府公信力，破坏政府与选民、与其他社会行动者的良好关系。

正如下文讨论的，新冠疫情明显加快了治理数字化进程，治理效率是提高了，但侵犯人权的事实和风险也增加了。为了尽快控制新冠病毒传播，各国政府广泛运用密接追踪程序等技术手段收集人员位置信息和身份信息。各国政府还增设了社保项目，有些项目要求参保人使用数字工具并授权共享个人信息。信息安全亟须合规监管与恰当保护——在公共行政这个深刻影响群众生活的领域更是如此。已经有政府开始着手制定乃至加强相应的制度与措施了，有些政府把工作重心放在推进数据权益保护上。截至2020年4月中旬，包括加拿大、法国、斯洛伐克在内的12个经济合作与发展组织国家，其隐私执法机构为数据控制者与数据处理者印发了疫情时期关于数据隐私保护法的指导意见。²⁷在全球层面，联合国《全球数字契约》正处于酝酿状态，其中一个目标是"向个人提供控制数据使用方式的选项［以及］保护网络人权的选择"。²⁸Valeria Betancourt将在《专家文论》小节中进一步探讨数字监管问题。

1.2.3 推进数字政府建设

在新冠疫情刚开始的几个月里，公共部门出台了众多数字化创新举措，用以打造数字化政策体系和伙伴关系，促进信息资源共享，助推活动开展，增强医疗卫生（譬如远程医疗、密接追踪以及病毒溯源）、社会援助、公众参与、商业、教育（包括居家办公和居家学习）等方面的服务能力。²⁹为了解决疫情期间的贫困问题，多哥政府建立多利益攸关方伙伴关系，凭借移动数据和卫星图像中的人工智能技术灵活高效地发放社会保障金，60万市民只需手机收款。³⁰虽然把政务信息和政务服务迁移到线上隐藏着前文提到的潜在风险，但此举提高了信息透明度，加强了责任追究力度，给不少企业、团体及个人带去更多便利、更多信息和更多服务，还大大节省了他们与政府之间的沟通时间。在保证服务连续性、促进交流互动方面，这种转型具有积极意义。可是，各个国家和地区的电子政务发展水平存在较大差距。尽管社会弱势群体受益于数字化转型，但数字鸿沟依旧突出，还有可能加剧其他社会经济不平等现象。目前仍有27亿人（约占全球人口的1/3）无法上网，大部分是妇女、穷人、老人以及其他弱势群体和边缘群体。³¹具体而言，使用互联网的男性占比69%，而使用互联网的女性仅占比63%，青少年（15—24岁）人群中网络用户的比重达75%，而其他群体内该比重仅为65%。³²生活在哪里也很重要；国家收入档次越高，互联网普及率就越高，低收入国家中只有26%的人口能上网，高收入国家则有92%，而且城乡差距依然明显，问题十分顽固。

有的行业快速转型线上，其中以教育业为代表，某种程度上还包括医疗行业（见第3章）。很多地方的司法部门同样经历了数字化转型过程，这对强化政社关系来说意义非凡。近期发布的一份报告显示，约有15亿人口遇到了难以解决的刑事、民事或者行政执法问题。[33]根据可持续发展第16项目标（SDG 16），利用数字技术提供法律服务既能加快实现"人人平等诉诸司法"又能提高司法机构的有效性与包容性。与此同时，司法数字化转型也面临着风险挑战。有些政府已经开始采取行动应对电子司法系统建设挑战，比方说将有效性与包容性障碍因素诊断纳入设计范畴。Sarah McCoubrey将在本章《专家文论》小节中介绍新冠疫情暴发以来电子司法系统的发展情况。

1.3 后疫情时代逆境中的转机

1.3.1 巩固民主价值观、民主传统和民主制度

各国政府在《2030年议程》中设想了一个"民主、善治、法治以及国内国际有利环境对可持续发展至关重要"的世界。[34]这些理想特质是相辅相成的。公民对政府倾听民声、成全民意充满信心，公民参与度与信任度便能得到加强，这有助于形成包容性、回应性和责任性治理格局。[35]

大家一致认为，近年来世界民主正在衰退。[36]民主倒退比民主进步来得更快。[37]就连民主信仰也在崩塌，对威权者的好感反而有增无减。给予反对党的容忍度、选举过程的公正性、权力的监督与制衡，诸如此类的规范与标准正在遭受越来越多的质疑。[38]反对党的安全空间受到挤压，资源日趋紧张，精英俘获现象根深蒂固。

2015年以来，民主指数总体下行，且下行速度受新冠疫情影响明显加快。[39]疫情之所以削弱民主，其中一个重要原因在于各国政府制定了抑制病毒传播的紧急措施。诸如保持社交距离等一系列防疫限制措施不仅侵犯了公民权利，特别是公民集会权，还妨碍行政监督机构的正常运作。[40]到了2022年，虽然有很多政府解除了防疫限制措施，但暴力冲突、两极分化等问题愈演愈烈，抵消了恢复自由之后取得的民主成果。[41]一直以来，不少国家的民主体系都遭到了社会极化和政治极化的侵蚀，应对危机和挑战的能力被不断削弱。这会带来可怕的后果，因为政治极化越严重，新冠病毒致死率就越高。[42]失信行为加重了两极分化，而两极分化又助长了失信风气。[43]在经济焦虑、政府差评、阶级分化、虚假信息以及不确定性的驱使下，两极分化变本加厉。[44]民粹主义和民族主义与两极分化、排斥行为一脉相连，并且在很多情况下破坏了权力制衡、削弱了少数群体保护力度，从而导致民主衰退。[45]可是在疫情刚开始肆虐的一年半里，民粹主义的全球支持率似乎有所下降，大多数民主国家的政治极化程度也似有减轻。[46]

有的国家借助民主政治成功挽回损失，其中一部分原因是取消了防疫举措。2022年，智利在加强民主方面取得进展，这与政治极化程度降低有关。[47]该国总统希望通过宪法改革加强中央集权，新宪法草案增设了多项权利，但选民并不买账。为了壮大政治联盟，总统彻底改组内阁，大力推动第二次修宪活动，并改走更为温和的路线。[48]2023年智利重启修宪程序，而与往年不同的是，本次修宪新增了12条原则，组建了负责新宪法起草与审查的新机构。总体而言，去极化之路充满挑战，改变社会契约需要长期努力。

1.3.2 保护和拓展公民空间

公众参与度和政府公信力是相辅相成的。[49]作为民主政治的一个基本要素，公民空间是让个人和团体参与事务、行使自由的环境，也是社会契约的一部分。[50]提升公民空间的关键在于允许公民通过正式或非正式渠道参与政策制定和决策过程，包括获取信息、参与对话以及分享观点。[51]政府根据当

前的目标任务调整公民空间的开放度或封闭度，制定并执行有关民间社会组织的规章制度。52 在世界范围内，公民空间不断缩小，官民鸿沟日益凸显。这不利于可持续发展目标的实现，因为民间社会也是重要推动力量。53

新冠疫情是公民空间背景演变和风险变化的契机。疫情暴发后，许多国家发布了紧急声明，出台的举措损害了言论、集会和隐私权。54 虽然好些举措是维护公共卫生安全的紧要抓手，但它们也对民间力量疏于支持，甚至有人借防疫之名，行镇压异见、限制自由之实。很多国家实行的疫情防控限制措施不准民间社会组织提供基本服务，管制民众获取疫情信息，禁止集会（哪怕在保持社交距离的前提下进行和平抗议也不被允许），还会把权力移交给各级政府从而动摇制衡机制。55 CIVICUS Monitor 追踪调查了世界各国民众结社、和平集会以及言论自由状况。结果发现，2019—2021 年，在列为"封闭""压制""受限"国家定居的人口比重由 83% 上升至 88.5%。56 活动人士和记者是拘留、恐吓、骚扰、攻击和监视的主要对象。妇女、环境权益保护组织、劳动者权益保护组织、性少数（LGBTQI+）社群、年轻人以及土著人权利捍卫者等特定群体受到的干扰极其严重。压制民声会让人产生失落感与疏离感，这一点在年轻人身上尤为显著。新冠疫情凸显了甚至从某些方面来说还可能加剧了政府善治和社会正义挑战——例如政府问责日渐退步，不平等与歧视现象与日俱增以及工人权利遭到削弱——而这些挑战恰恰是公众参与试图克服的。因此，新冠疫情的横行也激发了公众兴趣，增强了公众参与的动力。

哪怕面临重重挑战，民间社会依然在既定边界内发光发热，有时还会超出既定边界，就如专栏 1.3 所示的那样，努力寻求抗疫方法。57 事实上，短暂的平静过后，世界各地反政府抗议数量激增。58 在许多国家，为了消除过度的防疫限制措施侵害人权，各利益攸关方提出战略性诉讼。59 尽管数字鸿沟带来不便，但公民空间的主阵地还是转移到了线上。以电子方式呈现的言论表达、新闻消息和组织活动得以拓展。阿根廷"立法目录"组织创建了一张在线地图用以展示拉丁美洲和加勒比地区的危机管理办法，还发起了一场维护民主制度的社交媒体运动。60 黎巴嫩不乏数字权利组织，它们对政府的数字抗疫行为加以审查，并将详细信息反馈给公共卫生部。61 全球的年轻人志愿组织活动宣传新冠疫情防控安全措施，并在网上分享抗疫策略、抗疫经验和抗疫想法。62

专栏 1.3　新冠疫情期间巴西土著人民的权利之争[a]

不平等和歧视现象会对公民参与造成阻碍，但弱势群体却可以在健康的公民空间中享受更多利益，因为这样的空间有助于倡导弱势群体权利、讨论弱势群体议题。早在疫情初期，巴西的民间社会行动者便呼吁大家关注土著人医疗资源缺失的问题。[b] 当时土著卫生特别秘书处已经停止向市区的土著居民提供服务，而民间社会行动者声称该机构实施的防疫程序及协议并不符合世界卫生组织给出的指导方针与建议，因此要求土著卫生特别秘书处变更政策。[c] 根据文化生存组织（Cultural Survival）的研究，由于大多数土著社区的生活条件及卫生状况利于病毒传播，居民在家照顾患者又缺少防护用品，居家隔离成为不可能，"病毒检测后回家隔离"这一规程反而导致感染概率显著上升。

历时多月，巴西政府却始终没有出面守护土著人民健康，该国为土著人民代言的最大伞式组织——巴西土著人民联合会便一纸诉状将政府告上巴西联邦最高法院，这项诉讼极具历史意义。那个时候，巴西土著人的新冠病死率（9.6%）是普通人群（4%）的两倍有余。[d] 2020 年 8 月法院判

> 定土著人民胜诉，以下裁判"立即生效"："与社区共谋规划；采取行动防止外来人员侵入保留地；为土著隔离人员和新近密接人员设立卫生屏障；土著保健子系统接纳所有土著人民；以及制订新冠疫情防控监测计划。"（e）
>
> 资料来源：（a）作者Kiana Schwab，公共机构和数字政府司实习生，联合国经济和社会事务部；（b）巴西公民空间被CIVICUS Monitor 评为"受阻"（截至2023年3月）；参见https://monitor.civicus.org/；（c）文化生存组织（Cultural Survival），《致贾伊尔·博索纳罗的公开信：新冠疫情期间巴西未能保卫土著人民健康》，2020年6月10日，参见https://www.culturalsurvival.org/news/open-letter-jair-bolsonaro-brazil-failing-protect-health-indigenous-peoples-during-covid19；（d）Edson Krenak Naknanuk，《土著人民诉巴西案：最高法院一致裁定博索纳罗在疫情期间侵犯土著人民健康权》，文化生存组织（Cultural Survival），2020年8月17日，参见https://www.culturalsurvival.org/news/indigenous-peoples-vs-brazil-supreme-court-unanimously-rules-bolsonaro-violating-indigenous#:~:text=By%20Edson%20Krenak%20Naknanuk, Federal%20Court%20on%20their%20own；（e）同上。

有些政府通过法律、政策以及其他手段保护和扩大公民空间，包括开展定期审查和限制紧急权利。奥地利联邦社会事务、卫生、护理和消费者保护部颁布特殊法规，延长法规时限就要在10天至4周内征得议会批准。[63]各个国家还采取行动维护和保障言论自由及媒体自由，加强对记者和活动人士的保护，鼓励公民参加组织和集会活动，拓展公民教育，与民间社会携手合作，提升公民数字素养并扩大公众参与度。Elly Page 和 Alexandra DeBlock 在本章《专家文论》小节中深入探讨了此类举措。

有些政府积极开展协调外联工作，为民间行动者参与防疫研讨和决策创造机会。[64]它们鼓励公众更大程度参与政策制定，建立虚拟咨询、对话交流、民意调查等反馈渠道，通过在线反馈平台众筹、公开征集或邀请分享疫情问题解决方案。例如，巴西参议院审查了人们向电子公民门户网站提交的防疫立法方案。[65]在某些国家的总统任务团队和政府委员会内部有着民间社会代表的身影。[66]

许多政府已经认识到，在涉及疫情防控及可持续发展的政策和项目之中青年广泛参与有着非常重要的意义。有的政府向年轻人发放问卷调查其疫情经历以便制定青年政策、出台干预措施，有的政府举办在线黑客马拉松，与青年领袖和青年组织开展线上磋商，还与年轻人合作推进新方案。[67]James Sloam 在《专家文论》一节中对意义重大的青年参与案例加以深刻阐述。

1.3.3 打击虚假信息与错误信息[68]

近些年来，虚假错误信息的传播速度不断加快，并和社会极化政治极化、武装冲突以及选举失信纠缠在一起。新冠疫情暴发后，全世界还经历了一场信息疫情——"疾病流行期间线上线下信息过量，存在太多虚假信息与错误信息"。[69]由于新冠病毒肆虐全球，线上交流越来越频繁，散布虚假信息变得十分瞩目。其传播数量、范围及影响严重妨害政府抗疫，把筑牢公共卫生安全屏障的准确信息告知大众并说服他们遵守防疫规定更是难上加难。

打击虚假错误信息需要各种手段、工具和途径，既要吸取过去的经验教训又要做到开拓创新。政府必须规范自身行为，履职尽责防止第三方侵犯人权。[70]政府要有明确的立法框架和监管框架用来抵制侵权行为、保护公民的人身自由。通过监管提升信息透明度是打击虚假信息的有效方法。[71]数字平台是否能够并且应该为其内容承担法律责任，人们对这个问题仍有争议；然而，有些政府正借助监管工具提高平台运营透明度，以便对公司业务和运营情况开展更多的独立审计。2022年欧盟通过了《数字服务法》，不仅要求数字平台提升信息透明度（尤其是在推荐算法的特点和应用方面），还要求较大的平台向研究人员授予数据访问权限。[72]

欧盟还推出了《反虚假信息行为守则》，明确了线上平台和广告行业抵制虚假信息的原则和承诺。[73] 签署方承诺采取一系列行动，包括协助打击造谣牟利行为、增强政治广告的标识可视性、完成用户授权和研究人员授权、曝光恶意操控平台流量传播虚假信息的行为以及定期更新并落实反虚假信息政策举措。

所有行动者都可为打击虚假错误信息做出贡献。疫情期间，作为全球语言志愿者社区的"无国界译者"利用聊天机器人、翻译手段以及新型冠状病毒肺炎相关词汇表将准确信息传达给民众，让他们读得懂、看得懂；为了促进全球抗疫交流，该组织还参与了语言数据采集和语言数据映射工作。[74] 提高媒体素养是防范不实信息最有效的手段之一。[75] 最新发布的媒体素养指数显示，芬兰是抵御错误信息最有力的欧洲国家，[76] 对媒体素养的培育始于学前阶段，也是国家核心课程的一部分。[77] 有研究发现，在各个国家中超过半数的受访者担心自己无法辨别网络新闻的真伪。[78]

整治虚假错误信息有应该秉持积极主动、公开透明、便于实行的理念。有证据表明，事实核查是各个国家都行之有效的错误信息治理手段，且效果可以维持一段时间。[79] 事实核查人员发现错误信息后应及时予以回应，把错误内容及错误原因解释清楚并确保最有可能被误导的人群能够看见和访问更新后的事实性信息。[80] 事实核查人员还要寻求或要求更正信息。诸如"非洲核查（Africa Check）"与"已核查（Chequeado）"等组织在这方面成就斐然。防范虚假信息传播也是一种治理手段。西班牙政府根据专家建议向公众通报"科学进步以及可能出现的诈骗和谣言"。[81] 大多数OECD成员国政府也会出面打假辟谣、澄清明显错误；奥地利、比利时、英国及北爱尔兰政府专门设立了反危机或反虚假信息部门处理相关工作。

追究散播不实信息的法律责任可谓关键。联邦审计法院是巴西最高审计机关，它针对虚假宣传是否侵占公共资源的问题展开调查。[82] 其中一项成果是要求巴西通信部知会联邦政府所有部门在签订合时加入相应条款以便识别并遏制数字媒体上的虚假广告行为。

虽然政府理应带头打击虚假信息、为社会提供真实可靠的信息，但政社合作往往能取得更大进展，获得更多合理合法回报。比如，阿根廷选举机构与脸书（Facebook）签署了合作谅解备忘录，旨在提高官方大选消息的传播度，降低虚假内容的可见性。[83] Naledi Mashishi将在《专家文论》一节中介绍非洲政社合作抵制不实信息的案例。

专栏1.4 《联合国数字平台信息完整性行为准则》框架

为了提高公共信息的完整性，联合国秘书长在其具有里程碑意义的报告《我们的共同议程》中提议，由联合国牵头，世界各国、媒体和监管机构共同商讨制定一份全球行为准则。[a] 随后他围绕尊重人权、授权用户、增强信任度与安全度等九项原则提出了《联合国数字平台信息完整性行为准则》框架。[b] 该框架为各利益攸关方制定行为准则提供建议，部分内容如下所示：[c]

（1）每位利益攸关方"不得处于任何目的使用、支持或传播虚假信息和仇恨言论"，理应建立广泛的信息完整性联盟，帮助弥合"地方企业与全球性科技公司之间的差距"。

（2）成员国应"采取监管措施，包括实施执行机制，以保障数字平台用户的基本权利，要求科技公司实现信息透明化"，应"确保构建自由、蓬勃、独立、多元的媒体格局，并为记者和独立媒体提供有力保护"。

（3）数字平台应确保其开发的产品信息透明并且"具有安全性，能保护用户隐私……在所有国家、所有语言中保持应用政策一致性"。数字平台应"投资建设适用于运营所在国所有语言的人工及人工智能生成内容审核系统"，并确保内容报告机制"能够加快响应速度，尤其是在发生冲突的情况下"。

资料来源：（a）联合国，《我们的共同议程》，秘书长报告（销售编码 E.21.I.8），参见 https://www.un.org/en/content/common-agenda-report/assets/pdf/Common_Agenda_Report_English.pdf；（b）联合国，《〈我们的共同议程〉政策简报 8：数字平台上的信息完整性》，2023 年 6 月，参见 https://www.un.org/sexualviolenceinconflict/wp-content/uploads/2023/06/our-common-agenda-policy-brief-information-integrity-en.pdf；（c）同上。

1.4 反思

新冠疫情提醒我们，应对重大挑战、实现重大成果目标离不开所有利益攸关方的共同努力。仅凭政府发力是无法重塑政社关系的。然而，作为迈出关键第一步的行动者，政府需要为政社关系的改善创造有利环境。比如，它们可以提高公众透明度和公众参与度，尊重和保障人权，给群众提供表达意见的机会等。还有一点非常关键，政府在着力提升公信力的同时，也可以向其他行动者寄予信任。

本章所探讨的政府公信力与政社关系的影响因素——包括治理、民主以及信息完整性——存在明显关联。解决问题就得付出努力，努力程度应和任务难度匹配，并且还不能忽视二者的动态关系。世界各国重建和强化社会契约需要采取完整、全面的方法，只有这样，政府与社会之间信任才会更牢固，关系才会更深厚，凝聚力才会更强大——良好的政社关系反过来又能增强政府韧性应对危机，加快实现可持续发展目标。多位专家为落实可持续发展目标提供灵感，详见本章下文。

后文表格（表 1.1）总结了《专家文论》一节里的重要建议。

尾注

1. 又见于 Jonathan Perry，《对公共机构的信任：趋势和对经济安全的影响》，《联合国经社部政策简报》第108期（2021年6月），参见 https://www.un.org/development/desa/dpad/wp-content/uploads/sites/45/publication/PB_108.pdf。

2. Qing Han 等，《政府疫情公信力与疫情期间预防性行为及亲社会行为的关系：一项跨领域纵向研究》，《心理医学》第53卷第1期（2023年1月），第149—159页，参见 DOI:10.1017/S0033291721001306; Monica Brezzi 等，《经济合作与发展组织关于公共机构应对当前和未来挑战的信任驱动因素的最新框架》，《经济合作与发展组织公共治理工作文件》第48期（巴黎，经济合作与发展组织出版社，2021年），参见 https://www.oecd-ilibrary.org/docserver/b6c5478c-en.pdf?expires=1688824697&id=id&accname=guest&checksum=53D744E744118908E6C04571F4FD9BAA; Thomas J. Bollyky 等，《流行病防控与新冠疫情：2020年1月1日至2021年9月30日177个国家感染率、死亡率以及与准备程度影响因素的探索性分析》，《柳叶刀》第399卷第10334期（2022年4月16日），第1489—1512页，参见 DOI:10.1016/S0140-6736(22)00172-6。

3. Roberto Foa 等，《大重置：舆论、民粹主义与大流行病》（剑桥，民主未来中心，剑桥大学，2022年1月），参见 https://doi.org/10.17863/CAM.90183。

4. 经济合作与发展组织，《建立信任以加强民主：2021年经济合作与发展组织公共机构信任驱动因素调查主要结果》。

5. 联合国，《我们的共同议程》，秘书长报告（Sales No. E.21.I.8），第22页，参见 https://www.un.org/en/content/common-agenda-report/assets/pdf/Common_Agenda_Report_English.pdf。

6. 同上书，第22页。

7. 联合国，The Sustainable Development Goals Report 2022 (Sales No. E.22.I.2), available at https://unstats.un.org/sdgs/report/2022/The-Sustainable-Development-Goals-Report-2022.pdf。

8. "为什么有些地方的新冠疫情死亡人数比其他地方多？"，《金融与经济学——自由兑换》，《经济学家》2021年7月31日，参见 https://www.economist.com/finance-and-economics/2021/07/31/why-have-some-places-suffered-more-covid-19-deaths-than-others?utm_medium=cpc.adword.pd&utm_source=google&ppccampaignID=17210591673&ppcadID=&utm_campaign=a.22brand_pmax&utm_content=conversion.direct-response.anonymous&gclid=EAIaIQobChMI2NiK2LyAgAMVsQxlCh2dVwpQEAAYASAAEgI59fD_BwE&gclsrc=aw.ds; 联合国，《全球可持续发展目标报告（2020）》（销售号 No. E.20.I.7），参见 https://unstats.un.org/sdgs/report/2020/The-Sustainable-Development-Goals-Report-2020.pdf; 联合国，《全球可持续发展目标报告（2022）》。

9. 联合国，《全球可持续发展目标报告（2022）》。

10. 国际劳工组织，《2020—2022年世界社会保护报告：十字路口的社会保护——追求更美好的未来》（日内瓦，国际劳工处，2021年），第18页，参见 https://www.ilo.org/wcmsp5/groups/public/@ed_protect/@soc_sec/documents/publication/wcms_817572.pdf。

11. Isabel Ortiz, Matthew Cummins，《关于2022—2025年预算削减和有害社会改革的全球报告》，工作文件2022年9月24日（政策对话倡议和其他倡议，2022年9月），参见 https://policydialogue.org/files/publications/papers/Austerity-Ortiz-Cummins-Final-Sep-2022.pdf。

12. Jo Walker 等，《2022年减少不平等指数的承诺，乐施会与发展金融国际研究报告》，2022年10月，第3页，参见 https://oxfamilibrary.openrepository.com/bitstream/handle/10546/621419/rr-cri-2022-111022-en.pdf。

13. Joseph Wilson，《西班牙工会支持政府公共养老金改革》，美联社，2023年3月15日（巴塞罗那），参见 https://apnews.com/article/spain-pensions-eu-economy-90d5dd56eac1d07aff9441c0e49c02a1; 西班牙，部长会议，"西班牙政府批准公共养老金制度改革并保证购买力"，拉蒙克洛亚，2023年3月16日，参见 https://www.lamoncloa.gob.es/lang/en/gobierno/councilministers/Paginas/2023/20230316_council.aspx。

14. 联合国经济和社会事务部，《世界公共部门报告（2021）——落实可持续发展目标的国家机制安排：五年回顾总结》（销售号 E.21.II.H.1），参见 https://www.un.org/en/desa/world-public-sector-report。

15. 爱尔兰，农村和社区发展部，2022年联合国公共服务奖机构复原力和创新应对新冠疫情特别类别社会包容和社区激活方案提名，参见 https://publicadministration.un.org/unpsa/en/Home/Case-Details-Public?PreScreeningGUID=482b6c41-bec9-42ef-acf1-950de2a12d04&ReadOnly=Yes&ReturnURL=http://publicadministration.un.org/unpsa/database/Home/UNPSA-Initiatives-and-the-SDGs 和 https://publicadministration.un.org/unpsa/database/Special-Category-on-covid-19-response/SICAP。

16. 联合国，《公共行政专家委员会战略指导说明：促进公共部门劳动力多样性》，征求意见稿，2019年10月，参见 https://unpan.un.org/sites/unpan.un.org/files/Draft%20strategy%20note%20%20-%20public%20sector%20workforce%20diversity.pdf。

17. Müge Finkel, Melanie M. Hughes, Joanna Hill，《公共行政中的性别平等》（纽约，联合国开发计划署和匹兹堡大学，2021年），参见 https://www.girl.pitt.edu/2021-global-gepa-report#:~:text=The%20UNDP%2DPitt%202021%20global,(Gen%2DPaCS)%20dataset。

18. Richard A. Roehrl, Wei Liu, Shantanu Mukherjee，《新冠疫情大流行：敲响科学与社会界面更好合作的警钟》，《联合国经社部政策简报》第62期（2020年4月），参见 https://www.un.org/development/desa/dpad/wp-content/uploads/sites/45/publication/PB_62.pdf。

19. 联合国经济和社会事务部，《落实可持续发展目标的国家机制安排：五年回顾总结——世界公共部门报告（2021）》；同样参阅 Aránzazu Guillán Montero, David Le Blanc，《危机时期的复原机构：国家一级的透明度、问责制和参与是有效应对新冠疫情的关键》，《联合国经社部政策简报》第72期（2020年5月），参见 https://www.un.org/development/desa/dpad/wp-content/uploads/sites/45/publication/PB_74.pdf。

20 Sujata Bhan, Anita Julka,《兼顾残疾的新冠疫情应对措施：最佳做法》（IN/2021/SHS/100）（教科文组织新德里办事处与联合国促进残疾人权利伙伴关系，2021），参见 https://unesdoc.unesco.org/ark:/48223/pf0000378354。

21 联合国经济和社会事务部，《世界公共部门报告（2021）——落实可持续发展目标的国家机制安排：五年回顾总结》。

22 联合国毒品和犯罪问题办公室，《危机与腐败：新冠疫情暴发期间的应急措施和经验教训》（越南，2022年），参见 https://www.unodc.org/documents/corruption/COVID-19/CRISES_AND_CORRUPTION_EMERGENCY_RESPONSES_DURING_COVID-19_E.pdf。

23 参见联合国，《有效治理促进可持续发展的原则》，《经济及社会理事会正式记录，2018年，补编》第24期（E/2018/44-E/C.16/2018/8），第31段，参见 https://publicadministration.un.org/portals/1/images/cepa/principles_of_effective_governance_english.pdf；参见联合国，经济和社会事务部，《世界公共部门报告（2021）——落实可持续发展目标的国家机制安排：五年回顾总结》，第四章。

24 Monique Newiak, Abdoul A.Wane, Alex Segura-Ubiergo，编辑，《撒哈拉以南非洲的善治：机遇与教训》（华盛顿特区，国际货币基金组织，2022年），参见 https://www.elibrary.imf.org/display/book/9781513584058/9781513584058.xml?CODE=IMF.ORG；Daniela Cepeda Cuadrado，《新冠疫情期间的腐败：减少突发卫生事件中腐败的趋势、驱动因素和经验教训》，Chr. Michelsen 研究所，U4 反腐败中心，2022年第16期，参见 https://www.u4.no/publications/corruption-during-covid-19.pdf。

25 联合国大会，《赤贫与人权：秘书长的说明》，《赤贫与人权问题特别报告员报告》（A/74/493，2019年10月11日），参见 https://documents-dds-ny.un.org/doc/UNDOC/GEN/N19/312/13/PDF/N1931213.pdf?OpenElement。

26 联合国人权委员会，《数字时代的隐私权》，联合国人权事务高级专员办事的报告（A/HRC/51/17，2022年8月4日），参见 https://documents-dds-ny.un.org/doc/UNDOC/GEN/G22/442/29/PDF/G2244229.pdf?OpenElement；全球公民参与联盟，《公民自由与新冠疫情：限制措施的快照》，2020年5月4日，参见 https://www.civicus.org/index.php/media-resources/reports-publications/4396-civic-freedoms-and-the-covid19-pandemic-a-snapshot-of-restrictions。

27 经济合作与发展组织，《在我们抗击新冠疫情的过程中确保数据隐私》，经济合作与发展组织应对新冠疫情的政策，2020年4月14日，参见 https://www.oecd.org/coronavirus/policy-responses/ensuring-data-privacy-as-we-battle-covid-19-36c2f31e/。

28 联合国秘书长技术问题特使办公室，《全球数字契约》，参见 https://www.un.org/techenvoy/global-digital-compact；联合国，《我们的共同议程》，秘书长报告（销售号No. E.21.I.8），参见 https://www.un.org/en/content/common-agenda-report/assets/pdf/Common_Agenda_Report_English.pdf；联合国，"'Our Common Agenda' summary of thematic consultations"（2022年5月），参见 https://www.un.org/pga/76/wp-content/uploads/sites/101/2022/05/Final-OCA-summary-.pdf。

29 联合国经济和社会事务部，《应对2020年新冠疫情的数字政府举措简编》（销售号 E.20.II.A.5），参见 https://publicadministration.un.org/egovkb/Portals/egovkb/Documents/un/2020-Survey/UNDESA%20Compendium%20of%20Digital%20Government%20Initiatives%20in%20Response%20to%20the%20COVID-19%20Pandemic.pdf。

30 联合国，《2022年电子政务调查：数字政府的未来》（销售号No. E.22.II.H.2），参见 https://desapublications.un.org/sites/default/files/publications/2022-09/Web%20version%20E-Government%202022.pdf。

31 国际电信联盟，《衡量数字发展：2022年的事实与数据》，参见 https://www.itu.int/en/ITU-D/Statistics/Pages/facts/default.aspx；Isabelle Deganis, Pegah Zohouri Haghian, Makiko Tagashira，《利用数字技术实现社会包容》，《联合国经社部政策简报》第92期（2021年2月），参见 https://www.un.org/development/desa/dpad/wp-content/uploads/sites/45/publication/PB_92.pdf。

32 国际电联，《衡量数字发展：2022年事实与数字》。

33 《正义、人人享有正义特别工作组——最后报告》（纽约，国际合作中心，2019年），第35—36页，参见 https://cic.nyu.edu/wp-content/uploads/2023/02/english_task_force_report_27jun19-min_compressed.pdf。

34 联合国大会，《变革我们的世界：2030年可持续发展议程》，大会2015年9月25日通过的决议（A/RES/70/1，2015年10月21日），第9段，参见 https://www.un.org/en/development/desa/population/migration/generalassembly/docs/globalcompact/A_RES_70_1_E.pdf/。

35 Saki Kumagai 和 Federica Iorio，《通过公民参与建立对政府的信任》（华盛顿特区，世界银行集团，2020年），参见 http://hdl.handle.net/10986/33346；Marie Laberge，《可持续发展目标16.7.2：确保可持续发展的包容性和响应性决策》，《联合国开发计划署奥斯陆治理中心—可持续发展目标 16 政策简报》2022年9月，参见 https://www.undp.org/publications/sdg-1672-ensuring-inclusive-and-responsive-decision-making-sustainable-development。

36 经济学人智库，《2022年民主指数：前线民主与俄乌冲突》；国际民主与选举援助研究所，《2022年全球民主状况：在不满的时代锻造社会契约》，全球民主国家倡议；Evie Papada 等，《面对专制的反抗：2023年民主报告》（瑞典哥德堡，哥德堡大学民主多样性研究所，2023年），参见 https://www.v-dem.net/documents/29/V-dem_democracyreport2023_lowres.pdf；联合国人权事务高级专员办事处，《关于民主和人权：人权高专办与民主》，参见 https://www.ohchr.org/en/about-democracy-and-human-rights。

37 国际民主与选举援助研究所，《2022年全球民主状况：在不满的时代锻造社会契约》，全球民主国家倡议。

38 联合国经济和社会事务部，《《世界公共部门报告（2023）》启动会议报告》，参见 https://publicadministration.un.org/Portals/1/DPIDG%20EGM%20World%20Public%20Sector%20Report%202023%20draft%20for%20OD.pdf。

39 经济学人智库，《2022年民主指数：前线民主与俄乌冲突》，表格5。

40 联合国经济和社会事务部,《世界公共部门报告（2021）——落实可持续发展目标的国家机制安排：五年回顾总结》。

41 经济学人智库,《2022年民主指数：前线民主与俄乌冲突》。

42 Nicholas Charron, Victor Lapuente, Andrés Rodríguez-Pose,《不合作的社会,不合作的政治,还是两者兼而有之？欧洲地区的信任、两极分化、民粹主义和新冠疫情死亡人数》,《欧洲政治研究杂志》第62卷第3期（2022年），第781—805页，参见 https://doi.org/10.1111/1475-6765.12529。

43 爱德曼,《2023年爱德曼信托晴雨表：在两极分化的世界中航行》，年度调查，参见 https://www.edelman.com/trust/2023/trust-barometer。

44 同上；联合国开发计划署,《2021—2022年人类发展报告——不确定的时代，不安定的生活：在变革的世界中塑造我们的未来》（销售号 E.22.III.B.4），参见 https://hdr.undp.org/system/files/documents/global-report-document/hdr2021-22pdf_1.pdf。

45 Foa等,《大重置：舆论、民粹主义与疫情》；Jordan Kyle和Brett Meyer,《高潮？民粹主义掌权，1990—2020年》，托尼·布莱尔全球变化研究所，2020年2月7日，参见 https://www.institute.global/insights/geopolitics-and-security/high-tide-populism-power-1990-2020；联合国，人权委员会,《当代形式的种族主义、种族歧视、仇外心理和相关不容忍现象问题特别报告员的报告》，秘书处说明（A/HRC/38/52，2018年4月25日），参见 https://documents-dds-ny.un.org/doc/UNDOC/GEN/G18/117/79/PDF/G1811779.pdf?OpenElement。

46 Foa等,《大重置：舆论、民粹主义与疫情》。

47 经济学人智库,《2022年民主指数：前线民主与俄乌冲突》。

48 路透社,《选民拒绝新宪法后，智利Boric改组内阁》，2022年9月6日（圣地亚哥），详见 https://www.reuters.com/world/americas/urgent-chiles-boric-reshapes-cabinet-after-voters-reject-new-constitution-2022-09-06/；Oliver Stuenkel,《智利拒绝新宪法是民主成熟的标志》，评论，卡内基国际和平基金会，2022年9月8日，参见 https://carnegieendowment.org/2022/09/08/chile-s-rejection-of-new-constitution-is-sign-of-democratic-maturity-pub-87879#:~:text=Chile's%20Rejection%20of%20the%20New%20Constitution%20Is%20a%20Sign%20of%20Democratic%20Maturity,-Oliver%20Stuenkel&text=The%20utopian%20proposal%20must%20give,more%20moderate%20vision%2C%20voters%20say；美洲季刊编辑,《反应：智利新宪法路线图》，2023年1月11日，参见 https://www.americasquarterly.org/article/reaction-chiles-new-constitutional-roadmap/。

49 Kumagai, Iorio,《通过公民参与建立对政府公信力》；Laberge,《可持续发展目标16.7.2：确保可持续发展的包容性和响应性决策》。

50 联合国,《联合国指导说明：保护和促进公民空间》，2020年9月，参见 https://www.ohchr.org/sites/default/files/Documents/Issues/CivicSpace/UN_Guidance_Note.pdf。

51 同上。

52 Anthony James DeMattee,《民间社会本土化：政府如何以及为什么利用法律规范民间社会组织》，博士学位论文（布卢明顿印第安大学，2020年9月），参见 https://scholarworks.iu.edu/dspace/handle/2022/25813。

53 Mandeep S. Tiwana,《〈2030年议程〉：为什么公民参与是实现联合国可持续发展目标的关键》，文章，世界经济论坛，2023年4月24日，参见 https://www.weforum.org/agenda/2023/04/agenda-2030-civic-participation-sustainable-development-goals/；国际非营利法中心,《关于公民空间、腐败和新冠疫情的专家小组和全球讨论：公民参与透明应急的经验教训》，摘要，2021年7月15日（华盛顿特区），参见 https://www.icnl.org/wp-content/uploads/Corruption-and-Covid_ICNL-Event-Summary.pdf。

54 国际非营利法中心,《新冠疫情公民自由追踪》，参见 https://www.icnl.org/covid19tracker/。

55 Elly Page, Alexandra DeBlock,《热点趋势：新冠疫情与城市空间报告》（国际非营利法中心，2020年5月），参见 https://www.humanrights.unsw.edu.au/news/top-trends-covid-19-and-civic-space。

56 全球公民参与联盟, "People power under attack 2019" and "People power under attack 2021", reports based on data from the CIVICUS Monitor, both available at https://monitor.civicus.org/globalfindings/。

57 参阅，例如，全球公民参与联盟,《新冠疫情时期的团结：民间社会应对疫情》（约翰内斯堡，2020年），参见 https://www.civicus.org/documents/reports-and-publications/SOCS/2020/solidarity-in-the-time-of-covid-19_en.pdf；联合国，经济和社会事务部,《落实可持续发展目标的国家机制安排：五年回顾总结——世界公共部门报告（2021）》。

58 Benjamin Press, Thomas Carothers,《2020年全球抗议活动：回顾一年》，速览，2020年12月21日（华盛顿特区，卡内基国际和平基金会），参见 https://carnegieendowment.org/2020/12/21/worldwide-protests-in-2020-year-in-review-pub-83445。

59 联合国人权委员会,《民间社会空间——新冠疫情：复苏之路和民间社会的基本作用》，联合国人权事务高级专员提交人权理事会的报告（A/HRC/51/13，2022年6月30日），参见 https://documents-dds-ny.un.org/doc/UNDOC/GEN/G22/394/42/PDF/G2239442.pdf?OpenElement。

60 Saskia Brechenmacher, Thomas Carothers, Richard Youngs,《民间社会与新冠病毒：尽管存在混乱，但仍充满活力》，文章，2020年4月21日（华盛顿特区，卡内基国际和平基金会），参见 https://carnegieendowment.org/2020/04/21/civil-society-and-coronavirus-dynamism-despite-disruption-pub-81592。

61 联合国人权委员会,《民间社会空间——新冠疫情：复苏之路和民间社会的基本作用》。

62 经济合作与发展组织,《为青年服务：政府如何将青年人置于复苏的中心》,《经济合作与发展组织应对新冠病毒政策》，2022年3月17日，参见 https://www.oecd.org/coronavirus/policy-responses/delivering-for-youth-how-governments-can-put-young-people-at-the-centre-of-the-recovery-92c9d060/。

63 联合国人权委员会，《民间社会空间——新冠疫情：复苏之路和民间社会的基本作用》。

64 经济合作与发展组织，《新冠疫情危机：政府转型的催化剂？》，《经济合作与发展组织应对新冠病毒政策》（巴黎，经济合作与发展组织出版社，2020年），参见 https://doi.org/10.1787/1d0c0788-en；联合国，人权委员会，《民间社会空间——新冠疫情：复苏之路和民间社会的基本作用》。

65 开放式政府伙伴关系，《开放政府与新冠病毒指南：保护参与和审议》，2020年5月26日，参见 https://www.opengovpartnership.org/documents/a-guide-to-open-government-and-the-coronavirus-protecting-participation-and-deliberation/。

66 联合国经济和社会事务部，《〈世界公共部门报告（2023）〉启动会议报告》。

67 经济合作与发展组织，《为青年服务：政府如何将青年人置于复苏的中心》；Deborah Doane，《新冠疫情，公民空间和年轻人：扭转封闭的公民空间趋势——专家视角》，联合国儿童基金会，专家视角，2021年2月22日，详见 https://www.unicef.org/globalinsight/stories/covid-19-civic-space-and-young-people。

68 联合国秘书处将虚假信息描述为旨在欺骗和传播以造成严重伤害的不准确信息，将错误信息描述为不准确信息的意外传播；参阅联合国，《打击虚假信息》，参见 https://www.un.org/en/countering-disinformation。

69 世界卫生组织，《信息疫情》，参见 https://www.who.int/health-topics/infodemic#tab=tab_1。

70 联合国大会，《打击虚假信息促进和保护人权与基本自由》，秘书长报告（A/77/287，2022年8月12日），参见 https://documents-dds-ny.un.org/doc/UNDOC/GEN/N22/459/24/PDF/N2245924.pdf?OpenElement。

71 同上；联合国，《我们的共同议程政策简报8：数字平台上的信息完整性》，2023年6月，参见 https://www.un.org/sexualviolenceinconflict/wp-content/uploads/2023/06/our-common-agenda-policy-brief-information-integrity-en.pdf。

72 同上。

73 同上。

74 无国界翻译组织，"TWB在全球范围内应对新冠疫情的做法"，参见 https://translatorswithoutborders.org/covid-19。

75 Andrew M. Guess等，《数字媒体素养培育提高了美国和印度主流及虚假新闻辨别力》，《美国国家科学院院刊》第117卷第27期（2020年7月7日），第15536—15545页，参见 DOI:10.1073/pnas.1920498117。

76 Marin Lessenski，《它是如何开始的，进展如何：2022年媒体素养指数》，政策简报第57期（开放社会研究所欧洲政策倡议，索菲亚，2022年10月），参见 https://osis.bg/wp-content/uploads/2022/10/HowItStarted_MediaLiteracyIndex2022_ENG_.pdf。

77 Jenny Gross，《芬兰如何教育一代人发现错误信息》，《纽约时报》，2023年1月10日，参见 https://www.nytimes.com/2023/01/10/world/europe/finland-misinformation-classes.html#:~:text=Officials%20say%20Finland's%20success%20is,core%20curriculum%20starting%20in%20preschool。

78 Nic Newman等，路透社新闻研究所：2023年数字新闻报道，参见 https://reutersinstitute.politics.ox.ac.uk/sites/default/files/2023-06/Digital_News_Report_2023.pdf。

79 Ethan Porter, Thomas J. Wood，《事实核查的全球有效性：来自阿根廷、尼日利亚、南非和联合王国的同时进行的实验证据》，《美国国家科学院院刊》第118卷第37期（2021年9月），参见 DOI:10.1073/pnas.2104235118。

80 联合国经济和社会事务部，《〈世界公共部门报告（2023）〉启动会议报告》。

81 经济合作与发展组织，《透明度、传播和信任：公共传播在应对有关新冠病毒的虚假信息浪潮中的作用》，《经济合作与发展组织应对新冠病毒政策》（巴黎，经济合作与发展组织出版社，更新于2020年7月3日），参见 https://www.oecd.org/coronavirus/policy-responses/transparency-communication-and-trust-the-role-of-public-communication-in-responding-to-the-wave-of-disinformation-about-the-new-coronavirus-bef7ad6e/。

82 Tribunal de Contas da União，《法庭将公共部门的财政行为视为假新闻》，2022年11月30日，参见 https://portal.tcu.gov.br/imprensa/noticias/tribunal-fiscaliza-campanhas-publicitarias-do-governo-associadas-a-fake-news.htm。

83 Leonie Rauls，《拉丁美洲政府如何打击假新闻》，《美洲（季刊）》2021年10月19日，参见 https://americasquarterly.org/article/how-latin-american-governments-are-fighting-fake-news/。

专家文论

迈向公平的财政契约？
私营部门和高净值个人对社会有何"亏欠"？

Jeffrey Owens, Ruth Wamuyu [1]

2007—2008年全球金融危机、新冠疫情和俄乌冲突这三场危机接踵而来，打断了可持续发展目标的实施进程，严重破坏了30年来稳扎稳打消除贫困取得的成果，导致贫困人口数量在一代人的时间里首次增加。[2]事实上，可持续发展目标的实现进度本就不快，上述危机只是让进度慢上加慢并暴露出已有成果的脆弱性而已。一份可持续发展目标审核报告指出，近一半目标"中度或严重偏离轨道，超过1/3的目标处于停滞状态，甚至倒退到2015年基线以下"。[3]于是，人们的担忧与日俱增，若再不采取紧急行动，就有可能到2030年还达不成可持续发展目标。

与此同时，各国政府不得不用更少的资源做更多的事，它们面临的压力越来越大，负债率之高前所未有。发达国家和发展中国家的通胀率都居高不下，这就使形势变得更加复杂；虽然2023年通货膨胀逐步放缓，但预计仍将高于央行目标，因此世界各国，尤其是发展中国家，利率攀升，债务脆弱性更加凸显。[4]由于收入与财富分配日益不平等，公民越来越担心全球化成本和收益没有得到等分。实际工资不断下降，家庭支出预算十分紧张。这一切致使现有的民粹主义意识形态空前高涨，政界更加关注社会各阶层税收是否公平，而民粹主义的强化以及人们对税收公平性的重视又反过来促成了跨国企业（MNEs）国际税收新倡议的诞生，各国政府也开始重新筹划高净值个人（HNWIs）税收方案。

新冠疫情过后，在媒体的密切关注之下解决日益严重的收入不平等问题已经成为当务之急。鉴于能源公司、制药公司和技术公司在抗疫方面发挥了重要作用，疫情期间大约每30个小时就有一位亿万富翁横空出世。[5]这一时期的媒体报道吸引越来越多的人支持缩小贫富差距的政策，比如有国家提出增加税收。[6]对于各国政府和国际组织而言，向跨国企业和高净值个人征税不仅仅是在严峻的经济大环境中增加收入的渠道，更是缓解财富与收入不平等的一种手段。虽然有很多方案既适用于发达经济体又适用于发展中经济体，但大部分发展中国家在做选择的时候往往受到税务管理能力和政治环境的限制。

为何公平如此重要？

现代税收制度依靠绝大多数纳税人的自觉遵守。人们对待赋税的态度取决于一系列因素。政府是否向公民提供了高效廉洁的政务服务？纳税人对税负分配的看法是正面的，还是说他们认为财力雄厚的大型跨国企业有逃避缴纳税款的行为？税务机关有无腐败，是否能以公平透明的方式对待每位纳税人？人们对待赋税的态度还取决于税控系统审计系统的有效性以及税务机关稽查涉税违法案件、打击逃税与税收激进行为的能力。换句话说，就是因税收违法被抓的可能性有多大？在这样的背景下，各国政府正着眼于跨国企业与高净值个人税收办法和国内资源（主要来自税收）调动办法。

跨国企业征税

跨国企业有能力也有机会进行税务筹划，它们可以利用国际税收规则中的不足与漏洞"人为地将利润转移到少有或没有经济活动的低税地区和免税"，从而达到降低税负的目的。[7]随着数字化程度的不断加深，数字化企业的资产和活动具有高度流动性，避税/逃税的机会进一步扩大，它们更有可能通过利润转移的手段实现避税/逃税了。据估计，跨国企业的利润转移行为每年给世界各国造成1 000亿—2 400亿美元的收入损失。[8]更糟糕的是，该做法损害了税收制度的公平性与完整性，也会对税收道德产生负面影响，因为和国内公司相比，采用这种方式缴税的跨国公司拥有更强的竞争优势。世界各国纷纷下调企业税率；譬如，经济合作与发展成员国的总体税率由2000年的32.3%降至2022年的23.1%，非洲国家的总体税率则由2000年的34.2%降至2022年的25.8%。[9]全球化赋能跨国企业在生产成本最低、利润最高的地点布局，鉴于税收也是成本，各个国家一味通过降低企业税率、出台激励措施的方式进行逐底竞争。所谓激励措施便是下调有效税率——此举导致税收进一步下滑。

在上述挑战面前有不少全球倡议水到渠成。2007—2008年全球金融危机过后，二十国集团（G20）委托经济合作与发展实施税基侵蚀和利润转移（BEPS）项目，旨在解决国际税收规则中存在的不足，防止跨国企业趁机转移利润。经济合作与发展/二十国集团税基侵蚀和利润转移包容性框架涵盖15条行动计划，为政府解决避税问题提供建议和指导。包括这一倡议在内的各项方案开创了多国合作确保利润在经济活动发生地和价值发生地征税的先河。尽管目前评估税基侵蚀和利润转移项目实施效果还为时过早，但跨国企业的态度已发生转变，现在它们已经认识到激进的税务筹划方式会对企业声誉产生影响。

2021年，为了应对数字经济发展带来的新兴挑战，经济合作与发展组织/二十国集团税基侵蚀和利润转移包容性框架纳入全新的双支柱方案（BEPS II）。[10]支柱一旨在将利润的征税权重新分配给各个市场辖区，无论企业是否在那里有实体存在，支柱二试图在各个市场辖区引入全球最低企业所得税，税率定为15%，从而遏制企业间税收竞争。在全球最低税中有两条规则是以国内税法为基础的，它们分别是：(1) 收入纳入规则（IIR），要求跨国企业集团最终控股母公司就集团成员实体的低税所得向居民国缴纳补足税；[11] (2) 低税支付规则（UTRP），它是收入纳入规则的补充，如果执行收入纳入规则以后仍有剩余补足税，那么将由低税支付规则作为调整机制完成剩余补足税的征收。

对于新框架是否适用、是否能达到预期效果尚无定论。支柱一可能对大市场辖区更为有利，它们有望获得更多利润，但对小市场辖区的影响预计十分有限。支柱二的主要受益者可能是发达国家，因为很多最终控股母公司位于发达国家，按照收入纳入规则正是这些国家负责征收补足税。为了减少潜在的收入损失，发展中国家可以选择引入合格境内最低补足税，即使此举会给能力有限的税务机关带来新的挑战。此外，新框架可能会限制诸国设计各自企业所得税制度的能力，尤其是在出台激励措施和取消数字服务税方面。

除了应对数字化转型挑战、解决税收竞争问题之外，增强跨国企业合规性也是不可或缺的一环。新技术助力税务机关提升数据采集、数据管理以及数据共享的能力，推动税务机关提高整体效率。税法更清晰、税管更高效，争议解决机制健全有力，税收确定性由此增强，跨国企业便会受到鼓舞自愿遵守税法规定。近年来，不少国家推出了企业合规计划，为跨国企业注入更多可预测性和确定性。

高净值个人征税

尽管加强税收透明度、促进国家间信息交流的工作取得重大进展，但差距和漏洞依然存在，高净值个人（HNWIs）能够利用离岸和在岸税务筹划策略最大限度地减少纳税。据估计，在受审地区当中，离岸财富占国内生产总值（GDP）比重从5%—40%。[12]中东和非洲国家的比重最高，预计达40%，南亚国家的比重则预计接近5%。[13]

对于国家而言，获取控股公司、信托等离岸税务工具拥有者和控制者的信息依旧困难重重。这就是为什么人们普遍认为政府应该重新评估净财产税、遗产税、赠与税、资本利得税、奢侈品以及劳务税，并且这样的政治共识还在不断凝聚。

国际货币基金组织（IMF）、世界银行、乐施会等组织呼吁各国引入年度净财产税（NWT）。据乐施会估计，若向富人征收年度累进税，每年能大致筹到2.5万亿美元，这笔钱可以帮助某些国家走出经济危机恢复元气，也可以帮助解决财富不平等问题。[14]净财产税与更为有效的遗产税、赠与税以及资本利得税结合在一起能够为收入调整做出巨大贡献，同样重要的是，能够影响人们对税收公平的感知度并提高政府公信力。

说到这里便出现了一个值得探究的问题——为什么征收净财产税的国家如此之少？首先，部分原因在于很多国家担心高净值个人会因此流向低税辖区。其次，这类税收从传统意义上来说很难管理，并且实施起来收益不多。然而如今的环境更加透明——税务机关访问信息，尤其是境外资产信息之容易可谓史无前例——隐匿资产变得更加困难。再次，人工智能（AI）、机器学习、区块链等新兴技术赋予税务机关新方法，让它们得以通过数据采集、存储和使用进行资产追踪。信息获取和新技术方法的发展为税务机关征收净财产税及其他资本税、财产税创造了有利条件。另外，资产评估也能得到更新（资产评估过时是征收此类税种的常见麻烦）。

在这样一个新背景下，国际货币基金组织和世界银行近期呼吁各国再度考虑启征财富税，用以覆盖抗疫成本并为低收入家庭援助计划提供资金支持，毕竟这些家庭的实际收入随着能源价格还有基础商品和服务价格的上涨而下滑。[15]为了填补新冠疫情期间的医疗用品与救助措施开销，阿根廷向资产超过250万美元的公民一次性征收"百万富翁税"。[16]哥伦比亚近来通过了一项法案，规定净资产大致超过60万美元的个人每年须缴纳永久性"公平税"。[17]

推动讨论迈上新台阶

政府有权改变人们对于税收制度公平性的看法，这一行为能够反过来增强政民关系。在税收透明的时代，政府可运用现有技术审查和修订跨国企业和高净值个人的征税办法，从而达到扩大税基的目的。这场讨论不能只局限于个人所得税和企业所得税，还应该涵盖增值税、商品及服务税和其他消费税，尤其要聚焦奢侈品税。政府需审查财产税和资本税的征税方式，重点关注不动产税的征收。政府必须把更多资源配置给税务管理机构，让它们通过改善执法、优化服务和拓宽办税服务范围加强税务合规性。人工智能、机器学习、区块链等新兴技术能在征税方面发挥关键作用，但身处数字时代，运用技术的同时必须做好审查工作，切实维护纳税人权益。

要想实现变革，建立政治共识是必不可少的。在各国政府，特别是发展中国家政府，最好的投资项目当中，有一个是加强税务机关遵循税收法规公平执法的能力。这项投资包括税务管理人员培训、推动立法改革允许信息共享和税收征管数字化转型等。通常来说，政府征税理应提倡"双赢"，在政府与跨国公司的关系中，尤其要摆脱零和博弈"你输我赢"的心态。这就是企业合规计划的背后原理。[18]所有的非法资金流转不仅会侵蚀税基，还会拉低政府公信力，因此有必要开展强硬果决的打击行动。

在整个过程中，联合国是唯一代表真正包容性的组织，它在很多方面发挥着主导作用，比如制定发展中国家与新兴发展经济体标准、加强能力建设计划以及为政府、工商业、学术界和民间社会提供合作空间，让他们共同设计税收制度，一项能够促进公平、帮助实现可持续发展目标的税收制度。

尾注

1. Jeffrey Owens是维也纳经济与商业大学奥地利和国际税法研究所WU全球税收政策中心（Institut für Österreichisches und Internationales Steuerrecht, WU Wirtschaftsuniversität Wien）的主任，Ruth Wamuyu是该中心的教学和研究助理。

2. 联合国，《全球可持续发展目标报告（2023，特别版）——为人类和地球制订救援计划》，2023年7月（销售编码E.23. I.4），参见 https://unstats.un.org/sdgs/report/2023/The-Sustainable-Development-Goals-Report-2023.pdf。

3. 同上。

4. 联合国经济和社会事务部，《全球强劲复苏的前景依然黯淡：世界经济形势和前景月度简报》，《经济分析》第172期（2023年6月），参见 https://www.un.org/development/desa/dpad/wp-content/uploads/sites/45/MB172.pdf。

5. 国际乐施会，《疫情每30小时就会产生新的亿万富翁——现在2022年可能有100万人以同样的速度陷入极端贫困》，新闻稿，2022年5月23日，参见 https://www.oxfam.org/en/press-releases/pandemic-creates-new-billionaire-every-30-hours-now-million-people-could-fall。

6. 参见，例如，Taylor Orth，《大多数美国人支持提高亿万富翁税收》，YouGov，2022年10月4日，参考 https://today.yougov.com/topics/politics/articles-reports/2022/10/04/most-americans-support-raising-taxes-billionaires。

7. 经济合作与发展组织，《什么是BEPS?》，参见 https://www.oecd.org/tax/beps/about/。

8. 同上。

9. 经济合作与发展组织，《企业税收统计》（第4版，2022年11月），参见 https://www.oecd.org/tax/tax-policy/corporate-tax-statistics-fourth-edition.pdf。

10. 包容性框架成立于2016年，目前包括142个合作实施BEPS行动计划的国家（司法管辖区）成员。

11. 定义见《全球防基地侵蚀模型规则》第1.3条；参见 https://read.oecd-ilibrary.org/taxation/tax-challenges-arising-from-digitalisation-of-the-economy-global-anti-base-erosion-model-rules-pillar-two_782bac33-en#page7。

12. Wilson Prichard, Roel Dom, Anna Custers，《向高净值个人征税》，载《税收合规创新：建立信任、驾驭政治和量身定制改革》，Roel Dom等编辑（华盛顿特区，世界银行，2022年），第57—76页，参见 https://elibrary.worldbank.org/doi/book/10.1596/978-1-4648-1755-7?chapterTab=true。

13. 同上。

14. Oxfam等，《对极端财富征税：对世界上的千万富翁和亿万富翁征收的年度税：它将筹集什么以及可以支付什么》，《概况报告》（2022年），参见 https://ips-dc.org/wp-content/uploads/2022/01/Report-Taxing-Extreme-Wealth-What-It-Would-Raise-What-It-Could-Pay-For.pdf。

15. 请参阅 Larry Elliott，《国际货币基金组织呼吁征收财富税以帮助支付新冠疫情的成本》，《卫报》2021年4月7日，参见 https://www.theguardian.com/business/2021/apr/07/imf-wealth-tax-cost-covid-pandemic-rich-poor; Jim Brumby，《应对五大全球混乱的财富税》，世界银行博客，2021年1月6日，参见 https://blogs.worldbank.org/governance/wealth-tax-address-five-global-disruptions。

16. BBC 新闻，《新冠疫情：阿根廷通过对富人征税来支付防疫措施》，2020年12月5日，参见 https://www.bbc.com/news/world-latin-america-55199058。

17. STEP，《哥伦比亚国会批准对财富征收"公平税"法案》，行业新闻，2022年12月7日，参见 https://www.step.org/industry-news/colombian-congress-approves-bill-establishing-equity-tax-wealth。

18. 请参阅Jeffrey Owens和Jonathan Leigh Pemberton的《合作合规：多利益相关者和可持续的税收方法》（Wolters Kluwer, 2021年）中关于企业合规概念基础原则的更多细节。

公共行政管理中的性别平等：疫情三年政府新常态

Müge Finkel, Melanie Hughes [1]

妇女充分、有效地参与公共行政管理是全政府性别平等方针的基石。在全球范围内越来越多的证据表明，公共行政中的性别平等能够强化政府职能，提升服务响应力和有效性，提高公共机构公信力，增强政府与它所代表和服务的人民的关系。[2] 各个国家认识到性别平等对公共行政每个层级、每个部门而言都是不可或缺的，因此致力于在《2030年议程》框架内实现性别平等，并通过可持续发展目标中的指标16.7.1衡量这一目标进度。然而，截至2020年，世界上只有1/3的国家，其公共行政决策层实现或基本实现性别平等；虽然平均46%的公职人员都是女性，但在高层领导和高级管理人员当中，女性仅占比31%和30%。[3]

和其他重大危机的情况一样，新冠疫情暴露了甚至加剧了先前已经存在的性别不平等现象。例如，疫情引发了人们对公共卫生领导层缺乏女性这个问题的关注。女性在卫生行业劳动人口中的占比高达70%，奋战在第一线的早期抗疫斗士中，女性的比例非常高，可是在公共卫生决策层女性仅仅占比34%。[4] 有监督组织表示，新冠疫情很有可能加大了公共卫生领导层的男女差异，[5] 即使女性领导人在疫情防控和拯救生命方面取得的成就广为人知。[6]

危机能够打破现有体制的稳定性，为新领导班子的诞生创造可能。然而，就在新冠疫情期间，政府错失了提升女性地位的机会。其中一个例子就是没能公平地把女性纳入新冠特别工作组（领导政府防疫的行政分支机构）。2021年男性成员占新冠特别工作组中的比重为76%，占组内领导层的比重却达到了78%。[7] 虽然很多国家都忽视了性别平等，但也有明显例外；比如，圣卢西亚成立了一个工作组，在这个工作组及其领导班子中，男女人数是相等的。[8]

危机也为政策变革打开了机会之窗。[9] 为了在疫情期间维持运作，政府对公职人员实行全新的或修订后的工作场所政策。美国等国家扩大了现有的远程办公实施方案，其他国家，比如菲律宾、葡萄牙和西班牙则首次对政府雇员实行灵活工作安排政策。菲律宾开始允许政府雇员远程办公、弹性工作，包括选择一周工作四天。[10] 鉴于女性在护理照料、家务劳动方面付出过多，疫情期间实施此类政策有助于女性留在劳动力队伍当中，这些政策能够持久有效，可以帮助女性平衡好工作与生活，并促进机构包容性。

适应"新常态"并在全球范围内重新唤起人们对公共行政性别平等的关注需要在以下三个方面同时发力：牢记疫情前得到的教训，重整旗鼓采纳并落实良好做法；巩固疫情期间取得的成果；大胆行动，重拾动力，争取到2030年实现可持续发展目标第5和第16项内容。

关于第一个方面，下述三大领域是疫情前的工作重点，理应构成未来政策和实践的关键要素，以便实现性别平等目标：

（1）数据和透明度。亟待关注可持续发展目标指标16.7.1b（SDG indicator），该指标旨在衡量公共机构（包括公共服务）中的职位按年龄、性别、残疾者和人口群体分列的比例及其相对全社会分配数的比例。上报这项指标有助于提高性别比数据的可用性，找出需要额外关注的公共行政部门及行政级别，并促进跨国学习。在透明、可访问的就业安置平台上共享并整合相关数据可以强化政府问责。大不列颠及北爱尔兰联合王国的公务员多样性及包容性仪表盘和智利的高级公共管理系统（SADP）堪为典范，它们展示了该如何将优质的公共行政就业数据融入公开透明的招聘晋升工作之中，从而增强公共服务多样性与包容性。[11]

（2）培训和指导。为女性提供培训指导意义重大，这不仅仅是为了提升技能培养能力，也是为了提高女性员工的职场能见度，让符合晋升条件的女性被看到，并为她们建立人际网络创造机会。[12] 未来，新的领导及管理人员培训方案应优先考虑女性公务员和其他边缘人群。女性职业发展计划的两个成功案例分别是瑞典的"国家平等领导（Staten leder jämt）"计划[13]和爱尔兰的"女性领导—领导、参与、进步和发展（W-LEAD）"计划[14]。

（3）目标和配额。为了解决公共行政部门高层女性占比不足的问题，政府采用了领导层配额制，设立了相关目标，还推出了暂时性特别措施。制定这类举措要深思熟虑还要评估其影响，虽说如此，也有不少案例可以作为前瞻性讨论的指导。比如，奥地利颁布《联邦平等待遇法》，其性别目标具有一定约束力，其平权行动计划以提高公共部门女性地位为总值；2013年，法国颁布《索瓦德法》，规定在所有的政府高级公务员当中，女性比例要逐步达到40%；哥伦比亚出台了《配额法》（2000年第581号法律），规定决策层女性占比不得少于30%；2019年，墨西哥推行"一切平等"改革，要求所有政府部门实现性别平等。

关于第二个方面，应仔细研究疫情期间取得的成果并加以巩固，有意将其纳入未来工作，以便实现公共行政中的性别平等。首先要关注的是弹性工作制，尤其是那些只支持远程办公的工作制度带来的性别启示。[15] 随着弹性工作制融入公职人员的生活，如果能在必要基础设施开发、培训活动、信息技术获取、远程办公绩效评估机制（用于晋升和留任）以及家庭办公健康与安全指南之中有目的地引入性别平等意识并把它打造成主流理念，那么弹性工作制就有望带来最为显著的积极影响。安排工作的时候应懂得灵活变通，因为自主选择工作时间或者混合办公可能比全天候远程办公更受欢迎。

政府可以通过鼓励男性平等分担无偿照料及家庭责任，促进远程办公环境下的性别平等，可以"发起有针对性的员工参与活动及创新性倡议，比如男性经理带头示范、参加社交媒体运动、在内网发布博客、照片、视频等"。[16] 日本有一个关于角色示范的优秀案例；以前很少有日本男性会请育儿假，但是自从前厚生劳动省大臣Yasuhisa Shiozaki公开表示自己会照顾孩子后，该部门休育儿假的男性比例从14%升至40%。[17]

为了确保所有人都能平等地享受线上工作及混合工作制带来的好处，公共机构要着眼于管理培训，有意识地打造一种性别意识更突出、男女之间更平等、性别配额更均衡的领导方式。[18] 例如，西班牙的人力资源经理与其他关键管理人员参加了为期25小时的性别平等高级培训课程，这样的做法能够加强管理层对性别平等的认同。[19]

随着新冠疫情不断加重社会和经济负担，保护心理健康成为社会各界——包括公共部门的当务之急。比如，疫情期间公共服务人员的情感负担与日俱增，拉脱维亚与荷兰便为他们提供心理健康服务。[20] 对公共行政人员心理健康的关爱应该被永久写入政府聘用制度。心理健康服务不仅增加了政府工作的普遍吸引力，而且对女性员工尤为利好，因为在弹性工作制度下女性必须平衡好工作与生活，她们不得不面临更大的压力。在上述各方面开展专项行动有助于在长期过程中实现性别平等。

关于第三个方面，应大胆行动，推动各国重回可持续目标发展轨道。为了凝聚到2030年实现第5和第16项可持续发展目标的势头，无论是现在还是未来，决策者都应该将性别平等放在恢复工作的中心位置。新冠疫情再次揭示了这样一个现实：即使在女性员工数量占多数且正是女性奋战在第一线的领域，她们也未能平等地参与到政策制定及决策之中。今后，应促使所有行业的女性完全融入危机应对和管理过程。

尾注

1. Müge Finkel和Melanie Hughes担任性别不平等研究实验室的联合主任。Finkel博士是福特人类安全研究所所长，匹兹堡大学公共与国际事务研究生院国际发展助理教授。Hughes是匹兹堡大学社会学教授。

2. 评论见Müge K. Finkel, Melanie M. Hughes, Joanna Hill,《公共行政中的性别平等》（联合国开发计划署和匹兹堡大学，2021年），第45—47页，参见 https://www.undp.org/publications/global-report-gender-equality-public-administration。

3. 同上书，第7页。

4. 同上书，第15页。

5. Roopa Dhatt,《妇女参与全球卫生：2023年政策优先事项》,《全球健康中的妇女》2023年1月18日，参见 https://womeningh.org/aiming-high-in-2023-and-not-compromising-on-gender-equity-in-health/。

6. Paola Profeta,《新冠疫情期间的性别平等及公共政策》,《CESifo经济研究》第66卷第4期，2020年，第371页。

7. 这一数字不包括由妇女和男子共同领导的工作组成员，该类成员占比4%。参见联合国开发计划署、妇女署和大韩民国外交部,《新冠疫情全球性别反应追踪》,（第2版，2021年11月11日），参见 https://data.undp.org/gendertracker/（数据库参考于2023年1月20日）。

8. 同上。

9. Michael Mintrom, Jacqui True,《新冠疫情作为政策窗口：政策企业家应对暴力侵害妇女行为》,《政策与社会》第41卷第1期，2022年3月，第143页，参见 https://academic.oup.com/policyandsociety/article/41/1/143/6513362。

10. 性别不平等研究实验室（GIRL),《新冠疫情时代公共行政中的性别平等：关于妇女获得决策职位的机会和对性别敏感政策的反应的全球评估》, GEPA工作组年中向开发署同事介绍情况，2020年11月18日，参见 https://www.girl.pitt.edu/sites/default/files/gepa_and_covid19_nov_18_presentation.pdf。

11. 经济合作与发展组织,《经济合作与发展组织国家的妇女、政府和政策制定：促进增长的多样性》（经济合作与发展组织出版社，2014年），第71页，参见 https://www.oecd.org/gov/women-government-and-policy-making-in-oecd-countries-9789264210745-en.htm；英国，公务员和内阁办公室,《指南：公务员多样性和包容性仪表板》,2018年6月5日（更新于2022年5月10日），参见 https://www.gov.uk/government/publications/civil-service-diversity-inclusion-dashboard（参考于2023年1月20日）。

12. Müge K. Finkel, Melanie M. Hughes, Joanna Hill,《公共行政中的两性平等》,第62页。

13. 经济合作与发展组织,《国家的妇女、政府和政策制定：促进包容性增长的多样性》,第73页。

14. 经济合作与发展组织,《经济合作与发展组织两性平等主流化和实施工具包：实施2015年经济合作与发展组织关于公共生活中两性平等的建议》（经济合作与发展组织出版社，2018年），第82页，参见 https://www.oecd.org/gov/toolkit-for-mainstreaming-and-implementing-gender-equality.pdf；https://www.oecd.org/gender/governance/toolkit/。

15. 参见经济合作与发展组织,《公共卫生决策职位女性行为准则汇编》（即将出版）。

16. 国际劳工组织,《新冠疫情大流行期间及之后的远程工作：实用指南》（日内瓦，国际劳工办公室，2020年7月），第19页，参见 https://www.ilo.org/wcmsp5/groups/public/---ed_protect/---protrav/---travail/documents/instructionalmaterial/wcms_751232.pdf。

17. Vasudha Gupta等,《加速两性平等：政府能做些什么？》,"麦肯锡与公司"文章，2019年1月28日，参见 https://www.mckinsey.com/industries/public-and-social-sector/our-insights/accelerating-gender-parity-what-can-governments-do。

18. 在线下工作场所中行之有效的等级制领导形式在线上工作场所中效果大打折扣。建议经理在线上工作场所采用关系导向型的领导方式。参见Hanna de Vries, Lars Tummers, Victor Bekkers,《公共部门远程工作的好处：现实还是空谈》,《公共人事管理述评》第39卷第4期，2019年，第570—593页，详见 https://journals.sagepub.com/doi/10.1177/0734371X18760124。

19. 经济合作与发展组织,《性别平等的快速发展：主流化、实施和领导》（巴黎，经济合作与发展组织出版社，2019年），第98页，参见 https://www.oecd.org/gov/fast-forward-to-gender-equality-g2g9faa5-en.htm。

20. 性别不平等研究实验室,《新冠疫情时代公共行政中的性别平等：关于妇女获得决策职位的机会和对性别敏感政策的反应的全球评估》。

与社会行动者携手共传疫情信息：对未来危机的启示

Torsha Dasgupta, Mirza Shadan, Kaushik Bose [1]

新冠疫情、气候危机、地缘政治动荡以及日益扩大的不平等正在重塑公共政策、外交姿态和全球经济。就连公众也大感失望，有迹象表明他们对现有机构的信任正在流失。现在，政府和公共机构比以往任何时候更需要重新评估与其他社会行动者之间的关系，以便联合行动，实现《2030年议程》定下的目标。社会动态错综复杂，而在社会动态背后的是社会契约，现在是时候加强社会契约了。

在未知的领域前行，政府需要集中力量重新赢得或继续维系公众的信任，从而维护和加强公共及后的合法性。公众信任的关键驱动力在于传播，这种传播具有高度意向性。疫情催生出信息共享的新型方式；这是一种更透明、更包容、更有目的性的传播方式。

在旷日持久的危机时期，采用有效的传播策略至关重要。危机的特点在于它的紧迫性和不可预测性，在于它的高新闻价值，在于它改变人类某方面行为的能力。通常而言，这些描述危机的词汇也能用来描述流行病或重大流行病的暴发。第一，这类疫情本质上是紧急的，需要人们快速决策、快速行动和快速防护，也需要卫生技术人员和普通民众迅速跟进。然而，疫情的第二个特点给快速行动造成了麻烦：流行病的暴发具有高度不可预测性。正如近期新冠疫情所展示的那样，感染控制工作的失误（即便是最轻微的失误）、病原体的突变、因改变旅行或社交方式而增加的暴露风险……种种因素都会导致病例激增。第三，像新冠病毒感染这类疾病的暴发会引起恐慌，在公共领域诱发极其严重的焦虑。这种焦虑情绪会促使人做出极度不理性甚至危险的行为，比如暴乱。疫情可能造成严重的社会乱象和巨大的经济损失，其破坏性或许远远超出实际风险。第四，就像刚才所说的，疫情能够引发激烈的社会动荡，因而产生很高的新闻价值。媒体过度关注可能会加剧公众的焦虑和恐慌情绪，特别是在官方消息缺位或不足的时候。第五，由于病原体具有传染性，人类行为是决定疫情严重程度的关键因素。所以，在公众之间传播的任何信息都有必要控制干预。

传播方式的转变：疫情时期的创新

新冠大流行期间，政府制定了风险传播策略，旨在促进和加快准确信息的传播，让任何人可以在任何地方获知准确信息。根据民众需求调整风险传播策略，有助于打击人为制造恐慌、缓解公众压力、整治虚假不实信息。尽管所有国家的社会经济秩序都遭受了疫情冲击，但有一些国家采用了下文探讨的创新手段，在控制新冠病毒传播方面取得了早期成功。[2]

（1）当局与社会协同共治。中国台湾地区当局与民间社会达成广泛合作，有效应对新冠疫情带来的不确定性。几乎从一开始政府就选择秉承开放、透明、定期的原则与公众保持动态交流。政府通过一系列独特的策略来和公众建立联系；比如，任命一只狗为公共传播大使，借此增加公共卫生信息帖在社交媒体上的参与度，政府聘请民间黑客和专业戏剧演员来帮助平息流言蜚语，这就是所谓的"用幽默回击谣言"。[3]

（2）社会营销和技术创新。韩国政府因其高效的风险传播方式而受到高度赞扬，这些方式包括运用社交媒体、短信及其他技术方法快速传播疫情信息并实时更新疫情动态。韩国政府很明智地利用这些数字工具改进危机沟通，组织大规模公共卫生行动并组织供应，还与广播及社交媒体实体合作推广社交隔离、佩戴口罩等防护措施。

（3）推动科学传播。在新冠病毒及其风险信息比较匮乏的时候，印度政府在印度医学研究理事会（ICMR）的支持下授权科学界采取明智行动。除了指导研究，印度医学研究理事会还通过出席高层级的每日新闻发布会、发行并传播有关病毒检测及口罩佩戴的指南、在社交媒体上持续发声以及增加与高风险社区的互动频次强调健康行为重要性等方式，向公众实时输送事实消息。在建立公共卫生措施公信力，尤其是建立口罩佩戴、病毒检测以及疫苗接种措施公信力方面，开放式传播是不可或缺的。

（4）本地化传播和艺术界援手。为了提高公共信息传播的透明性与一致性，塞内加尔对其传播策略加以完善，着力实现本地化。塞内加尔通过精细数据分析，调查广播、报纸、电视等传播渠道中的公众消费模式，并根据调查结果指导社区信息传播。这种做法让公共卫生官员能够在恰当的时间向恰当的人群传递正确的信息，从而实现影响力最大化。[4] 塞内加尔的艺术家也伸出援手，协助政府扩大健康信息的传播范围。涂鸦艺术家创作了极富视觉冲击力的壁画，向国内教育程度较低的人群展示了如何使用消毒剂、如何佩戴口罩以及如何注意手部卫生。[5]

以上方法反映了传播策略成效的各种考量因素。实现有效传播的关键在于发布的信息是否简洁可信，选择的传播途径是否恰当，发言人专业素质是否过关，有无能力识别并满足受众需要（以及是否了解他们的局限性），有无把握战略时机，参与者（既包括公共部门内部又包括公共部门外部）之间有无建设性互动，民众是否信任政府，科学界是否积极参与，是否存在创新文化，是否具备强大的政治动机。把这些因素纳入考量范围，政府便能更顺利地找到协同传播方式，这种方式要植根本土，才能保障参与的透明性与协调性。人们认识到，向公众隐瞒、淡化甚至藏匿重要信息，只会推波助澜地延长新冠疫情等全球卫生危机。

公众之中，有无数好心人、援助机构、非营利实体和宗教机构把他们积累的高度信任资本汇集到一起，在疫情期间着力推动社会公益事业的发展。

非政府行动者针对弱势社区进行新冠疫情危机传播的例子不胜枚举。当地政府与宗教领袖形成联动，能够成倍提高各个社区的风险承受力。斯里兰卡的 Sarvodaya Shramadana 运动调集了全社会力量应对疫情。[6] 另一些时候，社会行动者虽然没有与政府达成直接合作，却也在卫生保健方面发挥了关键作用。刚果民主共和国的各个教派组织提醒和动员信教群众做好公共卫生措施。宗教领袖把抗疫信息融入宗教服务，鼓励信徒落实国家举措。[7]

面向未来的传播：有待采取的行动

上述创新成果表明，政府在制定和实施公共传播战略时需要表现得更加明智、更加敏锐。从前的突发卫生事件，包括2003年的非典疫情、2009年的H1N1流感、2014年的埃博拉病毒以及2019年暴发的新冠疫情，都表明信息提供不及时、不准确就会造成毁灭性影响，即使是资源最丰富的国家也不能幸免。信息失序的环境是滋生错误信息和流言蜚语的温床，它们会进一步加重脆弱的医疗系统的负担。下文记取了过去抗疫的经验教训，这些经验教训可以帮助政府识别和解决潜在不足，为有效传播披荆斩棘。

（1）重要利益攸关方之间保持信息一致性是关键所在。危机时期参与信息传播的权威部门多种多样，这些部门持有的观点和优先处理的事项互不相同，因此它们发布的信息有可能是模糊的，甚至是矛盾的。危机期间，公众情绪会被放大，这个时候说辞不一的消息往往会造成恐慌，导致人们对危机缓解措施的遵从度出现下滑。虽然危机性质不同情形也可能不同，但理想的情况是由一个权威部门在危机早期承担领导责任并行使召集权。澳大利亚政府在特殊形势下组建了国家内阁，内阁由总理和所有州、所有地区的首席部长组成，旨在统筹协调全国疫情应对措施。[8] 此举有利于不同部门、不同层级（国家政府、次国家政府以及地方政府）和其他利益攸关方（包括技术机构和专家）进行内部沟通，有助于确保重要消息的清晰性、简洁性和一致性。

（2）发言人可信能带来积极效应。典型的危机沟通者应该是拥有必要知识、认识到局势严重性、提供准确信息、表达清楚易懂并承担责任的个人或机构。困难时期，国家元首向公众发表讲话必须言辞一致且富有同情心，从而提高民众对应急响应措施的信任度和遵从度。新西兰前总理 Jacinda Ardern 与人民建立融洽关系，印证了这一行为的有效性。正如世界卫生组织新冠疫情卫生和技术负责人 Dr. Maria Van Kerkhove 在文中指出的，技术专家可以帮助受众解开危机背后的科学面纱。

（3）制定和实施危机传播策略，根本在于传统与现代媒体工具组合发力。未对其传播策略加以评估且尚未适应新现实的机构发现，信息传播效果难以衡量，实现有效传播并不容易。由于信息消费方式变化很快，利用新媒体工具传播信息的意义与日俱增。然而，新媒体作为传统传播渠道的补充，并不能取而代之。政府需要制定综合性信息传播策略，通过不同渠道接触不同受众（包括老年人、年轻人和土著人）。增强技术专家对社交媒体和数字媒体的使用能力，确保关键信息得到及时有效的传播，这一点不容忽视。而同样重要的是，投入必要资源改善传统渠道，尤其是那些用本地语言传播信息的渠道，保证无人掉队。

（4）危机发生前应做好传播准备工作。如果缺少坚实的基础设施，信息传播便无法持续下去。政府必须提前为合适的传播机制奠定基础。当危机来临时，传播系统及传播协议必须各就各位，随时准备启动运行。在机构层面，资源开发需要资金支持，开发的资源不仅涉及危机管理，还包括危机规避。第一，要开发专门的知识资源并定期更新，以便对工作人员进行风险和危机传播培训。第二，要开发监控工具，用以识别、追踪和打击谣言。例如，波多黎各的美慈组织以身作则，在社区领袖的支持下推出了一款富有创新性和性价比的谣言追踪工具。[9] 第三，面对受众群体，尤其是弱势群体和边缘群体，各大机构必须通过多种渠道积极主动地进行外展宣传。第四，要重新启动、充分宣传并定期监管保护公共决策咨询系统，让公众获悉政府决策及其理由（特别是那些限制自由的决策）。

新冠疫情给大家上了一堂发人深省的课，那就是建立和维系牢固的政社关系至关重要。随着全球《2030年议程》行至半途，当务之急在于再度迈出追求发展的脚步，重新挽回落下的进度。想要取得进展，就得让各种社会行动者开展公开透明的对话，就得营造支持和维系对话的环境。政府必须聚焦于这一线希望——虽然目前还很模糊——并着力增强公共部门的韧性和灵敏度以便有效应对未来危机。但愿有力有效的传播能够帮助构建一个更安全、更健康、更包容的世界。

尾注

1. Torsha Dasgupta，全球健康战略高级助理；Mirza Shadan，全球健康战略董事；Kaushik Bose，全球健康战略副总裁。

2. 虽然特定的方法可能在某些地理区域或特定的社区中奏效，但并不存在适用于所有情况的方法。由于传播策略的成功在很大程度上取决于当地环境，因此建议根据目标人群的社会人口特征定制方法。

3. Anne Quito，《台湾当局用幽默对抗新冠疫情》，《石英》2020年6月5日，参见 https://qz.com/1863931/taiwan-is-using-humor-to-quash-coronavirus-fake-news/。

4. Ben Leo, Catherine Winn，《本地化通信计划有助于塞内加尔控制新冠疫情》，布鲁金斯学会，2020年11月10日，参见 https://www.brookings.edu/blog/africa-in-focus/2020/11/10/localized-communication-plans-help-senegal-control-covid-19/。

5. 路透社，《塞内加尔涂鸦艺术家加入抗击新冠病毒的斗争》（达喀尔），2020年3月27日，参见 https://www.reuters.com/article/us-health-coronavirus-senegal-graffiti/senegals-graffiti-artists-join-fight-against-coronavirus-idINKBN21E1Q5。

6. Ezekiel Boro等，《信仰组织在低资源环境中管理和应对新冠疫情起到的作用和影响》，《宗教与发展》第1卷第1期（网上发布时间：2022年6月16日），第132—145页，参见 https://doi.org/10.30965/27507955-20220008。

7. Sadiki Kangamina等，《冲突、流行病和信仰社区：刚果民主共和国东北部抗击新冠疫情期间的教会与国家关系》，《冲突与健康》第16卷第56篇（2022年11月9日），参见 https://doi.org/10.1186/s13031-022-00488-4。

8. 澳大利亚，总理和内阁部，《国家内阁》，参见 https://federation.gov.au/national-cabinet（2023年2月10日）。

9. 世界卫生组织，《谣言追踪计划：以社区为基础的方法，解决新冠疫情的信息缺口和错误信息》，2022年5月22日，参见 https://www.who.int/news-room/feature-stories/detail/scicom-compilation-rumourtracker。

规范数字技术在公共行政中的应用以保护和促进人权

Valeria Betancourt [1]

受新冠疫情影响，不平等、歧视、排斥、暴力等结构性挑战或浮出水面，或愈加凸显，线上线下行使人权矛盾重重。

世界各国政府正式宣布进入紧急状态，在这之后又相继出台抗疫措施。大部分措施以加快应用数字技术和移动通信手段监测并上报新冠病例、监测病毒传播、研究病毒表现、组织疫苗接种并跟踪种后情况以及收集信息指导决策制定为特点。

疫情期间有研究表明，新的自由威胁和权利威胁诞生了，无论是发达国家还是发展中国家都不能幸免于难。为了共同应对数字技术带来的风险及潜在效益，需要摆出全新姿态并牢牢遵守国际人权法，必须承认新冠危机——还有与之相关的权利侵犯以及不断加剧的结构性剥削问题——对边缘化、受压迫和弱势群体的冲击尤为严重。一些政府应对措施证明，数字技术具有增强各项权利的潜能，可以作为缓解新冠疫情中长期影响、催生积极举措应对未来危机的基石。

本文基于进步通信协会（APC）发表在《全球信息社会观察报告（2021—2022）》上的一篇分析性研究，该研究探讨了后疫情时代的数字未来。

主要风险及挑战

专门从事数字技术与人权交叉领域工作的民间社会组织做了相关研究，结果显示，由国家做背书的工具对一系列权利加以保护，但疫情期间政府出台的举措却侵犯了这些权利。[2] 总体而言，对人权的新限制或更严格限源自以下几点：普遍存在的数字排斥；制定和实施数字技术应对措施时，其目标、限制及原则不够明确、不够透明；缺少清晰全面的监管、技术和治理框架，缺少处理和保护个人数据的强大机构；在建立执行监督机制防止权力滥用方面存在差距，权利滥用包含政府行为，比如尝试控制公众的网络访问及使用权限，也包含企业行为，比如把监控和利用个人数据当作商业模式。下文探讨了观察到的主要挑战、威胁及风险。

数字排斥

互联网意义非凡，而边缘社区及边缘人群却难以接入互联网，这是一个悬而未决的关键问题。新冠疫情揭露了数字排除的诸多方面，比如性别数字鸿沟，[3] 揭示了获取数字技术，特别是互联网，和享受广泛人权之间相互依存的关系。如果不能保持稳定上网又付不起网费，人们就无法工作（实现远程办公），无法获取教育信息、救生信息以及包括医疗保健在内的政务信息。由于边缘群体无法承担互联网接入成本还缺乏数字技能，电子政务措施便造就了分层排斥现象，这种现象在非洲和拉丁美洲尤为突出。譬如，在教育领域，数字鸿沟与疫情限制措施结合到一起，形成了学习鸿沟，带来了长远的社会影响和经济后果。新冠疫情让大家看清互联网接入和数字技能对于可持续发展与人权而言有多么重要。

言论自由

新颁布抑或现有的法律法规借整治仇恨言论、打击传播虚假信息的名义，行打压合法言论并予以定罪之实，因此疫情期间线上言论自由受到威胁。有时候，法规还包含遏制批评政府抗疫表现的声音以及强迫科技公司删文、锁文、封号的条款。世界各地都有故意中断互联网访问和数字通信的情况，这么做不仅干涉了人们的言论自由[4]，还妨碍他们获取重要信息及服务[5]。控制媒体报道新冠疫情、逮捕记者以及查封批评政府的媒体实体，种种行为进一步限制了线上言论自由。政府及其支持者对社交媒体的监管、对用户的骚扰最终导致审查的开展和仇恨言论的散播。

公共利益技术、监管、隐私及数据保护

疫情期间政府拿出的解决方案要求工作人员在没有适当保护隐私，没有明确隐私法规，也缺少执行监督机制的情况下收集大量个人数据和隐私数据，并加以分析和共享。[6] 诸如密接追踪软件、疫苗护照等公共利益技术[7]的使用，再结合监测个人行程及活动的卫生增订条例，让国家监管机制与个人数字画像能力得到加强。上述技术的开发缺乏透明度，这就违背了必要性原则、相称性原则以及合法性原则。人们对个人信息的掌控能力有所下降，信息自决权受到冲击。[8] 在某些情况下，获取信息是以透露个人数据为条件的，鉴于数据和数据之间是相互依存、不可分割的，行动、结社及和平集会的自由权利，甚至工作权都会受到影响。[9]

保护线上人权：机遇、响应措施及大有前景的举措

随着疫情期间数字化转型步入快车道，各种弱点各大风险日渐凸显，以人权为中心构建全球数字未来成为可能。

互联网和其他数字技术是应对危机的重要手段，也是新兴的韧性来源，但仅凭它们是不够的；解决结构不平等问题、增强民主、加强人权保障促进人权享有还需要整体性策略的帮助。作为全球公共资源的互联网理应得到保护。考虑到疫情暴发之中和之后人们都会受到不同形式的影响，任何危机应对措施，无论是短期的、中期的还是长期的，都要维护好线上线下人权。

根据现实情况做出响应非常必要，但同样重要的是遵循包容、透明和负责的指导原则开展多层次、多学科、多利益攸关方的合作并在此基础上实现全球响应。作为更广泛的全球数字治理及全球数字合作生态系统的核心要素，互联网治理也是一些重要响应措施的组成部分，这些响应措施旨在确保国际人权法得到遵守，各级互联网的公共核心得到保护。诸如《全球数字契约》[10]制定、信息社会世界峰会二十年审议[11]等进程为以人权为中心开发、部署、利用和监管互联网及其他数字技术提供了宝贵机遇。

疫情期间有一些政府应对措施体现了尊重人权的价值追求，可以作为未来危机处理的典范。例如，巴西最高法院宣布个人信息保护是一项宪法基本权利。巴西总统曾下令要求电信公司共享用户个人数据，却被最高法院叫停，"把个人信息保护这一基本权利写入宪法"的修正案也就应时而生了。此类决策把个人权利和集体权利[12]、社会福利以及人类尊严[13]联系起来了。

尽管通信基础设施已经部署了好几十年，但在过去的十年间，移动电话普及率的增长势头开始放缓，这就表明以推广经济实惠的网络连接为宗旨的主要策略存在上限。随着普及率增幅的收窄以及消解数字排斥、减轻疫情影响这一需求的出现，有必要对政府举措和企业方案加以补充，从而支持民众重塑人权形态，帮助民众利用互联网及其他数字技术满足具体需求并面对现实。有人上不了网，也有人上网困难，为了响应这些人的信息需求和通信需求，可以推出小规模地方性举措，或是让各个社区以开放共享的方式建设、运营和使用社区自有的通信网络。在这方面有两则成功的事例：肯尼亚通信管理局在进行公众咨询以后，授权运营社区网络，它还与多位利益攸关方合作制定并颁布了社区网络无线电频谱框架[14]；阿根廷也推出了一系列重要举措来协助小型运营商提供电信服务及网络连接，这些举措得到该国普遍服务基金的支持，在未接入互联网或互联网服务不足的农村和城市地区建设社区网络正是这项基金的目标之一[15]。

只有尊重线上和线下人权，才能走向一个以发展为主旋律的数字未来。

建议

遵循已有的人权标准，加强线上人权保障：

（1）遵循国际人权机构和国际人权文书的

规范，数字工具的开发和使用标准应以人权为本位。

（2）对数字技术相关政策进行人权影响评估，把当地社会弱势群体及边缘群体的现状处境纳入考虑范围。

（3）创建强大的多利益攸关方决策及监督框架，支持技术创新应对未来危机并帮助塑造自由、开放、安全的数字未来。

数字包容：

（1）改造政策环境和监管环境，促进社区网络、中小型协作服务提供商或运营商等网络连接补充模型的发展。

（2）确保社区参与制定数字技术获取及数字包容政策。

隐私和数据保护：

（1）确立数据治理框架并强化监管问责机制，以便提高审查效率，增强透明度。

（2）采用全面的法律监管框架，保护隐私，遵循必要性原则与相称性原则规范国家监控行为。

言论自由：

（1）废除不必要的且过度限制网络言论自由的法律。

（2）避免中断互联网访问。

尾注

1. Valeria Betancourt作为传播和信息政策项目经理与进步传播协会合作。

2. 进步通信协会和瑞典国际合作署，《2021—2022年全球社会信息观察：后流行世界的数字未来》，Alan Finlay编辑（APC，2022），参见 https://www.giswatch.org/2021-2022-digtal-futures-post-pandemic-world。

3. 全面意义上的数字鸿沟包括多种决定因素，如种族、年龄、教育、阶级、地理位置等，所有这些因素都导致了对男人之间、女人之间、不同性取向和性别的人之间、以及不同经济、社会和文化条件的妇女之间获取数字技术的机会存在差异。

4. 《2021—2022年全球互联网关闭概述》，详见《2021年互联网关闭：数字专制主义的回归》，2022年4月28日（更新于2023年3月17日），参见 https://www.accessnow.org/internet-shutdowns-2021；《控制的武器，有罪不罚的盾牌：2022年的互联网关闭》，2023年2月28日（更新于2023年5月24日），参见 https://www.accessnow.org/internet-shutdowns-2022。

5. 《不再为管控新冠疫情关闭互联网》，《人权观察》2020年3月31日，参见 https://www.hrw.org/news/2020/03/31/end-internet-shutdowns-manage-covid-19。

6. Jamila Venturini，《在紧迫性和监测之间：对拉丁美洲新冠疫情流行期间技术使用的分析》，第2篇，《互联网行业概览》，第4卷第13年（2021年12月），第12页，参见 https://cetic.br/media/docs/publicacoes/6/20211217114412/iso-year-xiii-n-4-privacy.pdf。

7. 将这些数字技术定义为"公共利益技术"，为全面评估各国政府部署这些技术的益处和危害提供了一个有用的框架；参见Paola Ricaurte Quijano, Jacobo Nájera，《为下一次疫情做好准备：拉丁美洲的公共利益技术》，《2021—2022年全球信息社会观察：后疫情世界的数字未来》，Alan Finlay编辑（APC，2022年），参见 https://www.giswatch.org/regional-report/latin-america-0.\。

8. 信息自决权是个人在不受干扰的情况下选择有关自己信息的暴露情况和暴露程度的权利。

9. Jamila Venturini等，《南方财团新冠疫情观察站：对拉丁美洲部署的抗疫技术的批判性分析》（南方财团，2021年6月），参见 https://www.alsur.lat/sites/default/files/2021-06/Informe%20Observatorio%20Covid-19%20del%20Consorcio%20Al%20Sur%282%29.pdf。

10. 联合国技术特使办公室，全球数字契约页面，参见 https://www.un.org/techenvoy/global-digital-compact。

11. David Souter，《数字社会内部：WSIS+20比你想象的更接近》（APC，2020年7月6日），参见 https://www.apc.org/en/blog/inside-digital-society-wsis20-closer-you-think。

12. 有些人权通常被承认可由集体（或个人群体）行使，不可归为个人，其中包括自决权和发展权。

13. André Ramiro, Mariana Canto，《新冠疫情期间最高法院作出裁决后，倡导个人数据的新途径》，《2021—2022年全球信息社会观察：后疫情世界的数字未来》，Alan Finlay编辑（APC，2022年），参见 https://www.giswatch.org/en/country-report/brazil-0。

14. Kathleen Diga等，《在全球南方倡导社区主导的网络接入》，《2021—2022年全球信息社会观察：后疫情世界的数字未来》，Alan Finlay编辑（APC，2022年），参见 https://www.giswatch.org/en/digital-rights-internet-advocacy-meaningful-access/advocacy-community-led-connectivity-access。

15. 有关阿根廷倡议的更多详细信息，请访问APC博客，参见 https://www.apc.org/en/blog/seeding-change-community-networks-flowering-argentina-during-challenging-times 和 https://www.apc.org/en/blog?destination=blog%3Fpage%3D15&page=1。

电子司法意愿有望推动落实可持续发展目标并巩固权利保护成果

Sarah McCoubrey [1]

以权利为本位的数字化转型不断加速，为司法机构提升公信力，提供更为公正且以发展为导向的法律服务打开一扇窗；然而，这扇窗或许不算宽敞。行动就该趁早。

近几十年来，尽管教育、医疗保健、金融服务、媒体以及商业领域都发生了变革，但司法系统依旧采取面对面庭审、保管实物档案的做法，还继续沿用非数字化工作流程。这一系统可谓应变迟缓。疫情封控扰乱其工作秩序，却也为它的数字化转型注入动力。

政府与人民之间的信任关系离不开高效、透明、负责的纠纷解决机制。司法系统对疫情管控做出回应，有时候能够增强政府公信力，而另一些时候又会削弱公信力。2020年全球法院停摆，法律服务暂时停止。有的法院很快通合时变，搬出了司法管理数字解决方案，成功恢复运营；有的法院却执着于从前的运营模式，工作大量积压，很多法律需求得不到满足。

高度依赖纸质文件、当面递交材料以及面对面庭审的司法系统，其脆弱性在疫情管控期间一览无余。出庭人员、警察、律师、检察官和法官之间缺乏协同工作能力不仅会给他人造成不便，还成为一大障碍。随着法官、律师和人权倡导者争先恐后地将服务事项迁至线上，他们的学习曲线变得陡峭起来。

全球疫情还揭示了健康、高效、可靠的司法系统对社会日常福祉的重要性。公正高效的纠纷解决机制可以保护就业，防治不合理的驱逐行动，发放紧急福利并提供包括医疗保健在内的关键服务。疫情期间，那些权益本就易受侵害的人们——无论是因为他们的移民、无证劳工或者囚犯的身份，还是因为复杂数据采集和监控的泛滥——都在寻求司法保护。但某些国家的法院大门始终紧闭。

> 系统脆弱性 + 干扰 + 态度转变 = 司法部门的变革意愿和变革紧迫性

从乐观角度来看，在过去几年里，危机促使人类做出改变和调整，为开发法律服务新模式贡献测试用例，也迫使各机构各人员尝试使用新技术。由于公共机构把调整后的临时性业务转化为常态化工作，数字化转型迎来新机遇。一个值得信赖且效率高超的司法系统怎样推动落实可持续发展目标（包括第1、2、3、5、9、10、11和16项目标），政府和公民对这个问题有了新的认识。疫情打破了既定模式，为采用以权利为本位、以法治为重心的电子司法模式创造了条件。这就是实现数字司法的大好机会。以下小节凸显了司法数字化建设的紧要抓手，详细介绍了数字司法服务的起源与演变。

在线庭审

事实证明，在疫情管控期间视频开庭虽有瑕疵，但不啻为线下庭审替代方案，具备一定的可行性。法院恢复开放后，人们迫切希望其运作模式回归常态，司法机构不得不评估临时性补救措施的实行效果，保留线下庭审结合远程庭审的优势做法。视频做证大大提高了农村偏远地区的司法可及性，让法律服务资源短缺地的居民也有机会申诉到更高法院，有机会接触到专门律师和专家。弱势证人，比如儿童、受虐妇女、受保护的证人等，可以选择在安全的地点做证，无须承担线下出庭费用，也无须面对线下出庭带来的困难、恐惧和威胁。绝不能因为线下出庭方便审判人员和律师办案就取缔在线庭审。

更新旧法

一直以来，有关技术、证据种类、囚犯押送、档案保管的法规和其他设计司法行政系统方方面面却看似平平无奇的法律法规都被视为技术司法的阻碍。一些司法现代化的障碍因素可追溯至几百年订立的法律法规。疫情期间，很多国家迅速反应，允许临时采用电子签名，进行线上庭审，递交电子材料以及法官独任审判。[2] 多亏了这些法规变化，法院得以尝试新兴技术，完善其使用方法，为法院工作流程的永久性改变带来更多经验之谈。试点举措不仅可以得到沿用，还可以为移动法院这类更广泛的司法创新打下基础。[3]

合作共事

疫情管控还揭露了司法部门各自为政的现象，机构系统不兼容，记录信息不共享。这种部门数据处理方式既浪费时间又容易引发人为错误，造成损失或损害。更重要的是，看不到人们提出法律问题和使用法律服务的数据，司法系统就无法真正了解公众的需求，也无法抓住机会优化改进。没有综合数据系统就很难开展循证法学培训，做出数据驱动型招聘决策调度决策，或者重点改进最具正面影响力的地方。建立警察机关、检察机关、辩护律师事务所、法院、监狱、金融机构、家庭问题咨询机构、职场调研机构、民事登记处以及社会服务机构之间的协同制度，就能打造出在信息访问和隐私保护方面以人为本的法律服务模式。过去的几年间，差距和依赖性逐渐显现，如果着力缩小差距、减少依赖，那么政府就有机会提高其司法系统的公众信任度。

行事谨慎却不躲避风险

把非数字系统转换为数字系统或者把司法数据和其他公共服务数据整合起来，如此做法可能暗藏重大风险，但这些风险是可控的。数字工具带来隐私保护和数据安全问题，除此以外，电子司法方案要格外谨慎，以确保案件数据和政府数据分离开来，并严禁政府访问案件数据。在刑事案件当中，当公民质疑政府决策或者要争取权益时，法庭上的他们就会站在政府的对立面。倘若政客官僚能够查阅法院档案的详细信息，那么公众对法院的信任度将有所下滑。保障司法独立是维护公信力的关键。

人工智能在数字化运营中扮演越来越重要的角色，它对司法系统发起艰难挑战。向人工智能输入数据，它就能通过学习不断进化。但如果数据集内容包括法官和政府官员曾经做下的决策，那么人工智能就会把这些历史决策隐含着的偏见纳入算法之中，而由此生成的决策结果还看起来具备数字中立性。法律人工智能的数据底座是否带有偏见，这个问题亟待审查，不仅如此，人们还越来越希望法官对基于人工智能的公共服务案件做出裁决。作为权利保护和偏见审理方面的专家，法官在提升数字工具公众信任度方面可谓举足轻重。

应对数字化转型带来的风险，非但要保护好隐私权，还要确保文盲人口、偏远地区人口、贫困人口以及老龄人口不被排除在外。数字化转型的目标应该是不让任何人掉队，此举有望减轻数字鸿沟的危害，增强司法可及性，让最需要法律援助的人获取相关服务。

面向未来

电子司法主要侧重于司法系统现代化，让法律服务跟上其他公共服务的发展脚步，但电子司法同时也是打造韧性未来的一项战略。新冠疫情带来了经验教训，也催生出强大的数字工具，运用这些工具有助于司法系统增强韧性，应对未来冲击。在气候事件、政治冲突及国内冲突日益频繁，公共卫生紧急事件随时可能来袭的背景下，无论面对怎样的身体挑战、地理挑战和后勤挑战，都要保证法律服务不掉线。在这种不确定时期，维持独立、稳定、可靠的纠纷解决机制的运作可以最大限度地稳定政治局势并且在危机中保障民生福祉。乌克兰就是一个证明，该国于2018—2019年开发的电子司法系统为俄罗斯联邦占领区居民开辟了诉讼渠道，疫情管控期间这个电子司法系统迅速壮大，负责办理乌克兰全国的纠纷案件。如今，乌克兰陷入战争泥潭，流离失所的难民为领取待遇资格认证及财产所有权认证发愁，电子司法工具帮助维持法治，保护档案安全。[4] 乌克兰的电子司法方案经历了两次试行，电子司法系统的影响力和韧性得以证实。

由于缅甸的政治动荡为掠夺土地者提供了可乘之机，产权证明举步维艰，[5] 为了做好公开可信的产权记录，人们通过应用程序厘清当今产权主张和历史产权的对应关系。这一数字工具能通过非正式司法机制调解邻里纠纷，未来或许会被用来存证，会把更为正式的财产判归及政治权利决定记录在案。

关于把握机会之窗的几点建议

- 围绕人们遇到的冲突或不公正事件组织转型工作，而不是遵循法律纠纷传统分类或者系统里的当前工作秩序。
- 允许法官和人权捍卫者以权利守护人的身份参与设计数字解决方案。
- 采纳包含预防、早期干预和调解环节在内的法律程序，利用电子司法工具加以整合，最终形成无缝一体的结果。

摩洛哥司法部门引用数字技术克服特定挑战。该国法院发现妇女和儿童未能收到应得的钱款，因此正着手开发一款促进赡养费、抚养费及时支付的应用程序。注册小型企业或申请贷款的时候，妇女可出示这款应用程序作为稳定收入来源的证明。这只是摩洛哥司法系统数字化转型方案的一部分，这个方案涉及数字化战略，提及了新通信技术与工具，在这些技术和工具的帮助下，即时法律服务成为可能。[6]

加勒比国家正在开发电子案件综合管理系统，这个系统整合了各个机构的数据采集与数据共享协议，着力搭建地区性信息技术专业知识库，以解决当前刑事案件的积压和推迟问题。[7] 依赖纸质卷宗办案的法庭早已出现误工问题，又在疫情管控的时候关门停业了。虽然法医证据和数字证据的取证效率没有降低，但警方调查目击者证词的速度的确放缓了。律师看不了法院和办公室的卷宗。有些国家受制于法律规定和基础设施，无法实现在线开庭。案件延期审理，等待时间逐渐增加，监狱因此人满为患。非数字系统拉低了起诉和办案效率，经历这些之后，整个司法体系的工作人员都在期盼变革。司法数字化转型有望促进法律制度持续完善不松懈，同时还能解决眼下刑事案件积压和审理推迟的问题。

上面提及的每一项电子司法举措都着眼于当前发展目标，优先考虑保护人权，在提高法律服务影响力和公共责任意识的同时不断建设未来转型能力。

电子司法以人为本

建立或重建公众对司法行政的信任，就要思考矛盾是如何产生的，法律纠纷对生活有什么影响，以及给当事人健康、人身安全、财产安全和福利待遇带来怎样的重大结果。

有些人看来认为电子司法仅仅只是把现有的司法程序迁移至网上。与之相反，它是一款实用的革命性工具。与其把目光放在审判及辩护工作现代化上，不如问问大家对司法系统有什么期望。现在人们渴望变革，这是一次开发数字工具改良法律旧程序的机会，不妨把人命权利放在首位，因为尊重权利才能建立公共信任。

司法系统缓慢的现代化步伐正在加快，人们对开展跨机构合作优先推进发展目标、优先保护人权的做法持开放态度，这种情况我们始料未及却也喜闻乐见。如果只把电子司法视为基础设施的升级，那么变革的可能性也将烟消云散。筑牢经济和健康法治基础离不开透明连贯的司法机制。公众对行政及民事裁决公正性、可执行性的期望越来越高，故而司法系统不但要推进工作现代化，更要融合以人为本的数字工具实现自我改造。

尾注

1 Sarah McCoubrey，咨询公司CALIBRATE的诉诸司法策略师。

2 安提瓜新闻室，《安提瓜下议院批准法官单独审判法案》，2021年5月7日，参见 https://antiguanewsroom.com/antiguas-lower-house-approves-bill-for-judge-alone-trials/。

3 孟加拉国邮政，《司法服务近在咫尺》，（达卡）2021年8月12日（更新于2021年8月13日），参见 https://bangladeshpost.net/posts/judicial-service-near-at-hand-66186；《首席大法官：流动法院对为农村社区和城市穷人伸张正义仍然至关重要》，（古晋）《达亚克日报》2020年1月16日，参见 https://dayakdaily.com/chief-justice-mobile-courts-remain-vital-to-provide-justice-for-rural-communities-and-urban-poor/。

4 联合国开发计划署驻乌克兰代表处，《司法部信息技术基础设施和登记电子化建设赢得支持》，新闻稿，2022年8月3日，参见 https://www.undp.org/ukraine/press-releases/ministry-justice-gains-support-development-it-infrastructure-and-electronic-registers。

5 联合国开发计划署，《土地掠夺是一个主要威胁》，2022年8月22日，参见 https://stories.undp.org/land-grabbing-is-a-major-threat。

6 联合国开发计划署驻摩洛哥办事处，参见 https://www.undp.org/fr/morocco。

7 Juliet Solomon, Jason Lacorbiniere, Reyanna Sankar,《诉诸司法：加勒比人权的推动者》，联合国开发计划署拉丁美洲和加勒比局，2021年12月15日，参见 https://www.undp.org/latin-america/blog/access-justice-enabler-human-rights-caribbean；项目示例参见 https://digitalx.undp.org/police-records-management-information-system-prmis_1.html。

公民空间与新冠疫情

Elly Page, Alexandra DeBlock [1]

世界各国政府出台的新冠疫情防控措施压缩了公民空间，加重了现存障碍，也给民间社会带来了全新挑战。进入紧急状态及其他特殊法律状态后，政府完成自我赋权，并对组织协会、集会、言论等公民自由加以诸多限制。

很多政府禁止民众抗议示威或是严格控制人员聚集性活动。有些政府对批评国家的言论施以管控，常常把这类管控定性为打击新冠疫情虚假信息和"假新闻"。有些政府采用其他方式阻碍信息流动，比如给记者、医护人员、人权捍卫者等人有关国家防疫举措的言论定罪。在世界范围内，有政府假借追踪传染病的名义，攫取权力监视公众，其监控技术和系统严重侵害隐私权。各国政府在制定、决定和实施防疫措施的时候往往忽视公民群体，不给他们协商和参与的集会。

尽管政府的防疫措施对公民空间造成极大的负面影响，但也有不少政府证明，在应对新冠疫情的同时，是可以保护好公民空间的。此次疫情凸显了民间社会在应急行动中的价值。民间社会在很多方面发挥着重要作用，比如收集和传播准确的疫情信息，评估社区需求，帮扶边缘化人群以及提供基本服务——即使这样做会面临感染风险。民间社会还在疫情期间发挥了重要监督作用，致力于保护人权、保障基本自由以及维护法治，防止政府越权。下文各小节介绍了好的做法经验，进一步探讨了各国政府和民间社会为保护公民空间采取的成功方法及举措。

各国政府的积极做法

给应急处置措施设限。根据新冠疫情公民自由追踪报告，[2] 有112个国家正式宣布进入紧急状态或其他特殊法律状态，故而政府有机会限制权利和自由。依据国际法的要求并参照好的经验做法，一些国家正式向人权条约机构通报了疫情防控背景下克减权利的情况；2020年1月到2022年4月，24个国家提交了110余份紧急状态及权利克减通告。[3] 有些国家还采取了额外行动，他们持续评估防疫应急措施的必要性、相称性、合法性及其非歧视性，以便确保应急措施符合国际法规定。这也为立法机关、法院、国际组织等相关机构监督和审查应急措施创造了机会。葡萄牙议会围绕紧急状态展开审议和辩论，通过一次讨论，国家紧急状态便可延长15天，直到最后议会决定解除国家紧急状态。有些政府并没有利用新冠疫情这个卫生紧急事件扩展国家权利，而是援引紧急授权，紧急授权范围较窄且具有一定时限性。

（1）允许公众参与应对危机。事实证明，新冠疫情期间，允许公众参与防疫措施的制定、实施以及审查具有重大意义。有些国家在快速展开防疫行动的同时，成功实现公众参与。肯尼亚国会邀请公民就疫情关键问题发表意见，并在制定防疫措施、起草管理法案的时候加以参考。伯利兹的民间社会代表被纳入政府新冠疫情政策制定委员会，有权参与国会关于防疫措施的辩论。[4] 危地马拉公共卫生和社会援助部与土著助产士合作，向农村社区居民提供准确信息，并鼓励他们接种疫苗。[5]

（2）促进信息流动。危机期间，为了确保应对措施有理可循，提高群众对应对措施的理解度与配合度并对政府可能侵犯人权的举措加以追责，信息自由流动是必不可少的。政府非但不能在危机期间限制信息流动，反而要帮助公众通过独立媒体和线上平台获取信息。要发布准确信息，把危机状况和应急举措告知民众。要公布官方文件描述应急处置措施，主动授权披露官方消息，建立查询系统方便个人和组织向公共机构索取信息，并强化现有的信息获取框架。爱尔兰政府要求官员继续遵守《自由信息法》，公布应对新冠疫情的《国家行动计划》，并开通热线电话为群众提供咨询。新西兰向公共机构和公众发布指导意见，即使国家进入紧急状态，也要提升信息透明度，保障民众获知官方消息。[6]各国政府还着力增强疫情信息的可及性。日本和奥地利发布了多语种防疫信息。[7]

（3）保障和平集会自由。对公众集会的过度限制——例如，不给时效设限、禁止开展保持社交距离的和平抗议活动等——切断了疫情期间公众表达和参与的重要渠道。相反，丹麦的新冠限令仍然允许群众参加游行示威、政治集会等"塑造舆论的大会"，尽管政府鼓励参与者保持社交距离并遵守其他健康准则。[8]

（4）保护隐私权。有些政府在引入数字监控工具，遏止疫情蔓延的时候，还采取行动，确保个人隐私权不受侵害。比如，挪威的密接者追踪应用程序会和当局共享个人行程数据，但一开始数据是以匿名形式共享的，用户会收到消息提示，获悉当局使用个人数据的目的、方式以及本次数据采集的性质。这款应用程序秉持自愿原则，因此用户可以随时卸载程序、删除数据。使用以个人数据为基础的数字监控技术时，政府应优先考虑保护隐私、公开信息和咨询公众，并对数字监控方案加以严格限制。

民间社会的作用

民间社会通过多种方式抵抗新冠疫情防控措施对公民空间的侵蚀。在全球范围内，民间社会组织发挥着监督工作和提高认知的重要作用。印度尼西亚的人权基金会监测了应急处置措施对人权和自由的影响，并借助社交媒体发起宣传运动，提高公众认识。[9]民间社会代表组成网络，形成联盟，其人数优势日渐增长。在波兰，数十名抗议者声援女同性恋、男同性恋、双性恋和跨性别者（LGBT）活动人士，由于违反防疫规定而被逮捕，之后一名人权律师建立了新的公益网络，专门替疫情期间因参加反政府抗议而遭受针对的人辩护。[10]还有一些情况下，民间社会采用直接宣传的方式予以反击。譬如，突尼斯的人权捍卫者成功游说政府取消刑事制裁，其中包括违反新冠防疫规定处以最高2年监禁的规定。[11]厄瓜多尔的一个民间社会联盟成功督促政府将土著社区居民纳入疫苗接种运动的计划范围。[12]公民社会还借助战略性诉讼的手段，对侵犯人权和公民空间的新冠应急措施发起挑战。以色列的公民组织拔除了新冠法规对公众示威活动的限制，比如取消"个人只能在其住所1 000米范围内参加示威"这条要求。[13]巴西总统取消了信息公开时限，律师协会认为此举侵犯了信息获取权，限制了宪法规定的信息权、信息公开权和信息传播权，便一纸诉状告上法庭，终获胜诉。[14]

政策建议

为了在未来危机中保护公民空间，利益相关者理应遵循下列准则：

（1）应急措施设有时效，经法律批准后方可延长。

（2）集会和行动限制措施包含例外。

（3）政府要在各大平台发布多语种准确信息，披露紧急情况和应急处置措施。

（4）政府应公布官方文件描述应急处置措施，主动授权披露官方消息，建立查询系统方便个人和组织向公共机构索取信息，并强化现有的信息获取框架。

（5）使用以个人数据为基础的数字监控技术时，政府应优先考虑保护隐私、公开信息和咨询公众，并对数字监控方案加以严格限制。

（6）针对限制公民自由的应急处置措施，政府要与民间社会协商，制定相应审查程序，若应急处置措施不再必要，应即刻予以放松或取缔。

尾注

1 Elly Page，国际非营利法中心高级法律顾问；Alexandra DeBlock，国际非营利法中心研究官。

2 国际非营利法中心，新冠疫情公民自由追踪，参见 https://www.icnl.org/covid19tracker/。

3 联合国大会，《民间社会空间——新冠疫情：复苏之路和民间社会的基本作用》，《人权理事会第五十一届会议的报告》（A/HRC/51/13, 30 June 2022），第7段，参见 https://documents-dds-ny.un.org/doc/UNDOC/GEN/G22/394/42/PDF/G2239442.pdf?OpenElement。

4 国际非营利法中心，《拉丁美洲：新冠疫情期间的结社与和平集会自由》，2020年12月报告，参见 https://www.icnl.org/post/analysis/latin-america-freedoms-of-association-and-peaceful-assembly-in-times-of-coronavirus。

5 泛美卫生组织，《拯救的古老传统：玛雅助产士或"昏迷者"消除了对新冠疫苗接种的恐惧》（世界卫生组织美洲区域办事处，2022年6月3日），参见 https://www.paho.org/en/stories/ancient-tradition-rescue-mayan-midwives-or-comadronas-dispel-covid-19-vaccination-fears。

6 新西兰，监察员办公室，《首席监察员关于新冠疫情紧急情况下官方信息响应时间的声明》，新闻文章，2020年3月24日，参见 https://www.ombudsman.parliament.nz/news/chief-ombudsmans-statement-official-information-response-times-during-covid-19-emergency。

7 民间社会行动委员会，"首先，拯救生命：新冠疫情大流行的解决方案和对移民和难民的新团结"，全球民间社会声明，2020年4月7日，参见 https://csactioncommittee.org/wp-content/uploads/2020/04/Civil-Society-Statement-on-COVID-19-and-Migrants.pdf。

8 国际非营利法中心，新冠疫情公民自由追踪，《丹麦：关于修订〈防治传染病和其他传染病措施法〉的第158号决议》，2020年3月31日推出，参见 https://www.icnl.org/covid19tracker/?location=6,7,11,17,23,25,26,27,31,34,38,41,42,46,48,54,55,59,60,61,63,71,75,203,80,217,89,93,100,147,105,112,113,115,116,144,121,246,128,133,134&issue=&date=&type=#。

9 罗卡塔鲁基金会（Lokataru），国际非营利法中心的合作伙伴。

10 美国律师协会，人权中心，《新冠疫情相关紧急状态措施：影响和应对》，报告，2022年2月，参见 https://www.americanbar.org/content/dam/aba/administrative/human_rights/justice-defenders/chr-covid-19-emergency-measures-report-feb-2022.pdf。

11 同上。

12 帕查马马基金会，国际非营利法中心的合作伙伴。

13 Yuval Shany，《重返鲍尔弗：以色列最高法院推翻了限制抗议权利的冠状病毒条例》，法律战博客文章，2021年4月13日，参见 https://www.lawfareblog.com/return-balfour-israels-supreme-court-strikes-down-coronavirus-regulations-curbing-right-protest。

14 美国律师协会，人权中心，《新冠疫情相关紧急状态措施：影响和应对》。

青年之声与可持续的公共政策：重振城市民主

James Sloam [1]

引　言

2008年全球金融危机强势来袭，财政支出随后减少、气候变化带来负面影响、新冠疫情肆意横行……全球性危机接踵而来，生存威胁日益扩大，世界各地的年轻人首当其冲地受到影响。而在许多方面受冲击最严重的是青年市民，毕竟世界上有一半人口在城市定居。[2]这些全球性危机和生存威胁进一步加剧了城市财富不平等及贫困问题，[3]致使推进可持续发展目标难上加难。

尽管新冠病毒对老年人健康的直接危害是最大的，但也会影响年轻人的身体，诱发各种急性和慢性病症。青年政策面临的挑战较为复杂和持久，这是因为有必要制定措施应对经济拮据、教育缺失、隔离管控引起的心理问题以及其他由新冠疫情造成的后果。[4]从长远来看，如果想让公共政策更加以未来为导向、更加具备可持续性，就得带着更明确、更有目的性的态度去关注年轻一代的利益，去倾听年轻一代的声音。方法在于完善治理，使其更具包容性。

实现参与式治理，出台具有可持续性的公共政策，还有很长一段路要走。早在疫情暴发之前，全世界年轻人对政府的信任就已经开始减少了，[5]各个国家努力服务子孙后代的同时还要满足老龄化人口的需求，填补与日俱增的医疗卫生支出。[6]自2019年以来政府公信力下滑加速，年轻人感觉自己的声音总被忽视。2022年，经济合作与发展组织调查了71个国家的151个青年组织，结果发现只有15%的调查对象表示他们的政府"在采用隔离管控措施的时候参考了青年意见"，超过半数的调查对象认为抗疫资助计划和基础设施投资没有纳入青年意见。[7]

越来越多的证据表明，全年龄段社区居民——他们了解当地情况，改善社区关系到他们的长期利益、切身利益——对疫情后重建和确保未来可持续发展而言至关重要。诺贝尔经济学奖获得者Elinor Ostrom表示"没有理由相信官僚与政客，无论他们多么好意，会比现场人员更擅长解决问题，毕竟现场人员解决好问题的动机是最强的"。[8]OECD最近发文强调"（后疫情时代）应对及恢复措施纳入全年龄段人群观点"的重要性。[9]

如何在实践中采纳全年龄段人群的观点？民政当局是否愿意在通往可持续治理的道路上大胆赋予更广泛的民主，让参与式决策囊括更多声音？市政当局又该如何搭建包容性结构，鼓励弱势青年参与政治生活呢？

随着世界进入以绿色公正为特征、以提高城市宜居水平为重心的后疫情复苏阶段，年轻人该如何重塑公共机构及公共政策？本文探讨了这一问题，研究了青年参与城市民主的驱动因素，阐述了世界各大城市吸引青年参与政治的做法以及这些做法背后的共同教训。

本文的论点是：通过创造公民空间、传授本土知识提升年轻人、地方当局和公共服务机构之间的互动质量，从而催生出更有成效、更具可持续性的公共政策。实现这个目标不妨建立公民空间用来商讨问题、进行社区调研，还可以创建青年参与决策的机制。

青年发声和参与的渠道：从投票箱到市政广场再到互联网

数十年来，年轻一代逐渐脱离党派成员身份和其他正规的政治机制，转而选择那些与他们日常生活更相关、没那么制度化的公民参与和政治参与方式。随着许多民主国家投票率的下降，围绕社会运动与社会事业的青年行动主义快速兴起。通信新技术的普及和日渐盛行的"数字网络行动"让引发年轻人共鸣的问题飞快出现并且迅速传播开来，青年参与也就跑出了"加速度"。[10]最近发生的两件事例是全球气候罢工（#FridaysForFuture）和"黑人的命也是命"运动。虽然受新冠疫情防控政策的影响，疫情期间大规模抗议示威活动有所减少，但青年网络参政的行为急剧增长，活动网络在网页和移动应用平台上的浏览量快速增长就是证明。[11]

有必要唤起人们对城市民主前景的关注。城市为青年参与政治生活提供有利场所。市民们住得近，因此城市里的社区行动要比乡村的更容易实现。还有证据表明，不那么富裕的青年——即受疫情冲击最大的群体——和富裕青年一样渴望参与地方民主生活。根据汉萨德学会的政治参与审计结果，在大不列颠及北爱尔兰联合王国18—24岁的青年当中，希望更多地参与地区决策的人占比46%；而在没有大学学位的青年当中，这样的人占比55%。[12]

从参与地方性城市行动到加入国际协同倡议启发和影响公共政策，年轻人正在主导跨大陆、跨治理层面的公民及政治活动，不断重塑政治秩序。

国际项目可以在支持和促进地方良好实践方面发挥关键作用。其中一个例子是2020年全球城市气候领袖群（C40）全球市长网络发起的"学生重塑城市"竞赛，该竞赛以共同努力应对气候危机为宗旨。参赛学生需要"表达他们关于为实现疫情后绿色公正复苏而改造社区的愿景"，获胜者有机会参与市政府的实时重建项目。在印度德里的巴尔斯瓦，学生活动家与全球城市气候领袖群（C40）、德里市政公司（C40成员）携手合作，成功改进了住房管理及废弃物管理现行举措。学生的努力促成了青年方案，在这项方案中，8个经济适用房街区与诊所、商店、幼儿园、公共厕所等社区设施组成了一张大网。[13]

重振城市民主

实现青年有效参与的过程并不是一帆风顺的。出于前文提到的原因，年轻人可能对政治参与持怀疑态度，他们还有可能感到自己缺少公民知识与技能，难以跟经验老到、手握权力的年长者共事。此外，市政当局及政策制定者对待年轻人往往流于形式，鼓励他们参加会议（加入拍照行列）或者参与讨论，却不在政策制定与实施过程中给他们话语权。

尽管如此，破除此类障碍的案例还是有的。在这些优秀案例中，市政当局为年轻市民提供学习机会，同时还鼓励他们积极参与公民行动和政治活动，并在制定政策时赋予他们话语权。

英国大伦敦市政府在推广青年之声方面名列前茅。"市长的青年外展团队"由30位年轻人组成，他们的职责是为解决城市青年问题提供政策建议并参加外展宣传。该团队参与了众多活动，比如帮助审查伦敦青年基金申请人资格，该项目资助经费达4 500万英镑；(和市政府其他青年团体一起)为伦敦后疫情复苏计划出谋划策；提出见解，直接为《2020年伦敦复苏计划》贡献内容，从而促成一项青年新政，即保证每位伦敦年轻人都能找到专属导师，都能参与本土优质活动。[14]为了提高公民技能、积累公民知识，更有意义地参与政策讨论和政策活动，比如完成伦敦生活质量指标与联合国可持续发展目标的若干对标项目，并探索当下如何更好地服务青年群体，青年外展团队的员工定期接受商讨训练、开展参与性研究；这个团队在《联合国气候变化框架公约》第26次缔约方大会（COP26）的背景下调查了年轻人对气候变化的看法。[15]例如，"我们爱地球"活动，活动由伦敦市年轻人、大伦敦市环境团队和青年活动家共同策划，由本文作者组织开展。此次活动举办于2022年初，旨在研究年轻人对气候变化的看法以及围绕该话题产生的政治对话，并为市政府广开言路提供契机。

在美利坚合众国，Constance Flanagan和她的同事们引用了Ostrom提出的"环境公域"概念，有力地证明了"社区调研"或"公民科学"与地方性政策制定主体结合能带来积极成效。[16]开展社区调研需要对市民（包括青年市民）的研究能力加以培训，这么做既能提升他们的技能水平，又能为地方当局解决当地关键问题提供基层想法与基层方案。Constance Flanagan 及其同事曾和密歇根州东南部低收入地区的年轻人共事过，其中大部分人来自少数民族。他们发现，在社区调研的帮助下，青年参与者有能力向市政当局提出空气污染、清洁水供应等问题，并取得实绩。

正如上面这些例子所示，要想推进落实可持续发展目标，市政当局就得接纳贫困年轻人，确保后疫情复苏计划里有他们的身影。在上文提及的所有实例中，政府当局都在寻求与当地活动网络及民间社会团体的合作以便为弱势群体提供外展服务。几乎所有具有包容性的青年参与成功案例都有这个特点。比如，国际环境与发展研究所近期发布的研究强调，民间社会团体在唱响非洲八城贫民窟青年之声的过程中起到核心作用。[17]特别值得一提的是贫民窟国际，该组织在城市当局面前、在国际上还在联合国气候大会（COP27）等论坛上代表贫民窟居民的利益。疫情期间，贫民窟国际青年附属机构中的年轻人记录并分享了他们的经历，为城市复苏计划的发展贡献青年视角。

结论与建议

全世界的年轻人都在参与政治话题，渴望自己的声音被听见。问题在于，青年行动往往与正式政治脱节，导致青年参与的水花很小，甚至可能引发有害的政治社会冲突。这样的结果可谓适得其反，毕竟政府和抗议者的目标可能是一致的，就像气候行动的情况一样。政策制定者的挑战是实现青年政治主流化，把青年纳入正式政治的进程中。

青年参与市政，其有效性还面临两大障碍。一是很多政客官员只有口头重视，因此不少年轻人觉得参与政治收效甚微、徒劳无益。市政当局应开展人员培训，让官员学会与儿童青年合作。[18]二是年轻人可能缺乏公民知识与技能，和官员相处时难以处理权力失衡问题。政治学中有一个公认的观点，即高社会经济地位群体掌握的民主技能远胜于地社会经济地位全体。而公民教育有助于弥合这道鸿沟。

就城市及其他地方政府单位而言，达成青年持续参与和有效参与的目标，需要实现以下三方面的创新：

（1）有必要出台相关方案，为青年提供商讨事宜、进行公民学习以及共同设计政策的机会，支持他们参与政治，从而重建政府公信力。

（2）要在市政管理中实现青年声音的制度化建设，青年之声应覆盖公共政策的各大领域，比如在政策理事会中设立青年代表。

（3）为了推进落实可持续发展目标，各大城市应把贫困青年及其他弱势青年纳入政治参与中来。可以和相应的民间社会团体及青年活动团体携手合作，实现包容式参与。

新冠疫情迫使决策者重新寻找可持续性公共政策的制定方法，他们越来越意识到青年赋权的重要性。然而，青年参与就是在最好的状态下也依然不成体系。经济及社会理事会主席 Collen Vixen Kelapile 为2022年4月第11届经济及社会理事会青年论坛（ECOSOC Youth Forum）闭幕式致辞，他敦促年轻人为自己争取权利："如果决策会对你们的未来产生影响，那么你们就要在议事桌上占有一席之地。"[19]可是，如果想在未来几十年里实现上述目标，首先要做的就是说服决策者，让他们相信，为青年参与政治开辟渠道符合他们的长远利益和根本利益。

尾注

1. James Sloam，伦敦大学皇家霍洛威学院的政治学教授。
2. 联合国，经济和社会事务部，《联合国表示，到2050年，预计世界68%的人口将生活在城市地区》，新闻，2018年5月16日，参见 https://www.un.org/development/desa/en/news/population/2018-revision-of-world-urbanization-prospects.html。
3. 联合国人类住区规划署（UN-Habitat），《2022年世界城市报告：展望城市的未来》（内罗毕，2022年），available at https://unhabitat.org/sites/default/files/2022/06/wcr_2022.pdf。
4. Veerle Miranda，《新冠疫情期间年轻人的担忧：2020年重大风险结果》，经济合作与发展组织应对新冠病毒的政策，2021年7月6日，参见 https://www.oecd.org/coronavirus/policy-responses/young-people-s-concerns-during-covid-19-results-from-risks-that-matter-2020-64b51763/。
5. James Sloam, Matt Henn，《振兴政治：年轻人在不断变化的世界中的政治参与》，载《2017年青年震荡：英国年轻世界主义者的崛起》第二章，《帕尔格雷夫青年与政治研究》，James Sloam, Constance Flanagan, Bronwyn Hayward编辑（Palgrave Pivot, 2019），第17—42页，参见 https://link.springer.com/chapter/10.1007/978-3-319-97469-9_2。
6. James Sloam, Matt Henn，《2017年青年震荡：英国年轻世界主义者的崛起》；经济合作与发展组织，《青年治理、信任和代际正义：面向所有世代的青年论坛？——集锦》（2020），参见 https://www.oecd.org/gov/fit-for-generations-global-youth-report-highlights.pdf。
7. OECD，《为青年服务：政府如何将青年人置于复苏的中心》，经济合作与发展组织应对新冠病毒的政策，政策简报，2022年3月17日，参见 https://www.oecd.org/coronavirus/policy-responses/delivering-for-youth-how-governments-can-put-young-people-at-the-centre-of-the-recovery-92c9d060/。
8. Elinor Ostrom，《前言》，载《共治：集体行动制度的演变，经典唱法》（剑桥，英国，剑桥大学出版社，2015年10月），第i—iv页。
9. 经济合作与发展组织，《为青年服务：政府如何将青年人置于复苏的中心》。
10. James Sloam，《"愤怒的年轻人"：危机时期的欧洲年轻人、公民参与和新媒体》，《信息、通信与社会》第17卷第2期，第217—231页。
11. Paul Jacobsen, Norbert Kersting，《民主封锁、强制数字化和年轻公民的混合参与》，伦敦政治经济学院，公民参与与政治博客，2022年1月13日，参见 https://blogs.lse.ac.uk/medialse/2022/01/13/democratic-lockdown-forced-digitalization-and-blended-participation-of-young-citizens/。
12. 汉萨德学会，《政治参与审计16：2019年报告》（伦敦，汉萨德学会，2019年），参见 https://www.johnsmithcentre.com/research/audit-of-political-engagement-16-the-2019-report/。
13. 《C40 重塑城市，"巴尔斯瓦，德里，印度"》（2022年），参见 https://www.c40reinventingcities.org/en/students/previous-winning-projects/bhalswa-1485.html。
14. 伦敦市长，《伦敦复苏方案：概览文件》（大伦敦市，2020年10月），参见 https://www.https://www.london.gov.uk/sites/default/files/young_londoners_report_final_0.pdflondon.gov.uk/sites/default/files/recovery_programme_overview.pdf。
15. 伦敦可持续发展委员会，《伦敦年轻人建设可持续城市的优先事项：向伦敦可持续发展委员会提交的关于伦敦年轻人的关键问题和优先事项的报告》（大伦敦市政厅，2019年9月），参见 https://www.london.gov.uk/sites/default/files/young_londoners_report_final_0.pdf。
16. Constance Flanagan, Erin Gallay, Alisa Pykett，《城市青年与环境公域：通过公民科学振兴公民参与》，《青年研究杂志》第25卷第6期，2022年，特刊《青年与环保主义：民主政治的转型》，第692—708页。
17. Arabella Fraser，《新冠疫情的公正复苏：来自8个非洲城市的年轻人发声》，国际环境与发展研究所博客文章，2022年5月24日，参见 https://www.iied.org/just-recovery-covid-19-young-people-eight-african-cities-speak-out。
18. 伦敦市长，《儿童和青年伙伴手册》（大伦敦市政厅，2021年1月），参见 https://www.london.gov.uk/sites/default/files/final_children_and_young_people_as_partners_handbook.pdf。
19. 联合国经济及社会理事会，《青年论坛结束时发言者强调，青年人的有意义参与对推进可持续发展目标至关重要》，新闻稿，2022年4月20日（ECOSOC/7076），参见 https://press.un.org/en/2022/ecosoc7076.doc.htm。

整治错误信息迫在眉睫：非洲视角

Naledi Mashishi [1]

错误信息再度抬头，对联合国可持续发展目标构成了严重威胁。新冠疫情期间，社交媒体上不断涌现的错误信息削弱了卫生当局的公信力，破坏了公共卫生应对措施的防疫效果，还唆使个人做出危险行为。在更广泛的可持续发展背景下，错误信息因其传播有害的、不准确的健康信息而不利于增进健康福祉（第3项目标），又因其损害公共机构公信力而不利于建设和平、正义和强大的机构（第16项目标）。

早在新冠疫情暴发之前，尼日利亚就已经发出了预警信号，错误信息可能对国家卫生干预措施造成毁灭性打击。2023年尼日利亚北部卡杜纳州、卡诺州和扎姆法拉州的政治领导人呼吁大规模抵制全国脊髓灰质炎疫苗接种运动。他们声称脊髓灰质炎疫苗里有艾滋病病毒和致癌物质，可能导致接种者不孕不育，是西方降低穆斯林生育率阴谋中的一环。这些领导人把疫苗接种运动和美国占领伊拉克挂钩起来，宣称美国要对整个伊斯兰世界发起攻击，伊拉克战争只是其中的一小部分。[2] 他们还把脊髓灰质炎疫苗和 Ibrahim Babangida 政府的行为联系在一起。20世纪80年代，Ibrahim Babangida 总统为了减少人口增长要求女性最多生育4个孩子。所有这些都助长了反疫苗运动的气焰，这场轰轰烈烈的抵制运动导致尼日利亚在防治小儿麻痹症方面出现倒退，直到2016年该国还在努力夺回阵地。

和尼日利亚的情况相似，不久前暴发的新冠疫情同样引发了错误信息大规模传播。尼日利亚与新冠疫情这两个实例不但充分证明了错误信息会对国家公共卫生造成长期危害，还强调了政府的当务之急在于整治错误信息。然而，如果对信息传播行为的惩罚过于严厉就有可能侵犯言论自由，从而削弱政府与民众的关系。那么，政府该如何小心平衡信息精准传播和言论自由之间的关系呢？本文建议政府放弃法定惩处措施，转而与当地媒体和私营组织建立伙伴关系，通过合作提高民众的媒体素养并帮助他们获取准确信息。

虽然对"错误信息"还没有一个公认的定义，但这一术语通常用来指称"不准确的信息"。联合国秘书长在2022年的一份报告中指出，"错误信息是指无意间传播的不准确信息，而虚假信息不仅仅是不准确的，还是有人以误导和伤害他人为目的的故意传播的"。[3] 区分"错误信息"和"虚假信息"是有必要的，但对本文而言无关紧要。鉴于本文的关注点是传播不准确信息产生的影响（而不是传播不准确信息的动机），为方便起见，就用"错误信息"一词指代错误信息和虚假信息。

在社交平台的推波助澜之下，疫情期间错误信息的生产和传播进入爆发式增长阶段以至于世界卫生组织称其为"信息疫情"——一股准确和不准确信息交杂、叫人难分真伪的信息洪流。研究表明，受众分辨信息真伪的能力因学历、年龄而异，年长者更难记起细节信息。[4] 危机期间不确定、恐慌和混乱程度有所上升，信息消费者辨别真伪的能力尤其受到损害。有信息传播意愿的行为者就在这段鱼龙混杂的时期趁机而动，做出基于伪科学或自身特殊利益的替代解释。当错误信息通过社交媒体反复传播的时候，情况就变得复杂了起来，研究发现，受众更有可能相信重复出现的信息。[5] 受众尤其会被感情充沛且通俗易懂的内容吸引。

政府该如何应对这个问题呢？非洲出现积极向好态势，即越来越多的非洲国家通过引入法律及其他机制管理信息获取。根据联合国教科文组织2022年发布的一项关于信息获取法律保护的调查，在非洲15个调查对象国中有11个国家完成信息获取法律的制定，3个国家正在制定中，还有9个国家报告称已经设立了专门的监督机构。[6] 这些法律保障为媒体机构积极打击错误信息——包括错误健康信息提供了有力支持。马拉维的社区广播电台主持了一场圆桌讨论，邀请卫生专家小组参与其中，听众可以拨打电话咨询新冠疫情的问题。社区广播电台会和卫生部、全球疫苗免疫联盟（Gavi）等其他利益攸关者展开合作，这就表明媒体和政府及非政府组织之间存在很大的合作潜力。[7]

中非共和国是另一个在新冠疫情暴发之前遭受错误信息毁灭性冲击的国家。2014 年仇恨言论的散播进一步加剧了伊斯兰社区和基督教社区的对立，成为一场纷争的导火索。同年，该国政府做出回应，尝试重建一个名为高级传播委员会的官方机构，借此打击错误信息。高级传播委员会的职责是发展并促进新闻自由，它有权制定反错误信息的法规。中非共和国政府还采取措施培训记者和博主，帮助他们核实信息、识别可靠来源。[8] 这些举措带来了希望，却因为缺少资金和运营能力而陷入困境。有鉴于此，政府理应把资源优先分配给错误信息整治工作。

错误信息并不仅存于传统媒体，因此打击错误信息不能只靠传统媒体。社交媒体是散播错误信息的主要渠道，政府可以把它当作揭穿和纠正不实信息的工具。非政府部门的一个案例是由"非洲核查"（Africa Check）与"南非之声"（Volume in South Africa）播客公司在 WhatsApp 应用程序上发布的《什么是胡扯》（What's Crap）节目。这是一款月度播客，利用 WhatsApp 这个非常普及的消息平台来对抗 WhatsApp 上的错误信息。用户把他们收到的病毒消息提交上去，由事实核查员完成验证，并通过简短的 WhatsApp 语音消息在分享核查结果，而 What's Crap 的语音消息可以在平台上轻松共享。订阅者还能定期收到"非洲核查"发布的报告链接，这些报告审查了社交媒体上的病毒式帖子。

就影响而言，政府最关键的行动是确保民众立刻或尽早获知准确信息。研究表明，已经得到准确信息的人后面再相信错误信息的可能性要小很多。[9] 政府应该采用积极主动、多模态的公共信息传播方式，利用传统媒体和新媒体传递准确信息。

另一个政府关键工作是构建智慧信息消费的基石。南非就有一个案例。西开普省政府与谷歌非洲（Google Africa）合作发起了一项行动，向全省在校中学生开设网络安全课程，并对 500 名教师展开培训。[10] 这门课程内容丰富，包括教授学生如何安全上网，如何识别骗取钱财、网络钓鱼等欺诈行为。有关这项行动实施状况的资料十分有限，但这类行动突显了错误信息辨析、网上信息核查等学生媒体素养培育课程的潜能，确实值得提倡；调查显示，南非超过九成的在校教师称自己曾发现学生在网上分享错误信息[11]，近四成教师认为他们在媒体素养培育方面缺乏必要的培训[12]。上述案例证明，公私合作可以为年轻人提供所需工具，让他们成为更具辨别力的信息消费者。

在新冠疫情时期爆发的信息疫情以及前文提到的各个案例都彰显了政府严厉整治错误信息的必要性。疫情期间，错误信息破坏了公共卫生干预效果，削弱了卫生机构公信力。政府与其采用惩罚性措施，不如着力营造良好环境，借以保障公民信息获取，形成政府与媒体的联动，支持媒体机构发展并创新工作方法，运用社交媒体工具传播准确易懂的信息。政府还要重视培育学校儿童青少年的媒体素养。政府与私营组织的合作能够在提供资源、组织培训方面发挥重要作用，特别是在政府资源紧缺的情况下，公私合作就更有意义了。

尾注

1. Naledi Mashishi,非洲核查(Africa Check)前研究员。

2. Ayodele Samuel Jegede, "What led to the Nigerian boycott of the polio vaccination campaign?",《公共科学图书馆·医学杂志》第4卷第3期,e73(2007年3月20日),参见 https://doi.org/10.1371/journal.pmed.0040073。

3. 联合国,《打击虚假信息》,参见 https://www.un.org/en/countering-disinformation;此摘要包含原报告链接,名为《为促进和保护人权和基本自由打击虚假信息》(A/77/287,2022年8月12日),参见 https://documents-dds-ny.un.org/doc/UNDOC/GEN/N22/459/24/PDF/N2245924.pdf?OpenElement。

4. Dora-Olivia Vicol,《谁最有可能相信并分享错误信息?》,《已核查(Chequeado)和全部事实(Full Fact)联合简报》(2020年2月),第7页,参见 https://fullfact.org/media/uploads/who-believes-shares-misinformation.pdf。

5. Dora-Olivia Vicol,《非洲、拉丁美洲和英国的健康错误信息:影响和可能的解决方案》,《非洲核查(Africa Check)、已核查(Chequeado)和全部事实(Full Fact)联合简报》(2020年5月,更新于2020年7月),参见 https://fullfact.org/media/uploads/en-tackling-health-misinfo.pdf。

6. 联合国教科文组织,《非洲的承诺与行动:实施信息获取法和通过该法一样重要》(2021年,更新于2023年4月20日),参见 https://www.unesco.org/reports/access-to-information/2021/en/africa-ati-case-study;此摘要重点介绍《走向复苏和超越:2021年联合国教科文组织关于公众获取信息的报告(可持续发展目标16.10.2)》,参见 https://unesdoc.unesco.org/in/documentViewer.xhtml?v=2.1.196&id=p::usmarcdef_0000380520&file=/in/rest/annotationSVC/DownloadWatermarkedAttachment/attach_import_0f675f51-3aec-4630-98e9-0602c0a39e15%3F_%3D380520eng.pdf&locale=en&multi=true&ark=/ark:/48223/pf0000380520/PDF/380520eng.pdf#CI_SDG_16_UNESCO_report_int.indd%3A.18419%3A220。

7. Jack McBrams,《用真相对抗谜团:卡隆加记者接受培训对抗新冠疫情错误信息》,联合国儿童基金会,2022年7月14日,参见 https://www.unicef.org/malawi/stories/fighting-myths-truth。

8. Brianna Ferebee, Rachel Sullivan,《假新闻之外:中非共和国的仇恨言论问题》,美国和平研究所,2021年8月16日,参见 https://www.usip.org/publications/2021/08/beyond-fake-news-central-african-republics-hate-speech-problem。

9. Dora-Olivia Vicol,《非洲、拉丁美洲和英国的健康错误信息:影响和可能的解决方案》,第24页。

10. Zodidi Dano,《WCED和谷歌推出网络安全课程指南》,独立在线(IOL),2020年10月22日,参见 https://www.iol.co.za/education/schools/secondary/wced-and-google-launch-online-safety-curriculum-guideline-990f6923-5162-4636-85f7-fc27c0f6a1bb。

11. Dani Madrid-Morales, Herman Wasserman,《南非媒体素养教育有助于打击假新闻——所需见下文》,《对话》2022年6月29日,参见 https://theconversation.com/media-literacy-education-in-south-africa-can-help-combat-fake-news-heres-whats-needed-185338。

12. 同上。

专家意见总结

表1.1 关于加强政社关系的专家建议

领域	行动要点
迈向公平的财政契约？私营部门和高净值个人对社会有何"亏欠"？	• 关注全球倡议中反避税的指导建议，防止国际税收规则漏洞给企业转移利润提供可乘之机 • 为税务管理机构配置更多资源，让它们执法更规范更公平、服务纳税人更到位，从而提高纳税合规度 • 利用日渐丰硕的税收透明和成果与新兴技术（如人工智能、机器学习及区块链）完善数据采集、数据管理和数据共享工作并提高效率。但身处数字时代，应用技术的时候必须做好审查切实维护纳税人合法权益 • 提升税收法规清晰度，提高税收管理效率，建立强有力的争议解决机制，出台企业合规计划，以便增强税收确定性，鼓励企业合法纳税 • 考虑引入净财产税，同时不断优化遗产税、赠与税、资本利得税及消费税，尤其是奢侈品税和劳务税的税收效果 • 加强力度打击各种非法资金流转
公共行政管理中的性别平等：疫情三年政府新常态	• 记取新冠疫情前的教训，重整旗鼓采纳并落实好的经验做法，要在以下三个方面发力：数据和透明度，即刻关注可持续发展目标指标16.7.1b；提供培训和指导机会；发挥目标和配额作用 • 研究疫情期间发生的变化，巩固成果并有意识地将其纳入未来工作，以便实现公共行政中的性别平等；尤其需要思考弹性工作制的性别影响，并持续关注公共行政部门员工的心理健康 • 大胆行动，凝聚到2030年实现第5和第16项可持续发展目标的势头 • 把性别平等放在可持续发展目标进度恢复工作的中心位置并确保所有行业的女性能够完全融入危机应对和管理过程

与社会行动者携手共传疫情信息：对未来危机的启示	• 信息传播策略应考虑下列因素：
	  发布简洁可靠的信息，选择恰当的传播途径；
	  识别并满足受众需要（包括了解他们的局限性）的能力；
	  策略时机；
	  传播参与者（公共部门内部和外部）之间的建设性互动；
	  政府公信力水平；
	  科学界的积极参与；
	  创新文化；
	  政治动机。
	• 确保公共利益攸关方之间保持信息一致性
	• 确保发言人专业素质过硬，提供准确信息，表达清楚易懂
	• 结合使用传统和现代媒体工具，开发和实施危机沟通策略
	• 确保危机发生给前做好传播准备工作

规范数字技术在公共行政中的应用以保护和促进人权	• 遵循国际人权机构和国际人权文书的规范，数字工具的开发和使用标准应以人权为本位 • 对数字技术相关政策进行人权影响评估，把当地社会弱势群体及边缘群体的现状处境纳入考虑范围 • 创建强大的多利益攸关方决策及监督框架，支持技术创新应对未来危机并帮助塑造自由、开放、安全的数字未来 • 改造政策环境和监管环境，促进社区网络、中小型协作服务提供商或运营商等网络连接补充模型的发展 • 确保社区参与制定数字技术获取及数字包容政策 • 确立数据治理框架并强化监管问责机制，以便提高审查效率，增强透明度 • 采用全面的法律监管框架，保护隐私，遵循必要性原则与相称性原则规范国家监控行为 • 废除不必要的且过度限制网络言论自由的法律 • 避免中断互联网访问

续表

领域	行 动 要 点
电子司法意愿有望推动落实可持续发展目标并巩固权利保护成果	• 围绕人们遇到的冲突或不公正事件组织转型工作，而不是遵循法律纠纷传统分类或者系统里的当前工作秩序 • 允许法官和人权捍卫者以权利守护人的身份参与设计数字解决方案 • 采纳包含预防、早期干预和调解环节在内的法律程序，利用电子司法工具加以整合，最终形成无缝一体的结果
公民空间与新冠疫情	• 确保应急处置措施设有时效，经法律批准后方可延长 • 针对限制公民自由的应急处置措施，要与民间社会协商，制定相应审查程序，若应急处置措施不再必要，应即刻予以放松或取缔 • 集会和行动限制措施允许合理例外 • 要在各大平台发布多语种准确信息，披露紧急情况和应急处置措施 • 公布官方文件描述政府应急措施，主动授权披露官方消息，建立查询系统，方便个人和组织向公共机构索取信息，并强化现有的信息获取框架 • 使用以个人数据为基础的数字监控技术时，应优先考虑保护隐私、公开信息和咨询公众，并对数字监控方案加以严格限制
青年之声与可持续的公共政策：重振城市民主	• 对待年轻人不能流于形式，否则年轻人会认为他们的政治参与是收效甚微、徒劳无益的，从而丧失政治参与积极性 • 为了实现青年持续参与、有效参与，城市和地方政府应确保： 　　有必要出台相关方案，为青年提供商讨事宜、进行公民学习以及共同设计政策的机会，支持他们参与政治，从而重建政府公信力； 　　要在市政管理中实现青年声音的制度化建设，青年之声应覆盖公共政策的各大领域，比如在政策理事会中设立青年代表； 　　为了推进落实可持续发展目标，各大城市应把贫困青年及其他弱势青年纳入政治参与中来。可以和相应的民间社会团体及青年活动团体携手合作，实现包容式参与
整治错误信息迫在眉睫：非洲视角	• 与其采用惩罚性措施，不如着力营造良好环境，借以保障公民信息获取，政府与媒体形成联动，支持媒体机构发展并创新工作方法，运用社交媒体工具传播准确易懂的信息 • 重视培育学校儿童青少年的媒体素养 • 与私营组织携手合作以便提供更多资源，组织更多培训，政府资源紧缺的时候尤应如此

第2章
政府如何评估政策优先事项,解决自2020年以来出现的政策权衡难题？

概況

2.1 引言

自2016年以来,《2030年议程》和可持续发展目标的进展缓慢且不平衡。[1]新冠疫情大流行以及近年来发生的各种危机影响了早期的进程。疫情的多次影响、通胀率上升、供应链中断、劳动力市场挑战、政治不稳定和政策不确定性,考验着各国政府实现可持续发展目标的能力。

根据《2023年全球可持续发展报告》,[2]最近的危机严重破坏了许多可持续发展目标的早期成果,一些具体目标的进展停滞不前或出现倒退。[3]特别是与可持续发展目标2、11、13和16相关的大多数具体目标,都没有走上实现的正轨,而为数不多的几个接近实现的具体目标(如3.1关于降低孕产妇死亡率的具体目标和8.5关于实现充分的生产性就业的具体目标),其推进也不够快。

这些趋势影响了可持续发展目标之间的相互依存关系。[4]与可持续发展目标有关的许多政策权衡(例如,知识驱动的增长与不平等之间的权衡)在新冠疫情大流行之前就已明确,[5]但最近的多重危机不仅使现有的权衡更加突出,还产生了新的权衡(例如,限制能源价格上涨与通过支持降低租金来减轻其影响之间的权衡),[6]同时,危机也使得综合实施可持续发展目标所需的资源、知识和机构要素难以调动。[7]

迈向2030年中期,要使可持续发展目标的进程重回正轨,就需要采取变革性行动。要优先考虑那些具有协同效应并能为转型提供切入点,可以发挥相互联系作用,并能够权衡管理总体目标和具体目标的行动。机构一体化和政策一致性对于支持这些行动以及解决可持续发展目标相互依存的复杂性和规范性冲突至关重要。

可持续发展目标鼓励各国政府从相互关联的角度思考可持续发展问题,然而,在实践中,这种观点并不总能带来协同行动。[8]面对日益加剧的不确定性、不断减少的预算、相互关联的复杂风险、公众质疑和不满情绪增长等问题,各政府机构发现越来越难以通过自身行动履行可持续发展承诺,并且也难以确保政策制定和执行的一致性和协同性。各国政府需要领导和管理复杂的机构系统,加强政策统筹协调,以此推进可持续发展目标的长期变革行动。[9]

本章重点讨论在面临不稳定和不确定性、政策和政治解决方案的效力低下、合法性和问责制面临挑战以及多重危机的情况下,政府如何确定政策优先事项、加强协同以及进行政策权衡。报告认为,加强可持续发展目标的实施需要利用和扩大政策空间,[10]并将资源分配给对可持续发展目标影响最大的政策。需要在加强一体化和政策一致性方面做出新的努力,以发挥不同层面的协同增效作用,实现可持续发展目标所需的变革。

在本章中,多位国际专家探讨了在确定和利用可持续发展目标的相互依存性以及将相关政策和计划转化为可持续发展行动方面所面临的挑战,并提出了解决可持续发展目标一体化问题和现有障碍的可行方法。专家们提出的可行建议列于本章末尾。

妮娜·韦茨(Nina Weitz)在她的论文中探讨了如何才能更好地将明确可持续发展目标优先事项的有关政策举措与《2030年议程》的一体化性质保持一致,以及为什么明确优先事项有关政策举措是可持续发展目标取得进展的关键。卡琳·费尔南多(Karin Fernando)和蒂利尼·德·阿尔维斯(Thilini De Alwis)讨论了在国家层面管理相互竞争的政策优先事项所面临的挑战,并重点介绍了斯里兰卡最近为改善社会保护,在增强平等与经济增长之间的协同作用方面所做的努力。

富兰克林·卡雷罗-马丁内斯(Franklin Carrero-Martínez)、切瑞·默里(Cherry Murray)、E.威廉·科尔格拉齐尔(E. William Colglazier)和龟山惠美(Emi Kameyama)介绍了几个侧重于自然、社会、科学和技术交叉领域的案例研究,这些案例研究说明了,促进可持续发展目标实施的重点是要在利益相关者之间建立信任,从而加强科学与政策的衔接。卡塔丽娜·塔利(Catarina Tully)探讨了战略展望实践的最新进展及其如何能够支持政策的一致性和一体化。此外,她还提出了加快采用战略展望以推动可持续发展目标进程的设想。卡洛斯·爱德华多·卢斯托萨·达·科斯塔（Carlos Eduardo Lustosa Da Costa）、伊莎贝拉·玛丽亚·里斯本·布卢姆（Isabela Maria Lisboa Blumm）和西姆兰·丁格拉（Simran Dhingra）探讨了跨国网络和专业交流如何为可持续发展目标的实施做出贡献，强调在能力建设和协同方面采取无障碍和包容性方法的重要性。

罗尔夫·阿尔特（Rolf Alter）结合新冠疫情大流行的影响和可持续发展目标协调结构的演变，探讨了风险管理在支持可持续发展目标综合实施方面的潜在作用。拉克尔·费雷拉（Raquel Ferreira）、奥拉·马丁内斯（Aura Martínez）和胡安·巴勃罗·格雷罗（Juan Pablo Guerrero）探讨了将预算标记作为将预算与发展成果联系起来的一种方法，并指出这种方法目前存在的一些不足。奥马尔·A. 格雷罗（Omar A. Guerrero）和贡萨洛·卡斯塔涅达（Gonzalo Castañeda）通过定量分析，探讨了政府支出与发展成果之间的联系，讨论了确定可持续发展目标优先事项的经验教训。奥勒·F. 诺尔海姆（Ole F. Norheim）强调围绕可持续发展目标的政策选择建立合法性和共识的重要性，这同样也需要开放、审议和包容的进程。

本章接下来将对各种研究进行介绍，包括探讨利用可持续发展目标的相互依存性并将其转化为政策行动所面临的挑战，可持续发展目标相互作用的背景，以及科学、知识和分析工具如何支持可持续发展目标的一体化实施。最后，重点关注通过公共财政管理和机构方法加强可持续发展目标的系统实施。

2.2 利用可持续发展目标的相互依存性和协同增效作用，迎接2030年的到来

受新冠疫情大流行及全球危机影响，加快实现可持续发展目标变得尤具挑战性，但也极为紧迫。如今，《2030年议程》的实施比以往任何时候都更加依赖于利用各种可持续发展目标之间的协同作用（实现一个目标的进展支持实现另一个目标的进展）和限制它们之间的权衡（实现一个目标的进展阻碍实现另一个目标的进展）。

为确保在实现这一系列相互依存的目标方面取得进展，《2030年议程》需要采取政策一致性和机构一体化方法——这两种方法对于解决各目标之间固有的复杂性和规范性冲突至关重要。机构一体化是指通过合作机构和进程将可持续发展的不同层面结合起来。政策一致性是指在各部门和各级政府之间保持政策和战略的一致性和协调性，以确保相互促进，避免效率低下。《世界公共部门报告（2018）》较为详细地论述了一体化和政策一致性问题。[11]

2.2.1 认识可持续发展目标间的相互作用

自《2030年议程》通过以来，越来越多的研究聚焦于分析和认识可持续发展目标之间的相互依存关系。关于可持续发展目标相互依存关系的文献有助于更系统地描绘和认识目标层面的相互作用，也有助于更好地认识各种干预措施对可持续发展目标的影响。

本小节并未对不同的研究方法和路径进行详尽的探究，有关可持续发展目标相互依存性的最新文献综述，可参见卡梅伦·艾伦（Cameron Allen）、格拉谢拉·梅特尼希特（Graciela Metternicht）及托马斯·维德曼（Thomas Wiedmann）于2016年和2021年的研究，[12]安妮塔·布鲁尔（Anita Breuer）、汉娜·詹内切克（Hannah Janetschek）及达尼埃莱·马勒巴（Daniele Malerba）于2019年的研究，[13]特蕾泽·本尼奇（Therese Bennich）、妮娜·韦茨及亨里克·卡尔森（Henrik Carlsen）于2020年的研究，[14]洛伦佐·迪·卢西亚（Lorenzo Di Lucia）、拉斐尔·斯莱德（Raphael Slade）及贾米尔·汗（Jamil Khan）于2022年的研究。[15]这些研究凸显了与本章内容相关的一些研究要点，下文将对此进行讨论。

首先，目前的研究方法在考虑可持续发展目标相互依存关系的动态性和背景性方面有其局限性，

这对决策产生了影响。[16] 其次，虽然许多研究分析了可持续发展目标之间的相互作用，但侧重于确定行动优先事项的研究却十分有限。[17] 虽说不同的方法服务于不同的决策目的，但这些研究的结果往往既不具有可操作性，也不符合决策者的要求。虽然大多数国家都认识到各项目标和相关具体目标之间的相互依存性，但关于可持续发展目标的综合性质如何转化为具体行动的证明却较少。[18]

下表概述了用于分析可持续发展目标相互依存关系的方法，以及这些方法如何支持决策。

表 2.1 分析可持续发展目标相互依存关系的方法及其如何为决策提供依据

分析相互依存关系的方法	支持决策	选例来源*
自我评估 基于已有知识的可持续发展目标互动特征	• 范围界定	• 可持续发展目标影响评估工具（2021）
专家判断 由专家进行系统评估，说明可持续发展目标各项具体目标之间的关系	• 范围界定 • 优先次序	• 国际科学理事会（2017） • 白皮书（2015） • Weitz 等人（2015、2017、2018），以及瑞典、哥伦比亚和斯里兰卡等国的应用情况 • Collste, Pedercini 和 Cornell（2017） • 范索斯特等（2019）
文献分析 用于分析可持续发展目标相互作用的科学文献证据	• 范围界定 • 优先次序 • 确定替代品	• 罗伊等人（2021），关于需求气候缓解行动和可持续发展目标的系统文献综述 • 莱特-德阿尔梅达等（2021），系统绘制文献以评估可持续发展目标影响评估框架中的协同作用或权衡 • 能源项目（SDG-IAE 框架）
统计分析 基于历史数据，用于分析可持续发展目标各项具体目标之间关系的统计技术	• 优先次序 • 监测	• 普拉丹等（2017） • 克罗尔、瓦乔尔德和普拉丹（2019）
系统动力学（SD）建模 用于模拟干预措施对可持续发展目标长期影响的系统思维流动模型	• 范围界定 • 优先次序 • 确定和评估替代品	• 艾伦等（2020） • 模拟模型，如联合国（2017）对全球系统动态的长期预测
耦合成分建模（CCM） 基于计算机的模型，用于模拟不同时间和不同条件下各种情景对一系列可持续发展目标的影响	• 替代品评估 • 监测	• Guerrero 和 Castañeda（2019、2020、2021、2022），政策优先权推断计算模型，应用于国家和国家以下各级（墨西哥和哥伦比亚的实例） • OG-Core (2023)，长期基线，用于研究财政政策和人口对经济和人口的影响，并评估其他影响 • 在南非实施的政策

资料来源：作者基于 Lorenzo Di Lucia, Raphael B. Slade and Jamil Khan, "Decision-making fitness of methods to understand Sustainable Development Goal interactions", Nature Sustainability, vol. 5, No. 2 (February 2022), pp. 131-138; Anita Breuer, Hannah Janetschek and Daniele Malerba, "Translating Sustainable Development Goal (SDG) interdependencies into policy advice", Sustainability, vol. 11, No. 7 (January 2019), 2092, available at https://doi.org/10.3390/su11072092 写作；并且，第三列中包含了示例的来源。

*第2章《概况》末尾的特别参考资料提供了部分第三栏所列资料的完整引文。

2.2.2 可持续发展目标间相互作用的背景和动态性质

新冠疫情过后，围绕《2030年议程》和可持续发展目标相互作用的一些压力变得更加明显。新冠疫情大流行以及随之而来的封锁、劳动力市场转移、机构关闭、资金稀缺等危机，导致可持续发展目标绩效整体下降。[19] 在国家、地区乃至全球层面，各项目标进展的不对称和倒退是显而易见的；[20] 格雷罗和卡斯塔涅达在他们的论文和以前的研究中谈到了这个问题。据称，新冠疫情大流行对17项可持续发展目标中的12项产生了不利影响，有28个低收入国家不可能在2030年之前实现目标1—4、6或7。[21] 发展势头的丧失凸显了加强一体化和政策一致性对于推动可持续发展目标取得进展的极端重要性。[22]

可持续发展目标之间的相互依存关系是因地制宜和动态变化的。它们对具体环境很敏感，因地而异，因时而变。可持续发展目标的具体目标及其相互联系和相互作用的性质在很大程度上取决于地理环境、资源的可用性和分配、治理方法和优先事项，以及特定时刻的各种事件和情况。[23] 随着时间推移，权衡可能会转变为协同作用（例如，可持续发展目标13与可持续发展目标6、7、9、11和16之间的协同作用），[24] 在实施过程中也可能会出现与具体目标相关的新的权衡和挑战。预测表明某些目标（包括可持续发展目标1、3、7、8和9）可能会继续发挥相当大的协同作用，而其他目标（可持续发展目标11、13、14、16和17）之间则可能会出现权衡。[25]

对可持续发展目标之间的相互作用如何因新冠疫情大流行的影响而发生变化的分析十分有限。包括可持续发展目标1在内的一些可持续发展目标经历了重大逆转，这影响了它们与其他可持续发展目标的协同作用。[26] 不过研究表明，以前确定的一些可持续发展目标（包括目标1、3、4、5、6和7）之间的协同模式可能没有改变，并将继续为在当前形势下加强可持续发展目标的实施提供良好的切入点。[27]

预算分配和公共支出的变化表明，近年来可持续发展目标的优先事项可能发生了变化。2019—2022年，对可持续发展目标的公共投资发生了重大变化（往往是负面的），尤其是对实现人权具有协同作用和关键意义的投资，包括与教育和社会保护有关的投资。

新冠疫情大流行导致预算大幅修订，调动了更多资源，但教育系统几乎没有得到额外的财政支持。教育支出在国家预算中失去了重要性，特别是在中低收入国家。例如，2019—2021年，加纳的教育支出占政府支出的比例减少了4%，降至13.5%。总体而言，中低收入国家的教育支出份额从2019年的17%下降到2020年的15.9%，2021年略有改善，2022年再次下降（低于2019年的水平）；有14个国家未达到教育支出的任何国际基准（仅占国内生产总值的4%—6%或政府总支出的15%—20%）。[28]

此外，教育部门在发展援助中所占份额从2019年的11%降至2020年的9.7%，为五年来的最低水平。[29] 资金的重新分配可能会对低收入国家与高收入国家之间的学习成果差距产生长期影响。[30] 在公共开支总额减少、财政压力增大的情况下，可能无法挽回学习损失。

其他可持续发展目标也有类似的趋势。为应对紧急情况，许多国家增加了对卫生和社会保护的支出，但世界上一半的低收入和中等收入国家削减了卫生和社会保护支出，导致不平等加剧。[31] 乌干达的社会保护支出占总支出的比例，从2019年的8.4%降至2021年的1.2%，肯尼亚的社会保护资金占总预算的比例，从2019年的26.49%降至2022年的23.05%。[32] 一些国家一直致力于改善社会保护。例如，哥斯达黎加长期保持较高的社会支出水平，蒙古国在2018—2020年将社会保护支出比例从21.27%增至29.24%。[33]

2.2.3 研究可持续发展目标的相互作用，确定目标和行动的优先事项

在有关《2030年议程》的讨论中，政策优先

事项的选择往往被搁置一旁，因为这有可能破坏可持续发展目标的相互依存性。一些国家可能会优先考虑某些可持续发展目标，以使现有的政策优先事项合法化。[34] 在新冠疫情大流行之后，随着各国为实现其他目标而牺牲一些特定目标和具体目标，可持续发展目标完整性面临的风险可能会增加。近年来，许多社会变得更加两极分化，例如，仅关注经济增长以促进大流行病的恢复的决定，可能会导致对其他可持续发展目标的负面权衡，从而更难促进可持续发展各方面的一致进展。[35] 卡琳·费尔南多和蒂利尼·德阿尔维斯的文章对如何发挥协同效应，促进经济复苏进行了探讨。

在实施可持续发展目标的过程中，由于各国的资源有限，发展需求各不相同，确定优先事项是不可避免的。此外，确定优先事项时，要认识到围绕不同政策目标和追求这些目标的利益相关者[36] 在政治、规范和合法性方面的固有冲突。确定优先事项也有助于创新政策机制的确定，从而推进在实现具体发展成果和多个协同目标方面取得进展。[37]

在可持续发展目标实施期的后半段，确定特定目标和具体目标的优先次序有助于发挥协同作用，加快《2030年议程》的进展。根据各国的挑战和发展需求，结合《2030年议程》的综合性质选择可持续发展目标的政策优先事项，有助于提高实施的有效性，推动可持续发展目标整体进展。

各种研究提出了一系列确定优先事项的标准，包括紧迫性、系统性影响、政策差距、公民或专家的看法以及预算拨款的回报。[38] 一种切实可行的方法是，根据特定国家或国家集团内部的权衡和协同作用，确定政策优先次序和资源分配的具体情况。[39] 例如，低收入国家可能从减贫中获益最多，而优先考虑应对气候变化和不平等问题的综合战略，可能最有助于高收入国家取得进展。[40] 这种方法使各国能够确定可持续发展的切入点，并且能够评估关键政策和投资如何有助于实现这些成果和广泛的可持续发展目标。

在特定的国情下确定优先切入点（例如，减贫和教育或者去碳化和不平等），可以更容易地解决决策中的相互联系和权衡问题。[41] 在实施已确定的优先事项时，各国政府可以将重点放在明确与这些优先事项相关的主要协同作用和权衡因素上，并明确如何在保证其他领域的进展不受影响的情况下，利用它们取得更广泛的成果。这就降低了可持续发展目标的复杂性，为推进《2030年议程》提供了一个更简单、更综合的框架。

2019年和2023年版《全球可持续发展报告》提出的六大切入点框架，[42] 可帮助各国确定与可持续发展目标优先事项有关的关键转变。例如，澳大利亚对这些切入点及其相互作用进行综合建模后发现，近期危机带来的机遇，加上现有的政策干预和对气候行动的长期投资，可以加快可持续发展目标的进展。[43] 格雷罗和卡斯塔涅达的论文指出，计算机模型之所以能够支持这些工作，是因为它们扩大了对政策优先事项和预算分配影响的分析能力。[44]

正如韦茨所强调的那样，用于确定国家可持续发展目标优先事项的标准、程序和工具，以及所涉及的权衡和协同作用都应是透明的。在确定优先事项之后，关键是要加强机构整合和政策协调，以支持可持续发展目标的实施。例如，可以通过加强各部门和各级政府之间的协调以及与多个利益相关方的合作来实现这一点（如阿根廷、博茨瓦纳、牙买加和菲律宾报告的情况）；在许多国家，需要加强这些关键要素来推进可持续发展目标进程。韦茨的论文提供了这方面的具体例证。

2.2.4 可持续发展目标的综合实施

系统地了解可持续发展目标之间的相互依存关系，对于推动可持续发展目标的综合实施至关重要，因为这种综合实施对各国国情和确定政策优先事项的需要十分敏感。[45] 然而，关于可持续发展目标相互依存性和政策一致性的观点，尚未纳入关于可持续发展目标实施情况的国家报告之中。[46] 如在2019年和2020年，各国在自愿国别审查中很少提及权衡问题。[47] 2021年，在41份自愿国别审查中，只有1/4提到了政策一致性。这可能表明各国尚未能认识到并解决可持续发展挑战的综合性质，以及在当前背景下实现《2030年议程》雄心所需的变革。[48]

总的来说，关于机构分散、相互依存和一体化，如何在不同的国家背景下以及不同部门和各级政府中发挥作用的探索十分有限。同样，关于如何将对可持续发展目标的系统理解转化为实际政策行动的探索也很少。

最近对可持续发展目标的影响进行的一项分析（基于对3 000多项研究的元分析）发现，各国政府在实现可持续发展目标实施政策的一致性方面没有取得重大进展。[49]大多数国家的政府承认可持续发展目标中的权衡和协同作用，但在加强机构一体化和政策协调方面仍有很大进步空间。迄今为止，将可持续发展目标纳入国家战略和计划，并未促进跨部门机构制定实际政策和计划。[50]正如阿尔特所指出的，公共行政中存在风险管理系统，但这些系统通常没有被整合进入实施可持续发展目标的协调机构之中。[51]

目前尚不清楚体制变革能否促进一体化和一致性的加强。韦茨以2021年和2022年自愿国别审查综合报告中的实例为基础，重点介绍了各国如何在报告中确定优先事项，及其为改善协调、政策一致性和一体化所做的努力。正如她在文章中指出的，需要进行独立评估，以评估所采取的制度措施是否更加系统化的确定和实施优先事项。正如专栏2.4所强调的，外部审计可以在这方面提供帮助。

虽然政府实体利用协调机制可能会提高政策的一致性，但有一些障碍和挑战可能会破坏这方面的进展，包括官僚主义障碍、有限的政治意愿、可持续发展目标所有权的减弱以及短期议程的优先化。[52]《2030年议程》能否应对这些挑战，将决定其实际影响效力。因此，在实施过程中，国家需要考虑对可持续发展目标相互依存性的系统理解，以帮助确定优先事项和努力推进政策的一致性和一体化。联合国在综合国家筹资框架（INFFS）方面的工作，为各国应对这些多方面的挑战，加强可持续发展目标各部门的政策一致性，提供了切实可行的指导。[53]

2.3 综合实施可持续发展目标的背景因素

全球、地区和国内条件不仅影响国家行为者如何制定政策优先事项，还影响其是否有能力实现某些可持续发展的具体目标，更影响其如何有效地实施这些目标。[54]在新冠疫情大流行之后，一些全球和地方背景因素变得更加重要，其中包括繁荣程度下降、贫困和不平等加剧、安全和技术威胁、与有限资源和财政空间相关的国内挑战、数据和能力限制，以及治理水平削弱。这些因素相互交织，凸显了可持续发展挑战的复杂跨部门和跨国性质。

新冠疫情大流行和俄乌冲突的影响使全球在消除贫困方面的进展停滞不前。[55]通货膨胀、粮食和能源价格上涨导致贫困加剧，2020年有9 300万人陷入极端贫困，所有国家的收入都在减少。[56]同时，为应对新冠疫情大流行而提供的社会保护也存在差距，扩大了各国之间的收入差距，加深了社会不平等。[57]此外，结构性和系统性歧视也在加剧，导致妇女权利在全球范围内出现倒退。[58]

随着多边主义的削弱、国家间战略竞争的加剧（包括在网络空间等新领域），以及气候变化和自然灾害、生物事件和错误信息的威胁升级，全球安全形势发生了变化。[59]要应对这些威胁，就必须促进和加强国家行为者与包括私营部门在内的非国家行为者之间的合作。

在过去几年里，数字技术和其他技术取得了重大进展，其中许多进展是由应对新冠疫情大流行相关挑战的迫切需要而推动的。[60]这些发展虽然在很大程度上是积极的，但也涉及风险，可能会造成或加强现有的政策权衡（包括与不平等有关的权衡），可能需要进行国际合作并改变国内政策，以使各国政府能够充分利用数字进步的潜力。[61]

在国家和地区层面，资源限制使政策难以协调一致。需求的增长和资源的减少影响了国家在可持续发展目标的融资能力。[62]新冠疫情大流行引起的支出增加和税收减少，加剧了许多国家财政道路的不可持续性，导致债务增加，进一步限制了财政空间。[63]这些趋势在区域一级也很明显。例如，由于国家债务负担沉重、经济多样化程度低，以及缺乏可持续的发展资金，使得财政空间受到挤压，这无疑限制了政府抗击通货膨胀的政策选择，并破坏了整个加勒比区域的一致性。[64]

治理原则的搁置、对民主机构的信任度下降、政治两极分化，以及公民空间面临的挑战，削弱了可持续发展目标政策选择在国家层面的合法性。1980—2021年，民主国家的数量停滞不前，制度创新仍然有限，向专制方向发展的国家数量，是向民主方向发展的国家数量的两倍多。[65]根据世界公民参与联盟（CIVICUS）的监测，2022年全球仅有3.1%的人生活在开放的公民空间中。[66]对专制领导的积极看法也有所增加，2021年世界价值观调查的52%的受访者倾向于这一方向。[67]

各国可能缺乏评估可持续发展目标相互依存关系的分析能力和工具，也缺乏确定可持续发展目标政策目标优先次序的框架。[68]政策和规划进程可能会受到数据有限或利益相关方投入不足的阻碍。例如，由于非国家行为者的参与有限，印度尼西亚在制定长期愿景和目标方面面临挑战。[69]

包括外部冲击在内的全球因素会影响国家层面的可持续发展目标政策选择。安全保障与个人自由之间的权衡，需要制定监管对策和采用新的监测技术，但技术的发展速度可能跟不上技术解决方案的设计（见第1章）。[70]因此，各国需要完善国家创新战略和体系，并将其纳入可持续发展计划。[71]

各国政府在控制货币通货膨胀和社会政策方面也面临困难的选择，缓解措施往往涉及减少社会支出。因此，迫切需要优先考虑制定保障财政可持续性的长期战略，包括改变财政规则、税制改革，以及优化支出和收入等，这可能涉及对资助的活动和方案进行重大权衡。国际货币基金组织的分析工作提供了一个框架，帮助决策者考虑这些权衡并做出明智的政策选择。[72]

目前正在开展协同努力，以解决不平等问题并在可持续发展目标方面取得进展，特别是在贫困、生产性就业、卫生和教育等关键领域；但是，许多国家围绕这些努力还存在重大争议。如专栏2.1所示，围绕新冠疫情大流行应对措施的备选方案凸显了许多国家健康与社会经济权利之间的紧张关系。虽然这些权衡有时会引起争议，但也促进了创新，正如费尔南多和德阿尔维斯针对斯里兰卡案例所做的分析。

专栏2.1　在应对新冠疫情大流行时，权衡健康权与社会经济权：以马拉维为案例[a]

新冠疫情大流行迫使各国政府做出影响其人民健康、财富和自由的艰难选择。[b]各国政府必须在保护健康与经济稳定中，做出艰难的政策权衡；在许多国家，政策制定者实行全国封锁和旅行限制，以减少病毒的传播，导致严重的经济衰退。[c]截至2020年3月底，全球有100多个国家实行了全面或部分封锁。[d]

世界卫生组织于2020年3月11日宣布新冠疫情为全球大流行病，马拉维时任总统于3月20日根据《备灾和救灾法》第32条宣布国家进入灾难状态。[e]4月1日，政府成立了冠状病毒内阁特别委员会，由卫生部部长担任主席。4月13日，当新冠疫情大流行病例达到16例，并有2人确诊死亡时，特别委员会宣布，根据《公共卫生法》第31条，由政府发布新冠疫情大流行规则，将实施21天的封锁以遏制病毒。[f]

4月17日，两名马拉维公民联合人权联盟和宗教组织，以封锁会严重影响公民社会经济地位为由，申请司法审查，以阻止政府实施封锁。[g]此外，还有另一名公民单独提出司法审查申请，随后两个案件被合并审理。

申诉人质疑封锁的合宪性，理由是颁布的公共卫生规则没有得到《国家宪法》第58条要求的议会监督。此外，申诉人还声称，此次封锁时并没有宣布紧急状态，但宣布紧急状态本是实施封锁的必要条件，因为这一决定涉及对公民基本权利的实质性削弱。(h)申诉人还辩称，封锁将给马拉维人带来经济负担，因为封锁没有同时采取支持边缘化群体的社会保护干预措施。(i)

在公开听证会之后，负责处理宪法问题的高等法院裁定，封锁是违反宪法的，限制了基本权利，如经济活动权（工作和追求生计的权利）和受教育权。(j)法院指出，新冠疫情大流行规则规定的封锁，所造成的权利限制超出了宪法允许范围。(k)由于法庭的规定，封锁被搁置了。

对封锁合法性的这一质疑以及随之而来的司法裁决在该地区属于例外情况。多种因素影响着政府在危机时期如何进行政策权衡，以及公民如何对政府采取的政策选择做出反应；就马拉维而言，这些因素包括法治的力量、公民参与的程度以及民间社会的作用和参与。

资料来源：（a）由来自联合国经济和社会事务部公共机构和数字政府司的初级专业人员Jessie Kalepa撰写；（b）Ole F. Norheim and others, "Difficult trade-offs in response to COVID-19: the case for open and inclusive decision making", Nature Medicine, vol. 27, No. 1 (January 2021), pp. 10–13, available at doi: 10.1038/s41591-020-01204-6;（c）Daniel Dunford and others, "Coronavirus: the world in lockdown in maps and charts", BBC News, 7 April 2020, available at https://www.bbc.com/news/world-52103747;（d）同上；Vibhuti Mendiratta, Olive Nsababera and Hannah Sam, "The impact of COVID-19 on household welfare in the Comoros: the experience of a small island developing State", World Bank Policy Research Working Paper No. 9964, available at https://documents1.worldbank.org/curated/en/349051646942786069/pdf/The-Impact-of-Covid-19-on-Household-Welfare-in-the-Comoros-The-Experience-of-a-Small-Island-Developing-State.pdf;（e）High Court of Malawi, Constitutional Reference No. 1/2020: case of Esther Cecilia Kathumba and 4 others versus the President of Malawi and 5 others, available at https://malawilii.org/akn/mw/judgment/mwhc/2020/29/eng@2020-09-03/source;（f）同上；（g）Zodiak Broadcasting Station in English, available at https://www.zodiakmalawi.com/；也可参见 https://pknewspapers.com/malawi/english/zodiak-broadcasting-station.html;（h）High Court of Malawi, Constitutional Reference No. 1/2020 (case of Esther Kathumba and others versus the President of Malawi and others)；也可参见 Malawi's Constitution of 1994 with Amendments through 2017, available at https://www.constituteproject.org/constitution/Malawi_2017.pdf?lang=en;（i）High Court of Malawi, Constitutional Reference No. 1/2020 (case of Esther Kathumba and others versus the President of Malawi and others);（j）同上;（k）同上。

2.4 科学政策互动机制在支持可持续发展目标综合行动方面的重要性

新冠疫情大流行既对科学政策互动机制（SPI）提出了挑战，也肯定了其重要性。一些科学贡献对应对大流行病至关重要，并被广泛接受和纳入国家政策；[73]然而，正如诺海姆的文章所强调的，在许多情况下，科学界发挥的作用受到质疑，科学建议和基于证据的政策选择容易被忽视。

要最大限度地发挥可持续发展目标之间的协同增效作用并减少其间的权衡取舍，就必须推动科学政策互动进程，促成决策者与科学界之间的合作。[74]这种合作应建立在富有成效的交流和共同创造知识的基础上，为可持续发展目标的实施提供信息，并提高政策决定的合法性和有效性。正如卡雷罗-马丁内斯等人在对本章论文中所指出的，政策互动机制不仅可以促进可持续发展目标的政策一致性，还可以增强对科学的信任。促进科学界和决策者之间交流的各种策略，已经在不同类型的政策互动机制框架中正式确定。[75]

在此背景下，涉及两个相关问题：一是需要什么样的科学方法和能力来帮助决策者解决可持续发展目标的相互依赖关系和改善政策的一致性；二是政策互动机制的哪些体制形式或模式可能特别有利于提高这种能力。本章的论文意在回答这些问题。如塔利探讨了如何使用战略预见来指导可持续发展目标的实施。卢斯托萨·达·科斯塔、里斯本·布卢姆和丁格拉思考了网络作为一种制度化的政策互动机制，弥合研究与决策之间的差距和确保包容性能力建设方面的益处。诺尔海姆和卡雷罗-马丁内斯等人也强调了包容性协作过程的重要性。

2.4.1 为落实可持续发展目标提供科学支持

科学界可以帮助决策者将有关可持续发展目标相互作用的知识和证据转化为更连贯和更综合的政策实施。促成政策相关知识的共同生产，完善为政策制定提供决策信息的体制机制，以及建立确保透明度、促进合作的指导原则与政策，这些都是至关重要的因素。[76]

科学能够以不同方式支持可持续发展目标的综合决策。它可以提供预警，并支持识别、避免和控制风险。[77]科学可提供分析方法和工具，帮助各国政府了解可持续发展目标的相互联系，并从长远角度评估权衡和协同作用（例如，使用联系和系统思维、权衡分析、行为科学和战略预见）。[78]

科学还可以用来帮助综合证明，使政策制定者和倡导者能够制定政策问题，并使政策优先事项合法化。[79]例如，在可持续发展目标的相互作用方面，有经验依据表明，对可持续发展第16治理目标进行投资，可以减少贫困和不平等。因为参与度、社会包容与减少贫困正相关，而更高的透明度和问责制则有助于改善社会基本服务，实现社会保障目标。[80]

其中一些方法有助于参与进程和利益相关方的接触。更具包容性的知识生成和共享，可以为明智决策提供所需的专业知识。例如，人们越来越重视将地方和地区知识纳入可持续发展目标的科学政策界面（见专栏2.2）。[81]在卡雷罗-马丁内斯等人提供的资料中也列举了参与进程的几个例子。

专栏2.2　将传统知识纳入科学政策互动机制[(a)]

在促进保护、确保森林的可持续管理、保护生物多样性和应对气候变化（可持续发展目标13和15）的努力中，保护科学往往是主导力量。保护科学通过建立保护区来支持空间保护。然而，这可能会侵犯《联合国土著人民权利宣言》（Declaration on the Rights of Indigenous Peoples）中土著人民的领土和文化权利。虽然土著人民保护着地球上80%的生物多样性，[(b)]但他们只对世界上18%的土地面积拥有合法权利。[(c)]承认并尊重土著人民作为土地看护人的作用，使他们能够参与自然资源的保护和管理，并最终因使用其传统知识（例如用于私人目的）而获得补偿。

传统知识包括"土著人民在农业、环境管理、艺术和语言方面的创新和实践"。[(d)]土著知识对于确定需要保护的优先领域、确保保护土著生活方式和粮食安全以及减缓气候变化十分必要。对传统知识的赞同与欢迎，为可持续发展目标的权衡、协同增效和代际公平创造了空间，因为土著人民在决策时会优先考虑子孙后代。

加拿大大自然保护协会（Nature Conservancy of Canada）与克里族政府（Cree Nation Government）之间建立的伙伴关系，展示了如何利用传统知识和保护科学，为尊重土著权利的保护政策提供决策信息。大自然保护协会（The Nature Conservancy）和克里族政府共同确定了具有"生态和文化意义"的土地区域，并根据加拿大的全球保护承诺，通过协商、灵活和有效的合作来完善保护区的边界。[(e)]这个例子说明，纳入土著传统知识有助于承认土著人民的权利，有助于保护生物多样性和减缓气候变化。

资料来源：（a）由来自联合国经济和社会事务部公共机构和数字政府司的实习生Kiana Schwab撰写；（b）Gleb Raygorodetsky, "Indigenous peoples defend Earth's biodiversity—but they're in danger", National Geographic, 16 November 2018, available at https://www.nationalgeographic.com/environment/article/can-indigenous-land-stewardship-protect-biodiversity-;（c）Morgan Erickson-Davis, "'Catastrophic failure': world's indigenous communities lack rights to 75% of their land", Mongabay Environmental News, 2 October 2015, available at https://news.mongabay.com/2015/10/catastrophic-failure-worlds-indigenous-communities-lack-rights-to-three-quarters-of-their-land/;（d）Tom Kwanya, "Indigenous knowledge and socioeconomic development: Indigenous tourism in Kenya", in Knowledge Management in Organizations: 10th International Conference, KMO 2015, Maribor, Slovenia, August 24–28, 2015—Proceedings, Lecture Notes in Business Information Processing, vol. 224 (August 2015), Lorna Uden, Marjan Heričko and I-Hsien Ting, eds. (Springer), available at doi: https://doi.org/10.1007/978-3-319-21009-4_26;（e）环境合作委员会, "Partnerships in indigenous-led land-use planning for an environmentally and economically sustainable future", 北美环境社区行动伙伴项目, available at http://www.cec.org/north-american-partnership-for-environmental-community-action/napeca-grants/partnerships-in-indigenous-led-land-use-planning-for-an-environmentally-and-economically-sustainable-future/(accessed on 8 November 2022)。

2.4.2 利用战略远景规划和类似方法支持政策的一致性

有多种基于科学的方法、工具和实践可以帮助加强可持续发展目标的政策一致性和一体化（见表2.1）。尤其是在新冠疫情大流行和气候危机的背景下，战略远景规划作为分析外部冲击影响和确定长期政策备选办法的有效框架，受到越来越多的关注。[82]

正如塔利在文章中所描述的，战略远景规划可以在不同的情况下，以不同的方式促进可持续发展目标的政策一致性。[83]它可以帮助各机构评估和管理与不同政策选择有关的风险，从而做出明智的选择，加强协同作用，以实现长期目标。[84]战略远景规划还有助于将代际视角引入决策，让多方利益相关者参与战略规划，有助于调动多种投入，建立共同愿景或对政策问题的共同理解，并增强利益攸关方之间的信任。这些要素有助于促进一体化和机构合作。

现有的战略远景规划工具种类繁多，包括代际公平评估、参与式远景规划和跨代对话，以及建立远景规划生态系统和后代机构等。[85]塔利介绍了利用这些工具支持可持续发展目标的一体化和政策协调的一些经验。

政府和其他国家实体已开始将战略远景规划制度化，并进行能力建设，以推动可持续发展。[86]例如，菲律宾参议院[87]设立了可持续发展目标、创新和未来思维委员会，将战略远景规划纳入与可持续发展有关的政府行动。该委员会利用未来思维和战略远景规划来探索不同部门的前景和解决方案，包括教育、卫生、食品安全和基础设施部门。

最高审计机构也在其对政府政策的独立评估中纳入了战略远景规划。[88]美国政府问责局展望中心利用战略远景规划来分析各种趋势，及其对包括可持续发展在内的各个政策领域的影响，突出不确定性的驱动因素，并确定可能出现的情况和政策影响。[89]

所提供的案例肯定了基于科学方法的价值，但这些方法在实际操作层面中仍存在差距。如在执行和支持各国实施可持续发展目标、帮助决策者了解可持续发展目标的相互作用，以及提供识别、评估和优先考虑政策所需工具和证据等方面。

此外，虽然战略远景规划和类似方法可用于让利益攸关方参与共同愿景，但非国家行为体尚未在同等程度上利用这些能力。一些倡议正在试图弥补这一差距。例如，英国的民间社会展望观察站（Civil Society Foresight Observatory）旨在通过优先考虑人民和社区的成果和预期知识，为民间社会组织参与战略远景规划创造机会。[90]

2.4.3 可持续发展目标的体制形式和进程

鉴于这些挑战，有必要分析清楚战略远景规划如何才能更好地支持可持续发展目标的政策连贯性和一体化，以及哪些体制形式和进程有利于建设实施可持续发展目标的能力。虽然全球可持续发展指标提供了气候变化等关键领域的前沿知识和证据，但可持续发展指标的增加也可能导致碎片化，并破坏国家层面可持续发展目标的一体化实施。

在复杂背景下，采取变革性行动推进可持续发展目标具有紧迫性，这凸显了在处理科学与决策之间关系时所面临的挑战。政府机构需要管理现有知识，并利用新的知识来源（包括土著人民、当地社区、民间社会和青年）。同时，政府机构还需要相关、易于使用的方法和工具及可操作的成果，扩大的知识体系，为可持续发展目标的实施提供决策信息。

提高对决策者需求的响应能力，可能需要更加注重共同制定包容性替代方案，并促进能力建设工作。首先，迭代式共同开发或共同生产研究成果会带来更有力、更合法的产出，并有助于弥合证据、决策和实践之间的差距。[91]此外，这些方法还有助于使研究人员和用户，在方法和工具方面的观点和优先事项更加一致。[92]专栏2.2和卡雷罗-马丁内斯等人的贡献提供了协作包容性经验的案例。其次，正如韦茨所强调的，政策制定者可以通过能力建设和分享，使用现有基于科学方法和工具（包括系统思维、战略远景规划和相互依赖关系的分析）来实现可持续发展目标。

确定和规划可持续发展目标政策一致性所需的战略远景规划能力至关重要，因为在实施可持续发展目标方面，具有不同经验的公共实体会有不同的能力需求。正如卢斯托萨·达·科斯塔、里斯本·布卢姆和丁格拉的文章表明，政策互动机制的某些制度形式，如网络和其他合作机制，可以为加强能力发展和确保采用包容性的能力发展方法提供制度空间。本概况2.6进一步阐述了能力发展。

2.5 通过公共财政管理支持可持续发展目标的综合实施

加强公共财政管理系统，提高公共支出的效率、效力和公平性，对于实现可持续发展目标的协调一致和协同实施至关重要。由于许多国家的国内收入不断减少，债务负担日益加重，财政空间不断缩小，各国政府在努力推动可持续发展目标的实施过程中面临着严峻的政策权衡。一些国家，尤其是国内资源有限的国家，可能会将可持续发展目标方面的投资和公共开支置于次要地位。[93]

资源限制和支出效率低下将加剧资金缺口，不利于可持续发展目标的实现。鉴于许多国家的财政能力有限，调动额外资金用于具体的可持续发展目标可能比较困难[94]（据最近估计，低收入国家需要额外增加10个百分点的GDP，新兴市场经济体需要额外增加2个百分点的GDP）。提高公共支出的效率将有助于加强可持续发展目标的实现，同时减少对额外支出的需求。[95]扩大财政空间的政策选择——包括增加收入来源、缩小预算拨款与实际支出之间的差距、提高创收和预算执行方面的财政透明度，以及实施债务管理新方法——为可持续发展目标的协同支出提供可持续资金。[96]例如，巴巴多斯制订了一项国家债务重组计划，其中考虑到气候变化的风险，确保为生物多样性提供可持续的资金。[97]

在跨国基础上了解公共开支与实现可持续发展目标之间的联系，有助于找出效率低下的主要原因，并激励各国采取进一步行动，提高可持续发展目标的实施效果。[98]还需要了解具体国家融资情况下的融资需求、资金流动、风险和制约因素。研究发现，公共支出与可持续发展目标绩效之间存在非线性关系。因此，关键是要确定额外公共开支对绩效的影响，以及查明哪些领域可能因为结构瓶颈而使额外投资效果有限，这些领域需要进行长期的体制改革。[99]这可以揭示出公共支出和重大投资在哪些方面，能够与其他可持续发展目标产生协同效应或相互权衡，并有助于推进《2030年议程》中具体优先事项的实现。

与模拟建模相结合的计算模型、情景和路径方法有助于支持这些工作，但也应根据不同情况和当地能力对其进行调整，以发挥其潜力。例如，计算模型发现，与清洁空气有关的环境问题可以通过投入额外预算得到大幅改善，而与可持续发展目标14和15有关的其他问题，则需要提高方案的有效性。[100]同样，与可持续发展目标16相关的制度杠杆对于提高管理效率非常重要，并对可持续发展目标14的结果产生积极影响。[101]

在国家层面，澳大利亚和斐济的国家模型研究发现，由于公共和私人支出及收入情况的不同，可持续发展目标在不同情况下的表现也不尽相同，如在斐济，扩大投资将使该国在可持续发展目标方面取得83%的目标进展，但如果没有大量资金支持，目标进度可能无法实现。此外，在增加农业产出和改善营养（目标2和8）与确保可持续鱼类资源（目标14）之间，可能无法克服长期存在的权衡问题。[102]澳大利亚的可持续发展方法，是基于经济、社会和环境的权衡，并不是只关注经济增长，这一方法将带来最佳的可持续发展目标绩效。但考虑到投资回报递减，即使是表现最好的可持续发展目标，在缩小差距以全面实现可持续发展目标上仍然面临挑战。[103]

监测预算执行的效率以及政府是否按照预算计划支出实际资金，这对实现可持续发展目标的绩效至关重要，并可衡量政府预算的总体可信度。可持续发展目标16通过一个专门指标（16.6.1）认识到预算可信度的重要性。新冠疫情大流行导致预算中断，影响了总支出；在一些地区，2020年和2021年实际预算与计划预算之间的平均偏差高于前几年，这表明紧急情况导致政策优先事项发生了变化。[104]在欧洲和中亚，有一半以上的国家预算超支15%以上。然而，其他地区的大多数国家支出不足；在东亚和太平洋地区，一些国家支出不足在10%以上，南亚国家平均支出不足在20%—30%，拉丁美洲和加勒比以及撒哈拉以南非洲的大多数国家也有不同程度的支出不足。[105]

这些模式对可持续发展目标的绩效具有影响。2018—2020年，对14个国家与10个可持续发展目标相关的7个政策领域的研究表明，在预算执行期间，政府往往会减少教育、社会保护、水、农业和环境部门的支出份额（相对于总预算）。[106]这不仅影响到这些可持续发展目标的实施绩效，也影响到相关目标和具体目标的实施绩效。

提高公共开支效率的机会很多。可持续发展目标的通过就是这样一个机会，因为它推动制定了可能支持综合实施可持续发展目标的筹资和预算编制倡议。例如，联合国正在支持70多个国家制定综合国家融资框架（INFFS），为可持续发展目标筹集资金，并加强筹资政策的一致性，及其与国家优先事项的一致性。[107]综合国家融资框架为制定筹资战略和相关筹资政策、资源调动工作和治理框架提供了一个框架，使各国能够将其筹资政策（从税收到投资和发展合作）与可持续发展战略和可持续发展目标相协调。关于它们如何影响可持续发展目标预算拨款的证据仍然有限。

可持续发展目标和相关具体目标具有相互依存和贯穿各领域的性质，因此很难跟踪可持续发展目标的支出情况。不过，一些国家（包括阿根廷、哥伦比亚、丹麦、芬兰、墨西哥和菲律宾）已经制定了将预算与可持续发展目标联系起来的方法。[108]更多的国家（包括澳大利亚、加拿大和新西兰）也在采用福利预算来支持可持续发展目标的支出。[109]诸如此类的进展可以帮助各国政府确定相互关联的政策领域对具体目标和指标进展的贡献。一些国家（如阿富汗和加纳）正越来越频繁地报告可持续发展目标预算的执行情况，以及这种预算如何支持可持续发展目标的进展。[110]费雷拉、马丁内斯和格雷罗在他们的文章中讨论了可持续发展目标预算编制的优势和局限性。

各国政府可通过将预算与可持续发展目标、国家监测和绩效框架挂钩，来提高政策的连贯性并加强问责制。[111]协调一致的预算可以解决预算分配之间的冲突或重叠，从而提高公共预算的使用效率。[112] 一个限制因素是，许多国家几乎尚未开始将可持续发展目标纳入其预算计划编制过程。此外，在将公共实施与可持续发展目标结合方面，目前尚缺乏广为接受的一般准则和方法，而且信息的质量也参差不齐。[113] 有些方法可能更善于查明积极的支出贡献，而不是说明对相关方案的消极影响。[114] 还应当指出，将预算拨款与发展目标联系起来的改革一般没有为决策提供信息。例如，关于哥伦比亚通过预算标记产生的信息如何为行政和立法部门与民间社会之间的政策对话提供信息，或它如何影响预算编制，目前几乎没有证据（见专栏2.3）。[115]

预算信息有助于利益相关者倡导和支持可持续发展目标的综合实施。理想情况下，主动公布专

> **专栏2.3　可持续发展预算编制：哥伦比亚的经验**
>
> 　　哥伦比亚制定了方案，以监测贯穿各领域的可持续发展问题和可持续发展目标的预算分配和执行情况。2019年第1955号法律发布《2018—2022年国家发展计划》，(a) 授权财政和公共信贷部以及国家规划部制定一套方案，以跟踪性别平等、建设和平与少数民族融合方面的跨领域支出类别，从而确定与这些优先事项有关的目标和指标，以及相关的预算分配和实际支出。
>
> 　　该法律还规定，必须向国会提交关于性别平等、建设和平的交叉支出类别年度报告，并在提交国会供立法讨论的年度拟议预算中，写入具体数字的情况附件。年度报告需要在财政和公共信贷部提交年度预算时提交。这些报告为包括公平问题特别委员会在内的一些特别立法委员会的讨论提供决策信息。
>
> 　　根据这一经验，财政和公共信贷部与国际伙伴合作，对169个可持续发展目标和232个指标采用了可持续发展目标预算编码和标记方法。(b) 该方法考虑了可持续发展目标各项具体目标之间的相互联系，并为每个主要目标确定了多达5个可能的补充或相关目标。国际合作伙伴还支持应用政策优先推断方法，(c) 根据当前的预算分配确定可持续发展目标的预期进展。结果表明，43%的指标到2030年可以实现，16%的指标需要10年以上的时间才能实现，40%的指标需要20年以上的时间才能实现。
>
> 　　机构分散一直是这些工作面临的挑战。国家规划部负责规划，而预算立法以及预算执行的监督和报告则属于财政和公共信贷部的职权范围。关于可持续发展目标预算编制和跨领域预算指标的工作需要两个实体之间的持续协调和共同努力。横向协调也是从不同公共实体和部门收集有关跨领域问题的预算执行情况的关键。人员轮换有时也会妨碍这些工作。公共财政管理部门间委员会的成立有助于防止工作重复，并提高数据的互操作性。与各实体的持续沟通，以及对公职人员进行横向方法培训至关重要。在每个实体内都指定联络中心，这也有助于加强协调，向国会提交年度报告也鼓励政府官员收集所需的资料。
>
> 　　财政和公共信贷部正努力在2023年公开这些数据，包括建立一个数据可视化仪表板。该部还致力于将预算执行与可持续发展目标的进展联系起来，为此，他们开展了一项与气候融资有关的试点工作。(d) 进一步推进这项工作的另一种方法是将领土层面充分纳入方法，包括在次国家一级分配和支付的所有公共资源。
>
> 　　哥伦比亚在次国家一级做出了类似努力，将预算与发展优先事项挂钩。例如，波哥大首都区正在努力整合与性别、青年、少数民族和边缘化群体等有关的跨领域预算项目。市政府还为目标群体开辟了参与空间。

资料来源：基于2022年12月与哥伦比亚财政部和公共信贷部代表以及以下来源进行的访谈：(a) 区域发展规划监测机构，Law 1955 of 2019 of Colombia (Spanish), available at https://observatorioplanificacion.cepal.org/en/regulatory-frameworks/law-1955-2019-colombia-spanish；(b) 可持续发展目标联合基金，哥伦比亚综合国家融资框架和联合国开发计划署，"Alineación de presupuestos públicos y otros flujos a ODS: hacia una taxonomía ODS—análisis para el caso colombiano" (1 July 2022), available at https://www.undp.org/es/colombia/publications/alineacion-presupuestos-publicos-otros-flujos-ods；Guerrero and others, "Budget trackers and fiscal transparency"；(c) 参见本章Omar A. Guerrero和Gonzalo Castañeda 的贡献；(d) Colombia, Ministerio de Hacienda y Crédito Público, "Boletín No. 38: el país adopta Marco de Referencia para la Emisión de Bonos Verdes, Sociales y Sostenibles Soberanos de Colombia", available at https://www.irc.gov.co/webcenter/portal/IRCEs/pages_Deuda/bonosverdessociales (accessed on 20 February 2023).

题预算报告应成为预算透明度和参与度综合政策的一部分，这将使民间社会能够监督可持续发展目标的实施，确保政策优先事项反映社会需求，倡导纠正，并行使社会控制（见第3章）。[116]预算信息还使监督机构能够发挥关键作用，使政府对其可持续发展目标的绩效负责。例如，可持续发展目标预算标签使审计机构能够审计预算的有效执行情况，及其对可持续发展目标进展的贡献情况。[117]

预算是一个关键的分配机制。应鼓励各国政府更好地将方案管理决策与社会不同群体的发展成果联系起来。将公共财政管理决策与发展成果系统地联系起来，能够使各国政府确定预算拨款和实际支出对特定群体的影响情况，以及权衡取舍对他们的影响。这意味着可以清楚地确定政策选择的潜在赢家和输家，包括从代际角度确定。[118]

从公平和代际角度来看，财政可持续性和债务管理是相关的考虑因素。肯尼亚就是一个例子，该国2020年公共债务政策的目标之一是保证公共债务的可持续性，以防止对后代产生不利影响，并确保公共债务融资项目成本和收益分配的地区公平性。[119]在新冠疫情大流行之后，关于财政可持续性的讨论，必须解决与管理未来危机相关的关键权衡问题，同时提高公共服务质量和加强社会保护，以防止对不平等和社会冲突产生进一步的负面影响。[120]

在性别平等和气候变化等复杂交叉和代际挑战之下，政府需要在响应性方案管理系统下采取综合应对措施。[121]各国都推进了促进性别平等和气候平等的预算改革，[122]但很少有国家考虑其相互联系，使促进气候平等的预算也能促进性别平等，反之亦然。[123]按跨领域优先事项分类并考虑其交叉点的信息，对于加强预算方法和流程至关重要，不仅可以改善监测和报告，还可以通过利用协同作用和加强一致性和协调，为可持续发展目标的实施提供信息。

2.6 为落实可持续发展目标做出的制度安排

建立高效率、快响应和准问责的制度安排，有利于可持续发展目标的成功落实。[124]可持续发展目标第16条中的人权原则和机制原则（其中很多原则有所重叠）有助于引导各级政府在面对艰难的利益权衡和复杂的政策选择时做出有效应对。[125]这些原则有助于指导宏观经济和预算决策，为政策制定提供信息。[126]建立开放、一致和问责的机制有助于将不同利益攸关方汇集在一起，推动落实以可持续发展和整体福祉为目标的长期战略。[127]该制度可以帮助政府推动执行相辅相成的政策行动，创造协同效应，解决权衡问题。

为实现更完善的一体化机制和更连贯的决策制度，首个信号或许是进行体制变革。但是，这种变革也并非总能带来预期的结果。[128]除了体制变革，还可以运用很多其他方式来推动制度安排的完善，加强政策一体化和政策一致性。

首先，要进一步缩小可持续发展目标落实进程与国家发展进程之间的差距，将社会、经济和环境因素进一步纳入发展战略或计划、部门规划工具及预算过程中。其次，要更好地协调各种全球可持续发展框架及可持续发展目标的规划和预算流程。要特别重视加强气候框架与《2030年议程》之间的一致性。比如，要加强可持续发展目标预算流程和气候行动之间的一致性，或是将气候承诺纳入国家可持续发展目标的相关子目标中。[129]

各方一直非常重视建立协调机制，特别是中央政府，[130]但能证明这些协调机制实施效果的证据却相对较少。比如，它们是否增强了机构间的融合，是否推动了可持续发展目标的落实，在不同国情背景下又呈现了怎样的性质以及实施到何种程度。有人认为，在处理极为复杂的问题时，跨部门协调可能会耗费大量时间，或者难以管理。[131]很多因素会给跨部门协调带来挑战或对其产生影响，比如官僚惰性、资源受限、职责不明和能力缺失，或是与非政府参与者之间没能建立良好的合作机制等。[132]我们要吸取来自不同背景下的现有经验教训，更好地了解新冠疫情和多重危机对协调布局及政策一体化的影响。有些国家在疫情期间建立了协调机制，取得了成功，并将其确立了下来。例如，澳大利亚在疫情期间组建了国家内阁，这一机制现在也成为该国主要的政府间决策论坛。[133]

缺乏长期风险管理办法会加剧可持续发展目标落实过程中出现的权衡问题。要实现风险管理，需要具备完善的法律和政策框架、明确的角色和职责、优秀的领导力、充足的资源、有效的协调，以及制度化的监测和问责机制。[134]其中一个办法是，将风险管理系统性地纳入中央政府的跨领域流程和制度安排中，比如将其纳入战略规划和远景目标、协调架构、监测和评估系统中等。[135]但是，如阿尔特指出的，这些努力会受到很多因素的影响，比如持续的制度分裂以及在回应长期问题时遇到的种种挑战等。要想推动进程发展，就要投资加强风险预测能力和应急备案准备，还要提倡共享学习。[136]

要辨别特定因素对可持续发展目标的不同影响，其中一个方法是更系统性地使用影响评估工具，比如衡量环境或社会影响等。通过这种方法可以识别到不同群体和部门所制订的新的计划、政策工具甚至技术上的一些潜在的差异性影响，还可以对这些政策所产生的影响进行干预效果评估。例如，如果将监管影响分析等基于证据的政策工具整合到治理过程中，那么将有助于提高越来越复杂的监管政策之间的一致性。[137]鉴于很多举措都涉及联合行动，建立这种系统性的影响评估方法，也将有助于提高实体之间以及与其他利益相关者之间的协调性。[138]

由于缺乏明确的法律义务、有力的指导方针和方法、有效的制度支持和技能，且没有充足的可靠数据和合适的指标，因此，各国在法规影响评估方面仍然存在显著差异，而且这方面的进展也一直都不均衡。[139]与之类似，各国在环境影响评估上运用了广泛不同的法律要求，在战略环境评估上的实施也普遍进展缓慢。[140]

除此之外，外部审计也是识别系统性挑战的一个工具。外部审计有助于实现效率的最大化，还可以评估政策替代方案的资金价值。[141]具体来看，绩效审计有助于推动政策的一致性，查明政策和方案中的制约因素，提升监测水平，完善绩效框架，并加强预算资源使用的透明度和问责制。[142]实行绩效审计有助于做出评估和提出建议，同时提高政策一致性，比如避免责任的重叠和交叉等。此外，还可以提升体制机制在加强一体化方面的有效性，如协调机构、信息交换和参与机制等（见专栏2.4）。[143]

除了采取适当的战略组合，确保战略和目标的一致性，并将其着力落实之外，还需要借助一些程序要素来保证一体化和政策一致性。可持续发展问题能够反映出那些无法用纯粹客观的科学术语来解决的价值问题。

首先，建立共同的政策框架，或是形成一种对问题或所有责任相关方的共识，这对于保持一体化和一致性来说至关重要，因为这会影响到对各种政策干预的解读和权衡问题。诺海姆（Norheim）在其文献中指出，形成共同认识、共同的价值观和原则以及对问题本质的共同理解，这对于识别相关证

专栏 2.4　利用外部审计工具推动全面落实可持续发展目标

最高审计机关在推动全面落实可持续发展目标方面起了重要作用。绩效审计是一种有效工具，可用于识别和解决那些有可能会阻碍制定综合政策的系统性制约因素，还有助于评估落实可持续发展目标相关方案和政策的资金价值。那些跟落实可持续发展目标相关的外部审计往往会重点关注健康（可持续发展目标3）、可持续公共消费（可持续发展目标12）、性别（可持续发展目标5）和环境（可持续发展目标13、14和15）等相关领域。其中，一些审计实践已经对各国推动落实可持续发展目标产生了重大影响。[a]

2020年，巴西联邦审计法院（Federal Court of Accounts of Brazil）围绕可持续发展目标14和15展开了协调审计，主要是针对一些国家生态保护区。[b]此次审计共评估了17个国家的2 415个生态保护区，主要考察这些保护区在落实可持续发展目标相关量化目标过程中的进展情况、保护区的政策表现以及保护区、土地使用和旅游业等三方在政策上的一致性。审计发现，环境和旅游等相关责任部委及机构之间存在着职责分散和职责重叠的情况，双方之间缺乏协调工具，也没有明确定义该如何开展单独或联合行动来实现共同目标。审计结果建议，要建立保护区生态旅游战略机制，加强环境和旅游等相关政府责任机构的有效融合。在治理方面，审计结果建议，各国政府要推动建立公众参与机制，确保公众积极地、有代表性地、有效地融入传统或地方社区。此外，还要加强监测活动，获得关于自然保护区政策结果的信息，确保能够及时识别环境脆弱性和生物多样性风险。

资料来源：（a）Aránzazu Guillán Montero and David Le Blanc, "The role of external audits in enhancing transparency and accountability for the Sustainable Development Goals", Working Paper Series, No. 157, 28 February 2019 (New York, 联合国经济和社会事务部，2019)，参见 https://doi.org/10.18356/3fe94447-en;（b）COMTEMA-OLACEFS，巴西联邦审计法院，"Protected areas: coordinated audit—executive summary" (Brasilia, TCU, 2021)，参见 EXECUTIVE SUMMARYtcu.gov.brhttps://portal.tcu.gov.br › file › fileDownload。

据和潜在选择、促进合作以及建立对政策方案的合法性审查来说至关重要。

其次，各利益攸关方要共同努力，推动形成对问题和潜在政策方案的共同理解。如前所述，建立科学政策接口不仅能够为政策制定提供证据，还能推动建立对政策问题的协作框架和架构。[144] 同样，正如卢斯托萨·达·科斯塔、里斯本·布卢姆和丁格拉在文献中所强调的，建立可持续发展目标体系网络，有助于推动政府和其他利益攸关方制定集体辩论议题，进而影响决策流程、实施进程以及由此产生的结果。[145]

再次，除了建立共识，还有其他两个很重要的程序要素：一是要建立能够指导落实进程、执行变革和战略生产的权力机构；二是要在战略和工具实施过程中，充分利用信息和数据。[146] 2018年，智利通过了一项立法，其中规定了各部委和各级政府在全面建立儿童保护体系方面的职责。[147] 另外，该国还在社会发展部（Ministry of Social Development）设立了专门的协调机构，用于对卫生、教育和儿童保育三个部门以及地区和市政当局的活动进行指导工作。[148] 该机构的任务不仅包括对实施情况执行监督，还包括分配预算和监督合规。[149] 此外，智利还建立了信息系统，用来管理和共享相关信息，如关于项目的受益者或是关于用于向各实体单位分配预算资源的绩效指标。[150]

最后，在支持和维持可持续发展目标的一体化和政策一致性方面，还有一些基本因素至关重要，比如公共行政部门的组织文化、公务员和其他利益攸关方的能力和技能等。这些机构由那些需要特定技能、知识和能力的人员组成，这些人关乎如何确定政策的优先事项，如何开展协同合作以及如何增强政策的一致性和一体化。此外，对公共部门和其他利益攸关方进行培训也是推动体系和流程持续整合的关键。[151]例如，菲律宾政府认识到，在采用预测方法之前，必须对国家经济和发展局（National Economic and Development Authority）的工作人员提供相关培训，让他们能够进行创造性地思考，找到应对可持续发展面临挑战的新的解决方案。[152]

大力投资人才和能力培养，共同开展针对公共部门的能力开发和培训，这一点也很重要。2020年，一项针对24个国家的审查发现，在落实可持续发展目标的过程中，很少有关于政府层面进行能力建设的相关战略和计划。[153]但是，各国政府也已经在做出努力，将可持续发展目标纳入部门和专题层面的能力建设，不断提高公职人员的能力，以便其更好地分析协同增效和权衡，评估政策一致性，加强政策融合。[154]为此，各国政府还开发了指南、工具包、培训材料和在线工具，用来提供进一步的支持。[155]但是，这些努力似乎受到新冠疫情的影响而变得越来越碎片化，而且很多都变成了线上活动。[156]

要采用包容的方法，让多重利益攸关方参与其中，这有助于提升能力和技能，更好地应对可持续发展目标之间的相互依赖性。此外，还要实施联合培训和活动，宣传共同概念框架，展开相互学习，这些有助于增加对科学工具的使用，增强在应对可持续发展挑战上的合作，促进政策创新，提高彼此信任。这些举措还可以帮助查明能力上存在的差距和需求，并对能力建设工作进行有效评估和结果监测。[157]另外，还要对能力建设和其他可持续发展目标的实施工作进行严格和系统性的评估，这有助于加强理论的战略性和可持续性，进而推动全面可持续发展目标由战略理论转变为制度现实。

尾注

1. Edward B. Barbier and Joanne C. Burgess, "Sustainability and development after COVID-19", World Development, vol. 135 (November 2020), 105082, 参见 https://doi.org/10.1016/j.worlddev.2020.105082。

2. 联合国经济和社会事务部, Global Sustainable Development Report 2023, advance unedited version, 14 June 2023, pp. 20–24, 参见 https://sdgs.un.org/sites/default/files/2023-06/Advance%20unedited%20GSDR%2014June2023.pdf。

3. 联合国, The Sustainable Development Goals Report 2022 (Sales No. E.22.I.2), pp. 12 and 22, 参见 https://unstats.un.org/sdgs/report/2022/; United Nations, "Progress towards the Sustainable Development Goals: towards a rescue plan for people and planet—report of the Secretary-General (special edition)", advance unedited version (May 2023), 参见 https://sdgs.un.org/sites/default/files/2023-04/SDG_Progress_Report_Special_Edition_2023_ADVANCE_UNEDITED_VERSION.pdf。

4. Rajvikram Madurai Elavarasan and others, "Impacts of COVID-19 on Sustainable Development Goals and effective approaches to maneuver them in the post-pandemic environment", Environmental Science and Pollution Research, vol. 29 (January 2022), pp. 33957–33987.

5. 参见经济合作与发展组织, Policy Challenges for the Next 50 Years, OECD Economic Policy Paper, No. 9 (Paris, OECD Publishing, July 2014), 参见 https://read.oecd-ilibrary.org/economics/policy-challenges-for-the-next-50-years_5jz18gs5fckf-en。

6. 经济合作与发展组织, Tax Policy Reforms 2022: OECD and Selected Partner Economies, 7 ed. (Paris, OECD Publishing, 2022), 参见 https://doi.org/10.1787/067c593d-en。

7. Mark Elder, Magnus Bengtsson, and Lewis Akenji, "An optimistic analysis of the means of implementation for Sustainable Development Goals: thinking about Goals as means", Sustainability, vol. 8, No. 9 (September 2016), pp. 962, 参见 https://doi.org/10.3390/su8090962; Lisa-Maria Glass and Jens Newig, "Governance for achieving the Sustainable Development Goals: How important are participation, policy coherence, reflexivity, adaptation and democratic institutions?", Earth System Governance, vol. 2 (April 2019), 100031, 参见 https://doi.org/10.1016/j.esg.2019.100031; Nina Weitz and others, Sustainable Development Goals for Sweden: Insights on Setting a National Agenda, Stockholm Environment Institute, Working Paper 2015–10, 参见 https://mediamanager.sei.org/documents/Publications/SEI-WP-2015-10-SDG-Sweden.pdf。

8. 联合国经济和社会事务部, Working Together: Integration, Institutions and the Sustainable Development Goals—World Public Sector Report 2018 (Sales No. E.18.II.H.1), 参见 https://publicadministration.un.org/Portals/1/Images/WorldPublicSector/World%20Public%20Sector%20report%202018%20Full%20report.pdf。

9. Catarina Tully, "Stewardship of the future: using strategic foresight in 21st century governance" (Singapore, UNDP, 2015).

10. Jörg Mayer, "Policy space: what, for what, and where?", Development Policy Review, vol. 27, No. 4 (July 2009), pp. 373–395, 参见 https://doi.org/10.1111/j.1467-7679.2009.00452.x。

11. 联合国经济和社会事务部, Working Together: Integration, Institutions and the Sustainable Development Goals—World Public Sector Report 2018.

12. Cameron Allen, Graciela Metternicht and Thomas Wiedmann, "National pathways to the Sustainable Development Goals (SDGs): a comparative review of scenario modelling tools", Environmental Science and Policy, vol. 66 (December 2016), pp. 199–207, 参见 https://doi.org/10.1016/j.envsci.2016.09.008; Cameron Allen, Graciela Metternicht and Thomas Wiedmann, "Priorities for science to support national implementation of the Sustainable Development Goals: a review of progress and gaps", Sustainable Development, vol. 29, No. 4 (2021), pp. 635–652, 参见 https://doi.org/10.1002/sd.2164。

13. Anita Breuer, Hannah Janetschek and Daniele Malerba, "Translating Sustainable Development Goal (SDG) interdependencies into policy advice", Sustainability, vol. 11, No. 7 (January 2019), 2092, 参见 https://doi.org/10.3390/su11072092。

14. Therese Bennich, Nina Weitz and Henrik Carlsen, "Deciphering the scientific literature on SDG interactions: a review and reading guide", Science of the Total Environment, vol. 728 (August 2020), 138405, 参见 https://doi.org/10.1016/j.scitotenv.2020.138405。

15. Lorenzo Di Lucia, Raphael B. Slade and Jamil Khan, "Decision-making fitness of methods to understand Sustainable Development Goal interactions", Nature Sustainability, vol. 5, No. 2 (February 2022), pp. 131–138.

16. Nina Weitz and others, "Towards systemic and contextual priority setting for implementing the 2030 Agenda", Sustainability Science, vol. 13, No. 2 (March 2018), pp. 531–548, 参见 https://doi.org/10.1007/s11625-017-0470-0; Prajal Pradhan and others, "A systematic study of Sustainable Development Goal (SDG) interactions", Earth's Future, vol. 5, No. 11 (2017), pp. 1169-1179, 参见 https://doi.org/10.1002/2017EF000632; Breuer, Janetschek and Malerba, "Translating Sustainable Development Goal (SDG) interdependencies into policy advice".

17. 例外包括Gonzalo Castañeda Ramos, Florian Chávez-Juárez and Omar A. Guerrero, "How do Governments determine policy priorities? Studying development strategies through spillover networks" (Rochester, New York, Social Science Research Network, 20 January 2018), 参见 https://doi.org/10.2139/ssrn.3106028; and Omar A. Guerrero and Gonzalo Castañeda, "How does government expenditure impact sustainable development? Studying the multidimensional link between budgets and development gaps", Sustainability Science, vol. 17, No. 3 (May 2022), pp. 987–1007, 参见 https://doi.org/10.1007/s11625-022-01095-1。

18. 关于斯里兰卡将相互依存转化为政策行动所面临的障碍分

析，参见 the contribution of Karin Fernando and Thilini De Alwis.

19 Prajal Pradhan and others, "The COVID-19 pandemic not only poses challenges, but also opens opportunities for sustainable transformation", Earth's Future, vol. 9, No. 7 (2021), e2021EF001996, 参见 https://doi.org/10.1029/2021EF001996。

20 联合国经济和社会事务部, Global Sustainable Development Report 2023, pp. 20–24；联合国, The Sustainable Development Goals Report 2022；联合国粮食及农业组织, Tracking Progress on Food and Agriculture-Related SDG Indicators 2022 (Rome, 2022), 信息获取可通过 https://doi.org/10.4060/cc1403en；联合国欧洲经济委员会, "Halfway to 2030: How many targets will be achieved in the UNECE region? Snapshot and insights in 2022" (Geneva, 2022), 参见 https://w3.unece.org/sdg2022/；拉丁美洲及加勒比经济委员会, "A decade of action for a change of era: fifth report on regional progress and challenges in relation to the 2030 Agenda for Sustainable Development in Latin America and the Caribbean" (Santiago, United Nations, 2022).

21 Barbier and Burgess, "Sustainability and development after COVID-19".

22 联合国经济和社会事务部, and David le Blanc, "Horizontal and vertical integration are more necessary than ever for COVID-19 recovery and SDG implementation", DESA Policy Brief No. 115, 24 September 2021, 参见 https://doi.org/10.18356/27081990-115。

23 Nina Weitz and others, "Towards systemic and contextual priority setting for implementing the 2030 Agenda"; Nina Weitz and others, Sustainable Development Goals for Sweden: Insights on Setting a National Agenda; Måns Nilsson, Dave Griggs and Martin Visbeck, "Policy: map the interactions between Sustainable Development Goals", Nature, vol. 534 (June 2016), pp. 320–322, 参见 https://doi.org/10.1038/534320a。

24 Christian Kroll, Anne Warchold and Prajal Pradhan, "Sustainable Development Goals (SDGs): Are we successful in turning trade-offs into synergies?", Palgrave Communications, vol. 5, No. 140 (November 2019), p. 4, 参见 https://doi.org/10.1057/s41599-019-0335-5。

25 同上书，第9页。

26 同上书，第6页；Pradhan and others, "A systematic study of Sustainable Development Goal (SDG) interactions".

27 联合国经济和社会事务部, Global Sustainable Development Report 2023。

28 世界银行和联合国教科文组织, Education Finance Watch 2022 (Washington, D.C., and Paris, 2022), pp. 2 and 6, 参见 https://thedocs.worldbank.org/en/doc/5c5cdd4c96799335e263023fa96db454-0200022022/related/EFW-2022-Dec21.pdf。

29 同上书，第9页。

30 同上书，第5页。

31 Jo Walker and others, The Commitment to Reducing Inequality Index 2022, Oxfam and Development Finance International Research Report, 12 October 2022, p. 4, 参见 https://www.oxfam.org/en/research/2022-commitment-reducing-inequality-cri-index#:~:text=The%202022%20Commitment%20to%20Reducing%20Inequality%20(CRI)%20Index%20is%20the,two%20years%20of%20the%20pandemic。

32 Martin-Brehm Christensen and others, "Survival of the richest: how we must tax the super-rich now to fight inequality", briefing paper (London, Oxfam, 16 January 2023), 参见 https://doi.org/10.21201/2023.621477; Walker and others, The Commitment to Reducing Inequality Index 2022; Martin Mulwa, "Human rights-based analysis of Kenya's budget 2022/2023: What do the numbers tell us?" (New York, Office of the United Nations High Commissioner for Human Rights, 2023), 参见 https://www.ohchr.org/sites/default/files/2022-09/Human-Rights-Based-Analysis-of-Kenya-Budget-2022-23.pdf; George Gray Molina and Lars Jensen, "Building blocks out of the crisis: the UN's SDG Stimulus Plan" (New York, UNDP, February 2023), 参见 https://www.undp.org/publications/dfs-building-blocks-out-crisis-uns-sdg-stimulus-plan; OECD, Global Outlook on Financing for Sustainable Development 2021: A New Way to Invest for People and Planet (Paris, OECD Publishing, November 2020), 参见 https://www.oecd.org/dac/global-outlook-on-financing-for-sustainable-development-2021-e3c30a9a-en.htm。

33 Walker and others, The Commitment to Reducing Inequality Index 2022.

34 Oana Forestier and Rakhyun E. Kim, "Cherry-picking the Sustainable Development Goals: Goal prioritization by national Governments and implications for global governance", Sustainable Development, vol. 28, No. 5 (2020), pp. 1,269–1,278, 参见 https://doi.org/10.1002/sd.2082; Philipp Horn and Jean Grugel, "The SDGs in middle-income countries: setting or serving domestic development agendas? Evidence from Ecuador", World Development, vol. 109 (September 2018), pp. 73–84, 参见 https://doi.org/10.1016/j.worlddev.2018.04.005; Frank Biermann, Thomas Hickmann and Carole-Anne Sénit, eds., The Political Impact of the Sustainable Development Goals: Transforming Governance through Global Goals? (Cambridge, United Kingdom, Cambridge University Press, 2022).

35 Oana Forestier and Rakhyun E. Kim, "Cherry-picking the Sustainable Development Goals: Goal prioritization by national Governments and implications for global governance", p. 1276; Alexander Brand, Mark Furness and Niels Keijzer, "Promoting policy coherence within the 2030 Agenda framework: externalities, trade-offs and politics", Politics and Governance, vol. 9, No. 1 (2021), 参见 https://www.cogitatiopress.com/politicsandgovernance/article/view/3608/3608。

36 Brand, Furness and Keijzer, "Promoting policy coherence within the 2030 Agenda framework: externalities, trade-offs and politics".

37 Edward B. Barbier and Joanne C. Burgess, "The Sustainable Development Goals and the systems approach to sustainability", Economics, vol. 11, No. 1 (December 2017),

38 Cameron Allen, Graciela Metternicht and Thomas Wiedmann, "Prioritising SDG targets: assessing baselines, gaps and interlinkages", Sustainability Science, vol. 14, No. 2 (March 2019), pp. 421–438，参见 https://doi.org/10.1007/s11625-018-0596-8; Simon Scott, Jeff Leitner and William Hynes, "Where to start with the SDGs?", OECD Development Matters blog post, 20 July 2017，参见 https://oecd-development-matters.org/2017/07/20/where-to-start-with-the-sdgs/。

39 Pradhan and others, "A systematic study of Sustainable Development Goal (SDG) interactions"; Felix Laumann and others, "Complex interlinkages, key objectives, and nexuses among the Sustainable Development Goals and climate change: a network analysis", The Lancet: Planetary Health, vol. 6, No. 5 (May 2022), p. e428，参见 https://doi.org/10.1016/S2542-5196(22)00070-5。

40 联合国经济和社会事务部, Global Sustainable Development Report 2023；参见 Guerrero and Castañeda's 对本章的贡献。

41 感谢一位审稿人对这一观点的诠释。

42 联合国经济和社会事务部, Global Sustainable Development Report 2023; Independent Group of Scientists appointed by the Secretary-General, Global Sustainable Development Report 2019: The Future Is Now—Science for Achieving Sustainable Development (New York, United Nations, 2019)，参见 https://sustainabledevelopment.un.org/content/documents/24797GSDR_report_2019.pdf。

43 Cameron Allen and others, "Modelling six sustainable development transformations and their accelerators, impediments, enablers, and interlinkages", Research Square (January 2023)，参见 https://assets.researchsquare.com/files/rs-2437723/v1/2b9797c2-579e-4dce-aeeb-530ed8f4caa3.pdf?c=1673891856。

44 Guerrero and Castañeda, "How does government expenditure impact sustainable development? Studying the multidimensional link between budgets and development gaps"; Castañeda Ramos, Chávez-Juárez, and Guerrero, "How do Governments determine policy priorities? Studying development strategies through spillover networks"; Gonzalo Castañeda and Omar A. Guerrero, "Inferencia de Prioridades de Politica para el desarrollo sostenible: una aplicacion para el caso de México" (Mexico City, UNDP, 2020)，参见 https://www.researchgate.net/publication/341900676_Inferencia_de_Prioridades_de_Politica_para_el_Desarrollo_Sostenible_Una_Aplicacion_para_el_Caso_de_Mexico。

45 Breuer, Janetschek and Malerba, "Translating Sustainable Development Goal (SDG) interdependencies into policy advice"。

46 Kroll, Warchold and Pradhan, "Sustainable Development Goals (SDGs): Are we successful in turning trade-offs into synergies?"; Allen, Metternicht and Wiedmann, "Priorities for science to support national implementation of the Sustainable Development Goals: a review of progress and gaps"。

47 Shannon Kindornay and Renée Gendron, Progressing National SDGs Implementation: An Independent Assessment of the Voluntary National Review Reports Submitted to the United Nations High-level Political Forum on Sustainable Development in 2019 (Ottawa, Canadian Council for International Cooperation, 2020)，参见 http://cepei.org/wp-content/uploads/2020/02/Highlights-and-main-report-1.pdf; Pytrik Oosterhof, Partners 4 Review: Voluntary National Reviews Submitted to the 2019 High-level Political Forum for Sustainable Development—A Comparative Analysis (Bonn, Deutsche Gesellschaft für Internationale Zusammenarbeit, 2019), 信息获取可通过 https://www.partners-for-review.de/wp-content/uploads/2019/11/P4R-Analysis-VNRs-2019.pdf。

48 联合国发展政策委员会, "Voluntary National Reviews (VNRs)" (New York, 2022), 参见 https://www.un.org/development/desa/dpad/wp-content/uploads/sites/45/CDP-excerpt-2022-3.pdf。

49 Biermann, Hickmann and Sénit, eds., The Political Impact of the Sustainable Development Goals: Transforming Governance through Global Goals?

50 Norichika Kanie and Frank Biermann, eds., Governing through Goals: Sustainable Development Goals as Governance Innovation, Earth System Governance: A Core Research Project of the International Human Dimensions Programme on Global Environmental Change (series) (The MIT Press, 2017), 参见 https://www.jstor.org/stable/j.ctt1pwt5xr; Biermann, Hickmann and Sénit, The Political Impact of the Sustainable Development Goals: Transforming Governance through Global Goals?

51 参见 Rolf Alter 为本章撰写的专家文论。

52 Biermann, Hickmann and Sénit, The Political Impact of the Sustainable Development Goals: Transforming Governance through Global Goals?

53 技术指南参见 https://inff.org。

54 Horn and Grugel, "The SDGs in middle-income countries: setting or serving domestic development agendas? Evidence from Ecuador"。

55 世界银行, Correcting Course: Poverty and Shared Prosperity 2022 (Washington, D.C., World Bank, 2022), 参见 https://openknowledge.worldbank.org/server/api/core/bitstreams/b96b361a-a806-5567-8e8a-b14392e11fa0/content.

56 Nishant Yonzan and others, "The impact of COVID-19 on poverty and inequality: evidence from phone surveys", World Bank Blogs, Data Blog post, 18 January 2022, 参见 https://blogs.worldbank.org/opendata/impact-covid-19-poverty-and-inequality-evidence-phone-surveys; United Nations, The Sustainable Development Goals Report 2022.

57 联合国, The Sustainable Development Goals Report 2022。

58 联合国妇女署, The Levers of Change: Gender Equality Attitudes Study 2022, 参见 https://www.unstereotypealliance.org/en/resources/research-and-tools/the-levers-of-change-gender-equality-attitudes-study-2022。

59 Christina Pazzanese, "Belfer Center research director examines

recent assessment from entire U.S. intelligence community", article in the Harvard Gazette on how climate change will impact national security, 24 November 2021 (Cambridge, Massachusetts, Harvard University), 参见 https://news.harvard.edu/gazette/story/2021/11/how-climate-change-will-impact-national-security/; U.S. Government Accountability Office, "Cybersecurity high-risk series: challenges in protecting privacy and sensitive data" (GAO-23-106443, 14 February 2023), 参见 https://www.gao.gov/products/gao-23-106443?utm_campaign=usgao_email&utm_content=daybook&utm_medium=email&utm_source=govdelivery。

60 联合国经济和社会事务部, United Nations E-Government Survey 2022: The Future of Digital Government (Sales No. E.22.II.H.2), 参见 https://desapublications.un.org/sites/default/files/publications/2022-09/Web%20version%20E-Government%202022.pdf。

61 Yousef Al-Ulyan, "Rebuilding the world after COVID: the challenge is digital", World Economic Forum, 10 June 2021, 参见 https://www.weforum.org/agenda/2021/06/rebuilding-the-world-after-covid-the-challenge-is-digital/。

62 经济合作与发展组织, Global Outlook on Financing for Sustainable Development 2021: A New Way to Invest for People and Planet (Paris, OECD Publishing, 2020), 参见 https://www.oecd.org/dac/global-outlook-on-financing-for-sustainable-development-2021-e3c30a9a-en.htm; United Nations, "United Nations Secretary-General's SDG Stimulus to deliver Agenda 2030" (New York, February 2023), 参见 https://www.un.org/sustainabledevelopment/wp-content/uploads/2023/02/SDG-Stimulus-to-Deliver-Agenda-2030.pdf。

63 美国政府责任署, "Trends affecting government and society" (GAO-22-3SP, 15 March 2022), 参见 https://www.gao.gov/products/gao-22-3sp; OECD, Global Outlook on Financing for Sustainable Development 2021: A New Way to Invest for People and Planet。

64 Måns Nilsson and others, "Interlinkages, integration and coherence" in The Political Impact of Sustainable Development Goals (Cambridge, United Kingdom, Cambridge University Press, 2022), pp. 92-115; OECD and others, "Special feature: the Caribbean", in Latin American Economic Outlook 2021, chap. 6 (Paris, OECD Publishing, 2021), 参见 https://www.oecd-ilibrary.org/docserver/96a047f8-en.pdf?expires=1676392746&id=id&accname=ocid195767&checksum=987242FD35259D6A5F33E23BF5E6CFCA; Emine Boz and others, "Smaller economies in Latin America and Caribbean face a bigger inflation challenge", IMF Country Focus, 19 September 2022, 参见 https://www.imf.org/en/News/Articles/2022/09/16/CF-Smaller-Economies-in-Latin-America-and-Caribbean-Face-a-Bigger-Inflation-Challenge。

65 Scott Mainwaring and Aníbal Pérez Liñán, "Why Latin America's democracies are stuck", Journal of Democracy, vol. 34, No. 1 (January 2023), pp. 156-170; International Institute for Democracy and Electoral Assistance, The Global State of Democracy 2022: Forging Social Contracts in a Time of Discontent (Stockholm, 2022), 参见 https://doi.org/10.31752/idea.2022.56。

66 公民社会检测平台, "People Power under Attack: in numbers", 参见 https://findings2021.monitor.civicus.org/in-numbers.html (accessed on 17 December 2022)。

67 Ronald F. Inglehart and others, eds., World Values Survey: All Rounds—Country-Pooled Datafile, Dataset Version 3.0.0 (Madrid and Vienna, JD Systems Institute and WVSA Secretariat)。

68 Allen, Metternicht and Wiedmann, "Prioritising SDG Targets: assessing baselines, gaps and interlinkages"。

69 Kanako Morita, Mahesti Okitasar and Hiromi Masuda, "Analysis of national and local governance systems to achieve the Sustainable Development Goals: case studies of Japan and Indonesia", Sustainability Science, vol. 15, No. 1 (January 2020), pp. 179-202, 参见 https://doi.org/10.1007/s11625-019-00739-z。

70 美国政府责任署, "Trends affecting government and society"。

71 Shermon Cruz, "How can Governments assess competing priorities and address difficult policy trade offs that have emerged since 2020?", 在联合国经济和社会事务部于2022年8月9日和8月10日在纽约组织的专家组会议《世界公共部门报告（2023）》启动会议上提交；议程获取可通过https://publicadministration.un.org/Portals/1/EGM-WPSR2023-Programme.pdf；阿联酋内阁事务部, "UAE National Innovation Strategy", 参见 https://u.ae/en/about-the-uae/strategies-initiatives-and-awards/strategies-plans-and-visions/strategies-plans-and-visions-untill-2021/national-innovation-strategy；联合国发展融资机构间工作队, "Developing national policy frameworks for science, technology and innovation", 参见 https://financing.desa.un.org/fr/iatf/action-areas/science-technology-innovation-and-capacity-building/developing-national-policy-frameworks-science-technology-and-innovation (accessed on 27 February 2023)。

72 发展融资机构间工作队, "Integrated national financing frameworks: financing strategy" (April 2021), sect. 4, Integrated National Financing Frameworks website, 参见 https://inff.org/resource/integrated-national-financing-frameworks-financing-strategy。

73 联合国经济和社会事务部, "The impacts of COVID-19 on national institutional arrangements for Sustainable Development Goals implementation", in National Institutional Arrangements for Implementation of the Sustainable Development Goals: A Five-Year Stocktaking—World Public Sector Report 2021 (Sales No. E.21.II.H.1), pp. 125-157, 参见 https://doi.org/10.18356/9789210057783c009。

74 SPI是指将拥有可持续发展方面不同知识背景的科学家和其他行动者汇聚在一起，互相交流、共同创造和构建知识的过程。目的是改进决策，以支持更加一致和综合的行动和政策。参见Rob Tinch and others, "Science-policy interfaces for biodiversity: dynamic learning environments for successful impact", Biodiversity and Conservation, vol. 27, No. 7, pp. 1679-1702; Sybille van den Hove, "A rationale for science-policy interfaces", Futures, vol. 39, No. 7 (September 2007), pp. 807-826, 信息获取可通过 https://doi.org/10.1016/j.futures.2006.12.004。

75 出自《2019年全球可持续发展报告》的建议。可以采用不同的方法在国家和国际层面将SPI的结构、程序和技能制度化，包括地方倡议、网络以及正式的国家和多边/国际平台。参见Independent Group of Scientists appointed by the Secretary-General, Global Sustainable Development Report 2019: The Future Is Now—Science for Achieving Sustainable Development。

76 Krisiann Allen, "CEPA strategy guidance note on the science-policy interface: March 2021"（联合国经济和社会事务部），参见https://unpan.un.org/sites/unpan.un.org/files/Strategy%20note%20science%20policy%20interface%20March%202021.pdf。

77 联合国, "Report of the United Nations Conference on the Human Environment, Stockholm, 5–16 June 1972", principle 18 (A/CONF.48/14/Rev.1; Sales No. 73.II.A.14), 参见https://digitallibrary.un.org/record/523249?ln=en。

78 例如，KnowSDGs (https://knowsdgs.jrc.ec.europa.eu/), SDG Synergies from the Stockholm Environment Institute (https://www.sdgsynergies.org/), and the SDG Interlinkages Analysis and Visualization Tool (https://sdginterlinkages.iges.jp/) 都是可用于分析SDG相互关联的工具。Nilsson and others, "Interlinkages, integration and coherence"；参见联合国经济和社会事务部, Global Sustainable Development Report 2023。

79 政策框架是对综合方法有帮助的程序要素之一；参见Guillermo M. Cejudo and Cynthia L. Michel, "Instruments for policy integration: how policy mixes work together", SAGE Open, vol. 11, No. 3 (July-September 2021), https://journals.sagepub.com/doi/full/10.1177/21582440211032161。

80 联合国开发计划署/奥斯陆治理中心和德国发展研究所, Connections That Matter: How the Quality of Governance Institutions May Be the Booster Shot We Need to Reduce Poverty and Inequality (Oslo, 2022), 参见https://www.undp.org/policy-centre/oslo/publications/connections-matter-how-quality-governance-institutions-may-be-booster-shot-we-need-reduce-poverty-and-inequality。

81 联合国经济和社会事务部, Global Sustainable Development Report 2023; Emmanuel Kanchebe Derbile, Raymond Aitibasa Atanga and Ibrahim Abu Abdulai, "Re-visiting sustainable development: sustainability and well-being from the perspectives of indigenous people in rural Ghana", Local Environment, vol. 27, No. 3 (2022), pp. 327–341, 参见https://doi.org/10.1080/13549839.2022.2040463。

82 经济合作与发展组织提供了战略展望参与的实用指南, "Strategic foresight for the COVID-19 crisis and beyond: using futures thinking to design better public policies", 经济合作与发展组织应对新型冠状病毒（COVID-19）: Contributing to a Global Effort, 10 June 2020, 参见https://www.oecd.org/coronavirus/policy-responses/strategic-foresight-for-the-covid-19-crisis-and-beyond-using-futures-thinking-to-design-better-public-policies-c3448fa5/, pp. 12–13；国际科学理事会, Unprecedented and Unfinished: COVID-19 and Implications for National and Global Policy (Paris, 2022), DOI:10.24948/2022.03, 参见https://council.science/publications/covid19-unprecedented-and-unfinished; Maria Isabella Gariboldi and others, "Foresight in the time of COVID-19", The Lancet: Regional Health—Western Pacific, vol. 6 (January 2021), 100049, 参见https://doi.org/10.1016/j.lanwpc.2020.100049。

83 Catarina Tully and Lynn Houmdi, "CEPA strategy guidance note on strategic planning and foresight: February 2021"（联合国经济和社会事务部）, 参见https://unpan.un.org/sites/unpan.un.org/files/Strategy%20note%20%20strategic%20foresight%20Mar%202021_1.pdf。

84 欧盟委员会, "2022 strategic foresight report: twinning the green and digital transitions in the new geopolitical context", 欧盟委员会致欧洲议会和理事会的信函（COM(2022)289final, 29 June 2022), 参见https://eur-lex.europa.eu/legal-content/EN/TXT/?uri=CELEX%3A52022DC0289&qid=1658824364827。

85 Tully, "Stewardship of the future: using strategic foresight in 21st century governance"; South Africa Center for Public Service Innovation and others, "Advancing the 2030 Agenda in a context of uncertainty: the use of strategic foresight for adaptive and future-ready SDG strategies", 在可持续发展目标学习、培训和实践系列讲习班的主持下，由开发计划署全球公共服务卓越中心组织的培训计划（New York, 13 July 2018), 议程参见https://hlpf.un.org/sites/default/files/documents/2021/1977313July_AM_Organized_by_UNDP_Global_Centre_for_Public_Service_Excellence.pdf; Catarina Tully, 国际未来学院, "Practitioners in planning, strategy and policy for future generations", 为联合国经济和社会事务部组织的专家组会议《世界公共部门报告（2023）》启动会议编写, 参见https://unpan.un.org/sites/unpan.un.org/files/Presentation%20-%20Marius%20Oosthuizen%20-%20SOIF%20-%208%20December%202021.pdf。

86 Shermon Cruz, "How can Governments assess competing priorities and address difficult policy trade offs that have emerged since 2020?"

87 该委员会由Senator Pia Cayetano (https://piacayetano.ph/about/)领导；参议院相关决议详情参见https://issuances-library.senate.gov.ph/subject/sustainable-development-goals-innovation-and-futures-thinking-committee。

88 联合国与国际最高审计机关组织, "Working during and after the pandemic: building on the experience of Supreme Audit Institutions (SAIs) for strengthening effective institutions and achieving sustainable societies", Report of the 25 UN-INTOSAI Symposium, held from 28 to 30 June 2021, 参见https://www.intosai.org/fileadmin/downloads/news_centre/events/un_int_symposia/reports_un_int_symp/en/EN_25_Symp_2021_report.pdf。

89 美国政府责任署, "Trends affecting government and society"。

90 Rachel Coldicutt, Anna Williams and Dominique Barron, "A constellation of possible futures: the Civil Society Foresight Observatory discovery report" (London, Careful Industries, 2021), sect. 4, 参见https://www.careful.industries/foresight-observatory/discovery-report。

91 Johannes Förster, "Linkages between biodiversity and climate change and the role of science-policy-practice interfaces for

ensuring coherent policies and actions", Thematic Paper 2 in Synergies between Biodiversity-and Climate-Relevant Policy Frameworks and Their Implementation, A. Terton and others, eds. (Bonn, Deutsche Gesellschaft für Internationale Zusammenarbeit, International Institute for Sustainable Development and Helmholtz Center for Environmental Research, 2022), 参见 https://www.adaptationcommunity.net/publications/thematic-paper-2-linkages-between-biodiversity-and-climate-change-and-the-role-of-science-policy-practice-interfaces-for-ensuring-coherent-policies-and-actions/; Kristiann Allen, "CEPA strategy guidance note on the science-policy interface: March 2021", p. 2; Timo Y. Maas, Annet Pauwelussen and Esther Turnhout, "Co-producing the science-policy interface: towards common but differentiated responsibilities", Humanities and Social Sciences Communications, vol. 9, No. 93 (2022)。

92 Di Lucia, Slade and Khan, "Decision-making fitness of methods to understand Sustainable Development Goal interactions"。

93 Sisira R.N. Colombage and others, "COVID-19 effects on public finance and SDG priorities in developing countries: comparative evidence from Bangladesh and Sri Lanka", The European Journal of Development Research, vol. 35 (2023), pp. 85–111, 参见 https://doi.org/10.1057/s41287-022-00558-6; Kazi Arif Uz Zaman, "Financing the SDGs: how Bangladesh may reshape its strategies in the post-COVID era?", The European Journal of Development Research, vol. 35 (2023), pp. 51–84, 参见 https://doi.org/10.1057/s41287-022-00556-8; Isabel Ortiz and Matthew Cummins, "Global austerity alert: looming budget cuts in 2021–25 and alternative pathways", 工作报告, April 2021 (New York, Initiative for Policy Dialogue); James X. Zhan and Amelia U. Santos-Paulino, "Investing in the Sustainable Development Goals: mobilization, channeling, and impact", Journal of International Business Policy, vol. 4, No. 1 (March 2021), pp. 166–183, 参见 https://doi.org/10.1057/s42214-020-00093-3; Barbier and Burgess, "Sustainability and development after COVID-19"。

94 Jorge Cristóbal and others, "Unraveling the links between public spending and Sustainable Development Goals: insights from data envelopment analysis", Science of The Total Environment, vol. 786 (September 2021), 147459, p. 3, 参见 https://doi.org/10.1016/j.scitotenv.2021.147459。

95 研究表明，中低收入国家和中高收入国家的公共支出战略似乎更加低效，改进的空间更大。参见Cristóbal and others, "Unraveling the links between public spending and Sustainable Development Goals: insights from data envelopment analysis", p. 3。

96 Ortiz and Cummins, "Global austerity alert: looming budget cuts in 2021–25 and alternative pathways"; Martin Mulwa, "Human rights-based analysis of Kenya's budget 2022/2023: What do the numbers tell us?" (Nairobi, United Nations Office of the High Commissioner for Human Rights, August 2022), 参见 https://www.ohchr.org/sites/default/files/2022-09/Human-Rights-Based-Analysis-of-Kenya-Budget-2022-23.pdf。

97 美洲开发银行, "Barbados places climate financing firmly on agenda with IDB, Nature Conservancy support", news release, 21 September 2022, 参见 https://www.iadb.org/en/news/barbados-places-climate-financing-firmly-agenda-idb-nature-conservancy-support; The Nature Conservancy, "Case study: Barbados Blue Bonds for Ocean Conservation" (May 2023), 参见 https://www.nature.org/content/dam/tnc/nature/en/documents/TNC-Barbados-Debt-Conversion-Case-Study.pdf。

98 Cristóbal and others, "Unraveling the links between public spending and Sustainable Development Goals: insights from data envelopment analysis", p. 3。

99 Guerrero and Castañeda, "How does government expenditure impact sustainable development? Studying the multidimensional link between budgets and development gaps", pp. 1,001–1,004；参见Guerrero and Castañeda's 对本章的贡献。

100 同上书，第1006页。

101 Cameron Allen, Connections That Matter: How Does the Quality of Governance Institutions Help Protect Our Ocean?—A Systematic Literature Review on SDG 16 Interlinkages with SDG 14 (German Institute of Development and Sustainability and UNDP, March 2023), 参见 https://www.undp.org/sites/g/files/zskgke326/files/2023-03/UNDP-IDOS-Connections-that-matter-How-does-the-quality-of-governance-institutions-help-protect-our-ocean_0.pdf。

102 Cameron Allen and others, "Modelling national transformations to achieve the SDGs within planetary boundaries in small island developing States", Global Sustainability, vol. 4 (2021): e15, 参见 https://doi.org/10.1017/sus.2021.13。

103 Cameron Allen and others, "Greater gains for Australia by tackling all SDGs but the last steps will be the most challenging", Nature Sustainability, vol. 2, No. 11 (November 2019), pp. 1041–1050, 参见 doi:10.1038/s41893-019-0409-9. S2CID 207990746。

104 联合国, "Progress towards the Sustainable Development Goals: towards a rescue plan for people and planet—report of the Secretary-General (special edition)", p. 23。

105 Srinivas Gurazada and others, "Government budget credibility and the impact of COVID-19", World Bank stories, 13 October 2022, 参见 https://datatopics.worldbank.org/world-development-indicators/stories/government-budget-credibility-and-the-impact-of-covid-19.html。

106 国际预算伙伴组织与民间社会组织合作；基于可公开获得的预算数据的原创研究（November 2022).

107 国家综合筹资框架, "About INFFs", 参见 https://inff.org/about/about-inffs (accessed on 8 February 2023)；联合国开发计划署, "Integrated national financing frameworks stocktake", 二十国集团发展工作组的最终总结, 2021年7月，信息获取可通过 https://inff.org/assets/resource/undp-stocktake-report-on-inffs.pdf。

108 Suren Poghosyan and others, Budgeting for the Sustainable Development Goals: Aligning Domestic Budgets with the SDGs—Guidebook (2020) (New York, UNDP, 2020), 参见 https://sdgfinance.undp.org/sites/default/files/UNDP%20

Budgeting%20for%20the%20SDGs%20-%20Guidebook_Nov%202020.pdf; Suren Poghosyan and others, Budgeting for the Sustainable Development Goals: A Modular Handbook (New York, UNDP Sustainable Finance Hub, 2022)，参见 https://sdgfinance.undp.org/sites/default/files/B4SDGs%20ModularHandbook.pdf。

109 Chye-Ching Huang, Paolo de Renzio and Delaine McCullough, "New Zealand's 'well-being budget': a new model for managing public finances?" (Washington, D.C., International Budget Partnership, 2020)，参见 https://internationalbudget.org/wp-content/uploads/new-zealand-well-being-budget-may-v2-2020.pdf; James Gordon, "Is it time for a 'wellbeing budget' in Australia?" (Australian National University College of Health and Medicine)，参见 https://health.anu.edu.au/news-events/news/it-time-%E2%80%98wellbeing-budget%E2%80%99-australia (accessed on 7 June 2023); 幸福工作中心，"Towards a wellbeing budget—examples from Canada and New Zealand", 30 June 2021，参见 https://whatworkswellbeing.org/practice-examples/towards-a-wellbeing-budget-examples-from-canada-and-new-zealand/(accessed on 7 June 2023)。

110 Ghana，财政部，"Ghana's 2020 SDGs Budget Report", 11 March 2021 (Accra)，参见 https://mofep.gov.gh/news-and-events/2021-03-11/ghanas-2020-sdgs-budget-report; Bea Sanz Corella, Juan Enrique Adan Nicolas and Tine Veldkamp, Civil Society and the 2030 Agenda: What Can We Learn from the Multi-Stakeholder Initiatives That Have Been Established at National Level and How Can We Better Support Them?, an initial study, January 2020 (Brussels, European Commission), p. 60，参见 https://vaxandi.hi.is/wp-content/uploads/2021/03/civil_society_and_the_2030_agenda_050220-1.pdf。

111 David Montvai, "Budgetary control of the Sustainable Development Goals in the EU budget", briefing, 27 July 2021 (European Parliament), p. 1，参见 https://www.europarl.europa.eu/thinktank/en/document/IPOL_BRI(2021)696914。

112 同上书，第7页。

113 Cristóbal and others, "Unraveling the links between public spending and Sustainable Development Goals: insights from data envelopment analysis"；参见 Ferreira, Martínez and Guerrero 对第2章的贡献。

114 欧洲审计院，"Tracking climate spending in the EU budget", Review No. 1 (Luxembourg, 2020), p. 17，参见 https://www.eca.europa.eu/Lists/ECADocuments/RW20_01/RW_Tracking_climate_spending_EN.pdf。

115 Juan Pablo Guerrero and others, "Budget trackers and fiscal transparency" (Global Initiative for Fiscal Transparency and UNDP, 2022), p. 20，参见 https://www.jointsdgfund.org/sites/default/files/2022-11/Budget%20Trackers%20and%20Fiscal%20Transparency%20%282022.11.02%29%20v6%20ENG.pdf。

116 Guerrero and others, "Budget trackers and fiscal transparency"; SDG Accountability Handbook and Transparency, Accountability and Participation Network, "Utilizing national budgets or national public finance systems"，可持续发展目标问责门户网站，参见 https://www.sdgaccountability.org/working-with-government-institutions/utilizing-national-budgets/(accessed on 9 December 2022), p. 20。

117 Montvai, "Budgetary control of the Sustainable Development Goals in the EU budget".

118 Cristóbal and others, "Unraveling the links between public spending and Sustainable Development Goals: insights from data envelopment analysis", p. 8.

119 José Maurel, "CEPA strategy guidance note on long-term public debt management: October 2021"，参见 https://publicadministration.un.org/Portals/1/Strategy%20note%20long-term%20public%20debt%20management%20October%202021_1.pdf。

120 Mauricio Cardenas and others, "Fiscal policy challenges for Latin America during the next stages of the pandemic: the need for a fiscal pact", IMF Working Papers, 18 March 2021，参见 https://www.imf.org/en/Publications/WP/Issues/2021/03/17/Fiscal-Policy-Challenges-for-Latin-America-during-the-Next-Stages-of-the-Pandemic-The-Need-50263; Ortiz and Cummins, "Global austerity alert: looming budget cuts in 2021−2025 and alternative pathways", pp. 14−15; Molina and Jensen, "Building blocks out of the crisis: the UN's SDG Stimulus Plan"。

121 Stephanie Allan, Inclusive Budgeting and Financing for Climate Change in Africa—the Integration of Climate Change into Budgeting and Finance, Keynote Paper (Centurion, South Africa, CABRI and others, 2021)，参见 https://www.cabri-sbo.org/en/publications/inclusive-budgeting-and-financing-for-climate-change-in-africa。

122 Asif Shah and others, Budgeting for Climate Change: A Guidance Note for Governments to Integrate Climate Change into Budgeting, with a Focus on Medium-Term Budgets, Technical Note Series (New York, UNDP Governance of Climate Change Finance team, 2021)，参见 https://www.undp.org/publications/budgeting-climate-change-guidance-note-governments-integrate-climate-change-budgeting; Karen Barnes Robinson and others, "Gender-responsive public expenditure management: public finance management introductory guide", briefing/policy papers, 9 May 2018 (London, Overseas Development Institute)，参见 https://odi.org/en/publications/gender-responsive-public-expenditure-management-public-finance-management-introductory-guide/; Kevin Deveaux and Geoff Dubrow, Action Kit: Engaging Parliaments in Gender Responsive Budgeting (New York, UN Women, 2022)，参见 https://www.unwomen.org/sites/default/files/2022-11/Action-kit-Engaging-parliaments-in-gender-responsive-budgeting-en.pdf。

123 Sejal Patel and others, "Tackling gender inequality and climate change through the budget: a look at gender-responsive climate change budgeting in Bangladesh and Mexico" (Washington, D.C., International Budget Partnership and others, April 2021)，参见 https://internationalbudget.org/wp-content/uploads/gender-climate-budgeting-synthesis-

april-2021.pdf; Katri Kivioja, Montira Pongsiri and Alyson Brody, "Synergies in jointly addressing climate change, health equity and gender equality", 联合国开发计划署未来发展简报（New York, UNDP, February 2023），参见 https://www.undp.org/publications/dfs-synergies-jointly-addressing-climate-change-health-equity-and-gender-equality。

124 Glass and Newig, "Governance for achieving the Sustainable Development Goals: How important are participation, policy coherence, reflexivity, adaptation and democratic institutions?"; Nilsson, Griggs and Visbeck, "Policy: map the interactions between Sustainable Development Goals".

125 联合国, "Principles of effective governance for sustainable development", Official Records of the Economic and Social Council, 2018, Supplement No. 24 (E/2018/44–E/C.16/2018/8), para. 31, 参见 https://publicadministration.un.org/Portals/1/Images/CEPA/Principles_of_effective_governance_english.pdf；经济合作与发展组织, "Recommendation of the Council on Policy Coherence for Sustainable Development", OECD/LEGAL/0381, adopted on 28 April 2010 and amended on 10 December 2019 (Paris, OECD Legal Instruments, 2019), 参见 https://legalinstruments.oecd.org/en/instruments/OECD-LEGAL-0381; OECD, Implementing the OECD Recommendation on Policy Coherence for Sustainable Development: Guidance Note (COM/DCD/DAC/GOV/PGC(2021)1) (Paris, 2021), 参见 https://www.oecd.org/gov/pcsd/pcsd-guidance-note-publication.pdf。

126 联合国人权事务高级专员办事处, "Türk calls for a human rights economy", statements and speeches, 6 February 2023, 参见 https://www.ohchr.org/en/statements-and-speeches/2023/02/turk-calls-human-rights-economy；联合国人权事务高级专员办事处国际预算合作伙伴, Realizing Human Rights through Government Budgets (New York and Geneva, 2017), 参见 https://www.ohchr.org/en/publications/special-issue-publications/realizing-human-rights-through-government-budgets。

127 Tully, "Stewardship of the future: using strategic foresight in 21st century governance".

128 Biermann, Hickmann and Sénit, The Political Impact of the Sustainable Development Goals: Transforming Governance through Global Goals?

129 Nilsson and others, "Interlinkages, integration and coherence", p. 97.

130 联合国经济和社会事务部, National Institutional Arrangements for Implementation of the Sustainable Development Goals: A Five-Year Stocktaking—World Public Sector Report 2021；联合国经济和社会事务部, Compendium of National Institutional Arrangements for Implementing the 2030 Agenda for Sustainable Development: the 64 Countries that Presented Voluntary National Reviews at the High-level Political Forum in 2016 and 2017 (New York, Division for Public Institutions and Digital Government, 2018), 参见 https://evalsdgs.org/wp-content/uploads/2018/05/sdg-institutional-arrangements_compendium-of-64-countries_desa.pdf。

131 Glass and Newig, "Governance for achieving the Sustainable Development Goals: How important are participation, policy coherence, reflexivity, adaptation and democratic institutions?", p. 10.

132 联合国经济和社会事务部, 2020 Voluntary National Reviews Synthesis Report (New York, 2020), 参见 https://sustainabledevelopment.un.org/content/documents/27027VNR_Synthesis_Report_2020.pdf.；联合国经济和社会事务部, 2018 Voluntary National Reviews Synthesis Report (New York, 2018), 参见 https://desapublications.un.org/publications/category/Sustainable%20Development。

133 联合国经济和社会事务部, and David Le Blanc, "Horizontal and vertical integration are more necessary than ever for COVID-19 recovery and SDG implementation", DESA Policy Brief No. 115, September 2021, 参见 https://www.un-ilibrary.org/content/papers/10.18356/27081990-115/read。

134 Samuel Danaa and Ana Thorlund, "Strengthening disaster risk reduction and resilience for climate action through risk-informed governance", DESA Policy Brief No. 139, October 2022, 参见 https://www.un.org/development/desa/dpad/wp-content/uploads/sites/45/publication/PB_139.pdf。

135 Rolf Alter, "CEPA strategy guidance note on risk management frameworks: February 2021" (New York, 联合国经济和社会事务部), 参见 https://publicadministration.un.org/Portals/1/Strategy%20note%20risk%20management%20frameworks%20Mar%202021.pdf；世界经济论坛, The Global Risks Report 2023, Insight Report, 18 ed. (Cologne/Geneva, 2023), 参见 https://www.weforum.org/reports/global-risks-report-2023/。

136 详见阿尔特本章论文；详见世界经济论坛, The Global Risks Report 2023。

137 Claudio Radaello, "CEPA strategy guidance note on regulatory impact assessment: February 2021"（联合国经济和社会事务部), 参见 https://publicadministration.un.org/Portals/1/Strategy%20note%20regulatory%20impact%20assessment%20Mar%202021.pdf；经济合作与发展组织, Regulatory Impact Analysis: A Tool for Policy Coherence (Paris, OECD Publishing, 2009), 参见 https://doi.org/10.1787/9789264067110-e；联合国经济和社会事务部, Working Together: Integration, Institutions and the Sustainable Development Goals—World Public Sector Report 2018。

138 Caren Kremer and others, "Los beneficios de un enfoque 'macro' en la evaluación estratégica de impactos en sistemas ambientales y sociales sensibles", Banco Interamericano de Desarrollo, sostenibilidad blog post, 9 February 2023, 参见 https://blogs.iadb.org/sostenibilidad/es/los-beneficios-de-un-ease/。

139 根据世界银行的数据，186个国家中，有86个国家会定期或半定期地开展监管影响评估（也称为监管影响分析），但其中半数以上（45个）国家是高收入国家，只有12%的受访低收入国家对拟议监管的潜在影响进行了分析。详见世界银行, "Global indicators of regulatory governance: key findings", 参见 https://rulemaking.worldbank.org/en/key-findings#1；经济合作与发展组织, Building an Institutional Framework for Regulatory Impact Analysis (RIA): Guidance

for Policy Makers (Paris, OECD Publishing, 2008); Joseph Lemoine, "Global ndicators of regulatory governance: worldwide practices of regulatory impact assessments" (Washington, D.C., World Bank, 2016)。

140 联合国环境规划署, Assessing Environmental Impacts: A Global Review of Legislation (Nairobi, 2018), 参见 https://europa.eu/capacity4dev/unep/documents/assessing-environmental-impacts-global-review-legislation。

141 Ana Yetano, Lourdes Torres and Blanca Castillejos-Suastegui, "Are Latin American performance audits leading to changes?", International Journal of Auditing, vol. 23, No. 3 (2019), pp. 444–456, 参见 https://doi.org/10.1111/ijau.12171。

142 European Court of Auditors, Auditing the Sustainable Development Goals: Time to Act!—European Court of Auditors Journal, No. 3 (2019), p. 57, 参见 https://www.eca.europa.eu/Lists/ECADocuments/JOURNAL19_03/JOURNAL19_03.pdf。

143 详见巴西联邦审计法院、美国政府问责局, "Ocean acidification: federal response under way, but actions needed to understand and address potential impacts", GAO–14–736, published 12 September 2014; released 14 October 2014 (Washington, D.C.), 参见 https://www.gao.gov/products/gao-14-736; Mark Gaffigan, "SDG 14 on life below water: auditing marine environment", presented at the INTOSAI/HLPF side event: "Accelerating implementation of the 2030 Agenda: the role of supreme audit institutions", New York, 15 July 2022。

144 Kristiann Allen, "CEPA strategy guidance note on the science-policy interface: March 2021", p. 3。

145 Peter M. Haas, "Introduction: epistemic communities and international policy coordination", International Organization, vol. 46, No. 1, Knowledge, Power, and International Policy Coordination (winter 1992), pp. 1–35 (p. 4); R.A.W. Rhodes, "What a long strange trip it's been", in Network Governance and the Differentiated Polity: Selected Essays, Volume I, R.A.W. Rhodes, ed. (Oxford, United Kingdom, Oxford University Press, 2017), 参见 https://doi.org/10.1093/oso/9780198786108.003.0001; R.A.W. Rhodes, "Policy networks: the historical moment", in Network Governance and the Differentiated Polity: Selected Essays, Volume I, R.A.W. Rhodes, ed. (Oxford, United Kingdom, Oxford University Press, 2017), 参见 https://doi.org/10.1093/oso/9780198786108.003.0003。

146 Cejudo and Michel, "Instruments for policy integration: how policy mixes work together"。

147 Chile, Ministerio de Desarrollo Social y Familia, "Chile Crece Contigo" ["Chile Grows with You"], information updated 16 January 2023, 参见 https://www.chileatiende.gob.cl/fichas/2161-chile-crece-contigo#:~:text=Su%20objetivo%20es%20que%20todos,%2C%20estimulaci%C3%B3n%2C%20apego%20y%20vestuario。

148 Cejudo and Michel, "Instruments for policy integration: how policy mixes work together", p. 6.

149 同上书, 第7页。

150 Helia Molina Milman and others, "Scaling up an early childhood development programme through a national multisectoral approach to social protection: lessons from Chile Crece Contigo", BMJ, No. 363 (December 2018), p. 6, 参见 https://www.bmj.com/content/363/bmj.k4513; Cejudo and Michel, "Instruments for policy integration: how policy mixes work together", p. 9。

151 联合国经济和社会事务部, National Institutional Arrangements for Implementation of the Sustainable Development Goals: A Five-Year Stocktaking—World Public Sector Report 2021。

152 详见《世界公共部门报告（2023）》启动会议, 2022年8月9—10日在纽约由联合国经济和社会事务部组织的专家团会议, 日程参见 https://publicadministration.un.org/Portals/1/EGM-WPSR2023-Programme.pdf。

153 详见联合国经济和社会事务部, National Institutional Arrangements for Implementation of the Sustainable Development Goals: A Five-Year Stocktaking—World Public Sector Report 2021; Valentina Resta, "Building the capacities of public servants to implement the 2030 Agenda", UN/DESA Policy Brief No. 117, September 2021（联合国经济和社会事务部）, 参见 https://www.un.org/development/desa/dpad/publication/un-desa-policy-brief-117-building-the-capacities-of-public-servants-to-implement-the-2030-agenda/ (accessed on 17 December 2022)。

154 联合国经济和社会事务部, National Institutional Arrangements for Implementation of the Sustainable Development Goals: A Five-Year Stocktaking—World Public Sector Report 2021, pp. 96–97。

155 Biermann, Hickmann and Sénit, The Political Impact of the Sustainable Development Goals: Transforming Governance through Global Goals?, chap. 4, p. 106.

156 联合国经济和社会事务部, National Institutional Arrangements for Implementation of the Sustainable Development Goals: A Five-Year Stocktaking—World Public Sector Report 2021; Resta, "Building the capacities of public servants to implement the 2030 Agenda"。

157 同上。

专家文论

随着可持续发展目标取得进展和事项优先级确定的紧迫性日益增强，如何从国家层面和地方各级层面管理政策权衡和协同增效

Nina Weitz [1]

本文的重点是：在实现可持续发展目标的紧迫性日益增强的背景下，如何管理政策权衡，并在国家和地方层面实现协同增效。立足于最新的科学成果和国家实践，本文说明了如何让优先级确定和行动更好地与《2030年议程》的不可分割性和整合性相一致，以及为什么上述策略是推动到2030年实现可持续发展目标的关键。

引 言

可持续发展目标实施期的前半段在多重危机的阴影中即将结束。数个目标和指标上进展缓慢，甚至出现倒退情况。[2] 新冠疫情、气候变化和各种冲突的影响表明，这些进展自带脆弱性和相互关联性。危机带来了额外挑战，很多可持续发展目标表现糟糕，实现这些目标还有时间限制，如此种种加剧了多种政策优先事项之间的竞争，决策者需要进行新的权衡。2022年自愿国别审查反映了重新确定投资优先级的必要性，也反映了因为很多国家的国内生产总值被用于应对新冠疫情，所以可持续发展目标的战略实施变得越来越困难。[3] 但应该指出的是，即使在疫情之前，目标也没有取得足够的进展。

《2030年议程》于2015年通过，标志着全球治理方法的转变：把横跨社会发展、经济发展和生态发展三方面的各种可持续发展目标进行整合，将其看作一个完整统一的整体，并认识到上述整合不可分割，是整体中最本质的部分。随之而来的是，人们重新关注政策整合和政策连贯的必要性——早在可持续发展目标问世前，这就一直是公共行政部门面临的反复挑战。

将可持续发展各目标看成不可分割且完整统一的整体，这种研究方法是确保各目标（比如社会、经济和环境目标）不会以彼此为代价的关键。因此，为了实现可持续发展成果，国家和国家以下各级应在分析各种发展目标之间的协同增效和如何在特定情况下最好地处理权衡后，有根据地进行政策制定和政策干预。为了在17个目标方面取得进展，并确保进展长期保持强劲，各国需要管理好由来已久的、顽固的相互制约和新出现的相互制约。

即将于2023年9月[4]举行的可持续发展目标峰会是可持续发展目标实施的重要节点；成员国将审查迄今为止的进展情况，并探讨在2030年之前加快实施的方法。各国将确定他们希望加快进展的领域，以此来确定15年执行期下半场中的优先事项（这将是2024年未来峰会的重点）。[5] 最后期限的快速接近，但迄今为止表现糟糕，多个议程还彼此竞争，在这种情况下，各国有可能将执行工作重点放在具有政治或经济利益或更容易实现的目标上，而不是优先考虑那些能够有效推动实现《2030年议程》愿景的目标。那些选择权宜之计而不是实施可持续发展综合战略的国家有可能进一步背弃《2030年议程》中蕴含的不可分割与完整统一的特性。

相较于另一些目标，一些可持续发展目标在国家实施中已经受到更多关注。我们可以理解各成员国根据其具体背景、需求、能力、紧迫程度和现有政策格局，优先考虑某些可持续发展目标。然而，各国需要在科学的帮助下，找出与本国计划保持一致且同时有助于实现《2030年议程》的总体愿景和预期成果的优先事项。确定优先事项不应仅仅与实现个别的目标有关；还要根据单一目标带来的变革以及目标与目标之间的相互影响带来的变革来决定。可持续发展目标取得进展的本质在多数情况下就是协同增效；[6] 协同增效的数量多于权衡，如果善加利用这些动态关系，可以使各国在实施期下半段更有效地推进《2030年议

程》。对目标如何相互作用的分析也有助于确定优先事项，原理是找出哪些目标没有从实现其他目标的进展中受益，因此得知这些目标无法实现的风险更高。进行仔细分析的其他原因有：确保实施战略能够减轻实施某些优先目标的所带来的任何意外影响，并提高优先级确定过程中的透明度。

厘清可持续发展各目标之间的相互作用，并允许使用协同增效和权衡相关知识来指导实施下半段的事项优先级确定工作，以上策略对于加快《2030年议程》的进展来说，具有尚未开发的潜能。

不可分割性操作化的方法和工具

《2030年议程》出现后，政策制定者对探索系统性治理方法的兴趣越来越大。虽然认识到可持续发展目标的不可分割性对实现这些目标至关重要，但在实践中支撑综合决策还需要了解不同的方法如何生效，以及了解可以使用哪些创新的治理方法来管控协同增效和权衡。[7]有一个关于系统思维等级的有用的启发式方法指出，行为者通过具备系统素养，从而认识到系统特征和交互作用的存在（敏感性），最后转化为在实践中操作系统思维的能力。[8] 2022年的一份全面科学报告显示，可持续发展目标引发的政治影响是有限的，并得出结论：为了使可持续发展目标驱动变革，必须改革制度和规章，将不可分割性这一强力原则付诸实践。[9]在这方面，研究界在系统素养[10]方面取得了进展，但还需要进一步让系统思维操作化，让系统治理方法制度化。

想要围绕可持续发展目标进行更系统的决策，有几种工具和方法可以使用：包括概念与量化系统建模、网络分析、参与式方法、交叉影响分析法和情境分析法。文献中包含的各种方法被用来应对不同的政策问题。其中一套提供了特定的工具和流程，为确定优先级提供根据，确保流程以系统思维为指导。比如，现在有框架来指导所有17个可持续发展目标和子目标或特定主题的优先级确定，该框架对全球和国家层面可持续发展目标之间的协同增效和权衡进行排序，并通过研究实现长期目标的不同途径及其对短期行动的意义，为战略制定提供依据。[11]这些方法用于增强对政策互动的理解，并可促使制定更加整合的政策。还有方法可以用于评估事前政策决策，从而监测和评估可持续发展目标及其在多大程度上展现了不可分割性。[12]

必须快速采用这些方法和工具，这样才能有根据地划分优先级，从而加速可持续发展目标的实施。眼下这些方法和工具的应用率较低，可能的原因是，在实践中如何更好地管控可持续发展目标的互联方面，[13]政界没有共识，学界也没有共识；也因为可持续发展目标的协同增效和权衡具有情境性，这使实施变得复杂；还因为这些工具并不总是便捷或能够产生决策者要求可操作性强的成果。[14]决策者必须了解本文中工具和方法的实践价值，也必须了解与可持续发展目标互联有关的学术和科学知识，上述工具方法和知识皆具有实践价值。当然，实施中必须考虑到不同国家的执行这些建议的能力。可持续发展目标的相互作用、条件和解决方案可能会随着时间的推移而发生变化，因此理想情况下，决策者不应想着一次解决，而应该长期在决策环节中利用这些建议。

管理可持续发展目标的协同增效作用和权衡：国家实践

自愿国别审查，和其他可持续发展目标后续行动和审查进程一道，旨在"以尊重普遍性、综合性和相互关联性以及可持续发展的三个维度的方式，跟踪所有国家在执行普遍目标和子目标方面的进展，跟踪目标包括执行手段"。[15] 2021年和2022年的自愿国别审查综合报告纳入了报告国关于它们履行职责的关键信息，即在执行时尊重可持续发展目标的不可分割性和整合性。[16,17]这里着重介绍了这些报告中的某些案例，用以表明各国如何确定优先事项，并努力强化协调、政策连贯性和整合性。需要对每个个案开展研究和独立评估，以确定这些过程和制度措施是否有效地使优先级确定和实施更加系统化，由此协同增效和权衡的管理能力得到了提高；它们是否有助于找到解决或减轻权衡问题的措施和利用协同增效的措施，以及对于为增强可持续发展目标决策中的系统思维而开发的工具和方法，它们在多大程度上得到了利用。

（1）可持续发展目标优先级排序和整合的工具。一些国家（包括萨尔瓦多、加蓬、圣多美和普林西比、莱索托、哈萨克斯坦、乌拉圭和瑞士）的报告称，它们根据各自国家背景，对目标及相关子目标进行审视后确定优先级，抑或根据可持续发展目标与现有国家发展计划和战略的结合方式来确定的。某些自愿国别审查反思了通过相互联系实现利益最大化的潜力。这些报告注意到了制定和实施整合政策的好处，或者承认对协同增效和权衡的评估可以促进制订衔接度更好的计划，以加快实现更多可持续发展目标。一些国家（如博茨瓦纳、萨尔瓦多和阿拉伯联合酋长国）开发了自己的工具和准则，用于确定各个可持续发展目标的优先级，并将这些目标纳入国家战略计划。其他国家（包括乍得和多米尼加共和国）使用了联合国开发计划署的快速整合评估工具。[18] 该工具采用整合方法，并强调需要了解政策领域之间的联系和协同增效作用。政策选择和相互竞争的优先事项中存在的潜在权衡，该工具也给了其足够多的重视。瑞典在其2021年自愿国别审查中称，他们以斯德哥尔摩环境研究所研究人员开发的决策工具SDG Synergies[19]为指导，进行优先级排序等；2021年哥伦比亚的自愿国别审查中也提到了这一工具，斯里兰卡和蒙古政府也使用了该工具。

（2）将可持续发展目标实施得协调制度化。一些国家报告说，已经进行了制度改革，以促进协调并提高政策连贯性；多国自愿国别审查中都提到了为了上述目的进行的制度调整。阿根廷、博茨瓦纳、阿拉伯联合酋长国、萨尔瓦多、吉布提、卢森堡、赤道几内亚、加纳、牙买加和菲律宾已经建立了部际结构或机制，用于动员政府各部门围绕可持续发展目标开展工作，促进多政策领域管理，并推广整体型政府。

（3）地方在可持续发展目标优先级排列和实施方面扮演的角色。各国的自愿国别审查反映了越来越聚焦于国家以下各级，因为可持续发展目标的有效实施依赖于地方各级切实实践方案和政策。协同增效和权衡在这里发挥作用，因此，地方当局应当参与确定优先级，这是明确政策指向，建立规划自主、实施自主和监测自主的关键。一般来说，可持续发展目标的本地化可以加强政策连贯性。国家以下各级的行为者作为变革推动者发挥着重要作用。鉴于此，确保他们可以使用适合本地情况的优先级和整合工具尤为重要。此外，应当确保他们可以长期有效地利用这些工具。

（4）预算关联。各国确定优先事项的另一种方式是将其预算和预算流程与可持续发展目标联系起来。安道尔、阿根廷、埃塞俄比亚、加纳、意大利、莱索托、马拉维、斯里兰卡和乌拉圭将预算映射到可持续发展目标上，并衡量其对每个目标的贡献。埃塞俄比亚、莱索托和菲律宾将可持续发展目标纳入其中期支出框架。博茨瓦纳、喀麦隆、格林纳达、约旦、利比里亚、黑山和多哥正在实施促进性别平等的资金战略和预算编制。埃塞俄比亚和斯里兰卡将预算权下放，以增强地方一级实施可持续发展目标的能力。

（5）立法机构的支持。一些国家（包括博茨瓦纳和瑞士）十分看重议会或类似决策机构在可持续发展目标实施过程中提供监督、立法、资源调动和支撑方面的作用。权衡归根结底是要通过谈判平衡各种行为者之间冲突的利益，而考虑到《2030年议程》中做出了不让任何人掉队的承诺，权衡对不平等会造成什么影响，这成为权衡过程中的一个关键考量因素。政策连贯性是促进实现《2030年议程》各项目标的先决条件，但是加强连贯性并不能确保减少不平等。确保政策具有代表性且尊重不让任何人掉队的准则至关重要。立法机构在这方面可以发挥重要作用，确保成果和新法律具有包容性——代表了社会各阶层的，特别是国家内及国家外边缘化群体的利益、诉求和观点。

尽管围绕可持续发展目标的竞争、冲突和权衡并非总能避免，但努力确保政策连贯性，有效管理权衡和协同增效，可以帮助各国政府以透明和公平的方式应对这些挑战，确保充分考虑可持续发展的支柱部分，以此取得所有目标的进展。

对未来可持续发展目标实施的一些启示

各国的自愿国别审查举了很多国家寻求和使用战略的例子，这些战略尊重了可持续发展目标的整体性和不可分割性；如前文所述，一些国家将追求可持续发展目标与本国战略和预算编制结合起来，采用本地化实施方案，建立协调机制，并积极让议会或其他决策机构参与可持续发展目标优先级判定和实施，从而加强监督并与立法保持一致。

尽管上述努力值得注意，但几乎没有实证证据表明：在实施过程中所有可持续发展目标的影响都得到了适当考量；系统性方法正在被用来指导确定优先事项。目前尚不清楚报告中的制度变革是否真的有助于解决可持续发展目标实施过程中的权衡问题。国家报告和独立评估可以提供必要的证据。就可持续发展目标之间的互相影响应如何指导优先级判定，以及如何在不同背景下更好地管理协同增效和权衡，上述证据可以帮助建立政治共识和科学共识。

建 议

随着可持续发展目标峰会的临近，优先级的排序变得更加紧迫，成员国需要积极探索并激活各种战略和机制，帮助它们在实施期的后半段优化政策权衡和协同增效的管理。科学界和政府间组织可以提供必要的工具、指导和支持，并促进分享好的实践案例。下面提供了一些关于下一步行动的建议。

各成员国应采用科学合理且易于使用的、自带系统性思维的决策支持工具，如是可以确保可持续发展目标的全面实施。工具开发人员应该了解这个过程的动态性质，并准备好调整他们的工具以适应多样化和不断变化的需求；随着开发出来的工具变得更加满足不同背景下决策者的需求，这些工具的使用将更广泛、更快。这些工具为应对复杂权衡和紧迫挑战而出现，科学界应通过沟通更好地展示这些工具的价值，确保工具开发满足决策者的需求，并与决策者合作加强开发能力（包括通过培训和知识交流）。

考虑到中期审查，各成员国应重新审视其实施战略和行动计划，利用基于系统思维的本地知识和决策工具，评估在国家层面和国家以下各级层面可持续发展各个目标之间的相互影响与作用。在清楚了解各项目标的行动如何支持或阻碍其他目标的进展后，各国可据此确定符合《2030年议程》愿景的优先事项。各国政府一定要对权衡（优先考虑某些目标如何影响其他目标或子目标的进展）以及解决不平等问题造成的各种影响保持透明。各国应保留记录资料、报告证据和分析工具的使用情况、所做的选择及其影响，以及新方法在多大程度上帮助了决策和议程实施。最后，各国应通过自愿国别审查和其他方法与其他成员国分享其管理协同增效和权衡的知识和信息。

可持续发展高级别政治论坛可以鼓励会员国分享建立在整体性和不可分割原则基础上的成功实践经验，从而有助于缓解某些国家实施不全面的问题。论坛还可以促进关于如何在实践中更好地管理协同增效和权衡的知识交流。

结 论

本文提供的信息旨在帮助成员国在有效管理不可分割的可持续发展各个目标之间现有的和新出现的协同增效问题和权衡问题。文中举了一些例子，用来展示一些国家眼下是如何应对这一挑战的。但在实施过程中，每个国家是否正在适当考虑所有可持续发展目标之间的协同增效和权衡，或者是否正在用其指导优先事项的排序，实证证据中只有极少数做到了的案例。可持续发展目标峰会为各国政府提供了一个机会，让它们可以在实施期的后半段纠正错误，更加重视系统性治理。在应对可持续发展挑战的过程中，确定优先级排序，管理权衡和协同增效的行为可能会涉及政治操纵，从而引发争端。但它们也可能使可持续发展目标的实施更具影响力和变革性。

尾注

1. Nina Weitz，斯德哥尔摩环境研究所（SEI）研究员。同时感谢SEI高级研究员亨瑞克·卡尔森（Henrik Carlsen）和联合国经济和社会事务部高级治理与公共行政官阿兰扎祖·桂兰·蒙特罗（Aranzazu Guillan Montero），感谢他们对于本文早期版本的评论。

2. 联合国经济和社会事务部，《全球可持续发展目标报告（2022）》（销售编号．E.22.I.2），参见 https://unstats.un.org/sdgs/report/2022/The-Sustainable-Development-Goals-Report-2022.pdf。

3. 联合国经济和社会事务部，《自愿国别审查报告合集（2022）》，参见 https://hlpf.un.org/sites/default/files/2022-10/VNR%202022%20Synthesis%20Report.pdf。

4. 下一届SDG峰会于2023年9月召开，标志着《2030年议程》实施期的中点。各国元首和政府首脑将会全面讨论可持续发展目标的实施情况，并为2030年实现目标提供高层次政治指导。峰会后将形成一份政治宣言。

5. 未来峰会将于2024年9月在联合国召开。它是联合国秘书长《我们的共同议程》的后续。它将会在SDG峰会的基础上，为更有效的全球治理和全球合作打下基础，以应对当今挑战和未来威胁。

6. Myriam Pham-Truffert and others, "Interactions among Sustainable Development Goals: knowledge for identifying multipliers and virtuous cycles", *Sustainable Development*, vol. 28, No. 5 (June 2020), pp. 1236–1250, 参见 https://doi.org/10.1002/sd.2073。

7. Anita Breuer and others, eds., *Governing the Interlinkages between the SDGs: Approaches, Opportunities and Challenges*, 1st ed. (London, Routledge, 2022), 参见 https://doi.org/10.4324/9781003254683。

8. Ray Ison and Monica Shelley, "Governing in the Anthropocene: contributions from system thinking in practice?", *Systems Research and Behavioral Science*, vol. 33, No. 5 (2016), pp. 589–594, 参见 https://doi.org/10.1002/sres.2436。

9. Frank Biermann and others, "Scientific evidence on the political impact of the Sustainable Development Goals", *Nature Sustainability*, vol. 5, No. 9 (20 June 2022), pp. 795–800, 参见 https://doi.org/10.1038/s41893-022-00909-5。

10. 例如，参考 Therese Bennich, Nina Weitz and Henrik Carlsen, "Deciphering the scientific literature on SDG interactions: a review and reading guide", *Science of the Total Environment*, vol. 728 (1 August 2020), 参见 https://doi.org/10.1016/j.scitotenv.2020.138405。

11. 同上。

12. Måns Nilsson and Nina Weitz, "Governing trade-offs and building coherence in policy-making for the 2030 Agenda", *Politics and Governance*, vol. 7, No. 4 (2019), pp. 254–263, 参见 https://doi.org/10.17645/pag.v7i4.2229。

13. Anita Breuer and others, eds., *Governing the Interlinkages between the SDGs: Approaches, Opportunities and Challenges*.

14. Lorenzo Di Lucia, Raphael Slade and Jamil Khan, "Decision-making fitness of methods to understand Sustainable Development Goal interactions", *Nature Sustainability*, vol. 5 (2022), pp. 131–138, 参见 https://doi.org/10.1038/s41893-021-00819-y。

15. Javier Surasky, *Repository of Good Practices in Voluntary National Review (VNR) Reporting*（联合国经济和社会事务部，2022），参见 https://hlpf.un.org/sites/default/files/2022-06/Repository%20of%20Good%20Practices.pdf。也可参见《2030年议程》第74（b）段。

16. 联合国经济和社会事务部，《自愿国别审查报告合集（2022）》。

17. 联合国经济和社会事务部，《自愿国别审查报告合集（2021）》。参见 https://sustainabledevelopment.un.org/content/documents/294382021_VNR_Synthesis_Report.pdf。

18. 详见联合国开发计划署，"Rapid Integrated Assessment: mainstreaming the SDGs into national and local plans"，参见 https://sdgintegration.undp.org/RIA。

19. 参见SDG协同增效网页 www.sdgsynergies.org。

构建协同机制，推动平等和经济复苏：
斯里兰卡在社会保障体系上的创新

Karin Fernando, Thilini De Alwis [1]

从历史上看，社会和经济的快速变化，会迫使各国政府和领导人重新思考一个国家的发展战略。新冠疫情对全球的冲击，暴露了许多国家在制度流程上的缺陷和不平等现象，很明显地反映了很多传统的治理和发展方法在面对紧急情况时的不可持续性。斯里兰卡目前正努力应对经济衰退问题，其遭遇清楚地表明了鼓励创新和问责制改革的必要性。本文审查了斯里兰卡在面对多重政策优先事项时采取的管理模式对其公民产生的影响。这些优先事项包括减少债务、外贸管控、加强可持续农业和保护弱势社区等，各事项优先级存在竞争性。此外，本文还强调了政府和各发展伙伴近期为加强平等与经济增长的协同作用以及改善社会保护机制方所做的努力。

背景：斯里兰卡当前面临的经济困境

斯里兰卡之前就曾面临国家发展挑战，比如在推动私营部门更广泛地参与经济活动方面进展缓慢、缺乏出口导向、融入全球价值链不够充分等，紧接着又遭遇了新冠疫情的冲击和随后出现的经济危机。[2] 虽然斯里兰卡的人类发展指数（Human Development Index）排名相对较高，但一旦调整了不平等因素后，得分就会下降，[3] 这也清楚地反映出斯里兰卡在发展上的不平等。由于该国在 2019 年采取了低税收政策，且非自由支配支出较高，所以国家几乎没有什么空间可用于如医疗、教育和基础设施等的关键性发展支出。[4] 2021 年底，斯里兰卡面临艰难的财政问题和债务状况，无法承受外汇流动性限制，[5] 最终导致本国货币卢比暴跌，2022 年上半年居民的生活成本翻了三番。[6] 这些正是斯里兰卡进行下阶段发展时所面临的处境。要克服这些挑战，必须进行体制机制改革，建立问责制度，推动经济复苏，同时还要确保弱势群体得到保护。

斯里兰卡在落实可持续发展目标上的进展

斯里兰卡实施可持续发展目标的进程本就支离破碎，自 2018 年以来遭受的各种重大冲击更是让其一直处于失速状态，比如宪法危机、2019 年复活节发生的连环炸弹袭击以及后续政府缺乏承诺的种种表现。[7] 此外，实施可持续发展目标议程的机构，已从原来 2015 年一个单独的部委降格为 2018 年环境部下属的一个单位，而且这个单位在环境部还只是一个次主题，而非重点关注领域。此外，当前面临的经济危机也进一步阻碍了其实施进程。目前，可持续发展目标已经启动了 7 年，但斯里兰卡却还未完全通过一项支持可持续发展目标的综合实施计划。政治意愿低下以及公共行政的碎片化，导致政策规划过程孤立，各部门之间几乎没有甚至完全没有连贯性或协调性。此外，我们还注意到，政策制定者倾向于淡化本部门[8]的消极权衡，也不会努力去解决如何实现政策连贯的问题。经济增长仍是重中之重，社会政策和环境规划[9]缺乏整体的政策设计和实施方法。频繁的政策变化破坏了政策的一致性和稳定性，让政策制定成了一种政治活动。要平衡并真正实现经济增长、社会包容和环境可持续性这三方面，就必须做出政治承诺，要进行综合规划并对政策权衡进行有效管理，从而减轻由于优先考虑其中一个领域而引发的任何意外后果。

可持续发展目标为理解发展目标之间的相互联系和溢出效应提供了一种框架。斯德哥尔摩环境研究所（Stockholm Environment Institute, SEI）制定了一套方法，用于识别和选择具有最大协同效应的目标和具体目标。[10] 该方法在斯里兰卡得到了应用，并受到由可持续发展、野生动植物和区域发展部领导组成的专家委员会的指导。在2019年举办的一次全国磋商研讨会上，来自政府、民间社会、学术界和发展伙伴的40名专家齐聚一堂，对可持续发展目标之间的相互作用进行了评估。此次评估表明，在优先目标中，最有可能加速其他目标进展的目标有：加强政策一致性（目标17.14）、减少腐败（目标16.5）和增强应对气候变化的能力（目标13.3）。[11]

关于优先发展事项在何种程度上相互交叉，如何在多个层面上采取综合行动，斯里兰卡近期一项禁止使用化肥的政策决定或许可以带来一些启示。2021年，斯里兰卡在债务危机日益加剧的背景下实施了禁止使用化肥的政策，认为该政策可以解决多重挑战，如节省外汇、减少化学投入、让农业发展更加可持续、让粮食系统变得更加健康等。

但是，由于缺乏综合的政策决策过程[12]，最终却导致生产力严重下降，农业收入减少，还引发了前所未有的粮食安全危机。[13] 2022年年中进行的一项快速粮食安全评估表明，斯里兰卡家庭平均将家庭预算的82%用于食品消费。[14] 世界粮食计划署于2023年1月发布的一份报告显示，斯里兰卡有32%的居民无法满足自身营养需求。[15] 由于缺乏综合计划而导致了这一系列事件的发生，影响了营养和粮食安全以及农业作为生计来源的稳定性，增加了贫困率，还对妇女福祉造成了影响。

由于金融危机的出现，斯里兰卡实现可持续发展目标1的进程已大不如前。据估计，2021—2022年，该国贫困率翻了一番，从13.1%升至25.6%。作为参考，2017年购买力平价为人均3.65美元。[16] 正如世界银行所观察到的："不仅是生活在贫困线以下的人数越来越多，而且目前的生活水平与贫困线所代表的最低标准相比，也进一步下降了。穷人与贫困线之间的平均差距从2019年的18.9%上升至2022年的27.4%。"[17] 所以，必须要建立更好的社会安全保护机制，确保人们满足基本需求，重返生产性工作。

经济复苏和社会保障体系改革

斯德哥尔摩环境研究所的交互模型应用表明，社会保障方面的进展（目标1.3）也许不是关键要素，但却可以对那些旨在实现经济发展的目标提供支持，这些目标包括：创新（目标8.2）、粮食和营养（目标2.1和2.2）、平等（目标5.1、10.3和10.4）和环境（目标13.2、12.3、14.1和15.1）。[18] 社会保障对在新冠疫情期间和疫情后时期支持或为家庭提供缓冲来说至关重要，[19] 但也仍存在一些差距阻碍了社会计划实施的公平性和有效性。[20]

斯里兰卡在落实社会保障上的做法呈现出碎片化现象，虽然该国实施了很多社会保障计划，但这些计划之间缺乏协调性。首先，津贴发放上存在挑战，这主要是由于发放机制效率低下，受益人数据库还未实现数字化，必须要进行手动更新，而且受益人仍必须排队才能进入现金转账系统。其次，缺乏良好的治理实践也是各国发展目标落后的一个关键原因。[21] 比如，在斯里兰卡等国家，减少腐败（目标16.5）有利于改善社会保障和服务提供的可及性，从而加快实现具有实质性的社会保障覆盖的进程（目标1.3）。[22] 再次，计划实施过程中存在的偏见、歧视和政治干预，也是引发公众不满的主要原因。例如，一些社会保障计划申请人和受助人曾抱怨说，一些受益人之所以被选中，是因为他们"认识某人"。[23] 最后，斯里兰卡缺乏一个可靠的系统来识别到底哪些人需要社会保障，该国没有做好准备去覆盖更多新的受益人，而且针对那些已完成受益计划的受益人也没有拟定退出协议，这些因素都可能会影响到资金的公平分配。[24] 疫情期间，政府由于缺乏关于哪些家庭最受影响的数据，导致应对措施受到限制。由于援助是根据现有的当前计划受益人名单和2016—2019年汇编的候补名单来提供的，[25] 因此，社会援助未能惠及因新冠疫情危机而陷入贫困的人们。

随着经济压力不断加大、需要援助的人数不断增加以及国际货币基金组织（International Monetary Fund, IMF）施加的附加条件和紧缩措施，斯里兰卡政府最近已经采取措施，通过福利委员会来对福利计划进行现代化改造。截至2022年底，该委员会已经开始着手建立起一套基于每个公民和家庭的单一核实信息来源的管理系统，以更好地确定目标人群。[26] 设立的中央登记处也有利于促进更好的记录和监控。虽然新的福利计划尚未推出，但是建立数字化登记处、愿意进行创新为每个家庭分配二维码、愿意建立去中心化的数据收集系统[27]等举措，都释放了政府致力于向前迈进的积极信号。此外，斯里兰卡政府还推出了上诉程序，以确保透明度和问责制。

改革过程中运用的另一个重要补充举措是确定社会保障计划资格标准，[28] 目的是减少腐败，更准确地从多维度捕捉到目标人群。社会福利金资格的核实方法应用了六项标准，涉及教育水平、家庭成员的健康状况、经济活动、资产所有权、住房条件和家庭人口统计。此外，斯里兰卡还设立了22个用于衡量这些标准的具体指标。

该国目前正在进行数据收集，而且需要对该流程进行创新，以确保短时间内实现全面覆盖和最佳效率。数据收集过程启动时，人们需要尽可能自行注册并获取二维码，对于那些在数字操作上有困难的，政府会提供帮助，以确保覆盖到最广大的人群。截至注册活动结束时，全国已有350多万人注册，但之后还需验证信息来获得支持。由于数据收集必须在几个月内完成，因此必须对大量数据收集人员进行培训，教他们使用那些专门为数据收集而设计的计算机辅助个人访谈工具。斯里兰卡全国各岛屿共计有14 000多名基层实施官员接受了面对面和视频辅助培训，培训由政府和非政府合作伙伴共同开展。

经验教训

我们可以从斯里兰卡的改革过程中吸取一些教训。虽然改革过程中有各个领域专家的参与，也有来自民间社会的意见，但是，由于缺乏透明度，且在短期内要执行和满足国际基金货币组织设定的条件，因此导致互动不足。改革当初应该对多维方法和指标进行更广泛的讨论。比如，关于这些指标在改革前有没有进行过严格的试点测试，这一点并不明确。而且，有些指标是在《斯里兰卡民主社会主义共和国官方公报》（Gazette of the Democratic Socialist Republic of Sri Lanka）上公布之后才进行了讨论，比如电力阈值和经济资产阈值。一旦指标公布之后再要去对其进行变更，程序就会变得很烦琐。此外，方法论方面也不是很明确，这一点也让人产生了质疑，比如如何界定临界值等。如果当时加强责任制意识，鼓励基层实施官员更广泛的参与，也许会对拟议变革、数据收集和随后的实施提供更强有力的支持。此外，数据收集过程中采用的惩罚条款同样引发了人们的抗议，这也阻碍了改革的推广，导致了最终的延误。由于种种此类情况，政府不得不采用替代方案来完成数据收集，而这可能会损害流程的严谨性。

目前仍有很多工作要做，也仍存在许多挑战。首先必须对收集到的数据进行核实，其次还有对资金不足的担忧，因为重新设计的社会保障体系可能覆盖的群体更多，而且需要提供更多实质性的支持。[29] 如果政府无法履行其社会保障义务，最终不清楚会产生什么后果。尤其是，如果没有替代计划或者没有采取措施建立适当的申诉补救机制，那么后果不得而知。此外还必须指出，目前这个阶段的实施模式仍然还不明确。最后一点是，地方官员和公众缺乏对流程的全局认识，也会阻碍改革的接纳和实施进程。

结 论

新冠疫情和随后出现的经济危机表明，对于斯里兰卡这样的国家来说，建立有效和高效的社会保障机制至关重要。疫情的冲击以及随后出现的经济危机带来了严峻挑战，让斯里兰卡不得不采取很多创新方法，例如使用二维码和数字化登记、使用多维贫困措施和视频培训来改革社会保障体系等。重新下定决心进行社会保障改革是一个积极的举措，这一过程得到了来自各利益相关方的合作支持，他们提供的意见也应用到了解决复杂的政策设计和实施挑战的过程当中。斯里兰卡正在做出努力，承认贫困的多维性，并根据可持续发展目标来考量福祉的不同维度。社会保障为实现其他几个可持续发展目标和相关具体目标提供了缓冲，因为它强调建立协同效应和有效管理权衡。最后需注意的是，在这样的发展努力中，重要的是要确保充分的协商和透明度，对新想法进行充分的测试，并在必要时对其进行调整。此外，还要为计划的制订和执行设定切合实际的时间框架，确保所有各方都参与其中。还要对协同效果和权衡利弊进行评估，确定有效的政策解决方案，从而改善公共服务的递送，建设更具复原力的社会。

尾注

1. Karin Fernando 和 Thilini De Alwis 是贫困分析中心的高级研究专家。

2. 世界银行，*Sri Lanka Development Update 2021: Economic and Poverty Impact of COVID-19* (Washington, D.C., June 2021)，参见 https://thedocs.worldbank.org/en/doc/15b8de0edd4f39cc7a82b7aff8430576-0310062021/original/SriLanka-DevUpd-Apr9.pdf。

3. 联合国开发计划署，*Human Development Report 2021/2022—Uncertain Times, Unsettled Lives: Shaping Our Future in a Transforming World* (New York, 2022)，参见 https://hdr.undp.org/system/files/documents/global-report-document/hdr2021-22pdf_1.pdf。

4. 世界银行，*Sri Lanka Development Update 2021: Economic and Poverty Impact of COVID-19*。

5. 同上。

6. 斯里兰卡中央银行，"Consumer price inflation"，参见 https://www.cbsl.gov.lk/en/measures-of-consumer-price-inflation。

7. 斯里兰卡，*Inclusive Transformation towards a Sustainably Developed Nation for All: National Review on the Implementation of the 2030 Agenda for Sustainable Development in Sri Lanka* (Sustainable Development Council Sri Lanka, June 2022)，参见 https://hlpf.un.org/sites/default/files/vnrs/2022/VNR%202022%20Sri%20Lanka%20Report.pdf。

8. Linn Järnberg, and others "Interactions among the Sustainable Development Goals in Sri Lanka: a systemic assessment", SEI report (Stockholm Environment Institute, 5 May 2021)，参见 https://www.sei.org/publications/interactions-among-the-sustainable-development-goals-in-sri-lanka-a-systemic-assessment/。

9. 斯里兰卡，*Inclusive Transformation towards a Sustainably Developed Nation for All: National Review on the Implementation of the 2030 Agenda for Sustainable Development in Sri Lanka*。

10. Järnberg, and others "Interactions among the Sustainable Development Goals in Sri Lanka: a systemic assessment".

11. 同上。

12. 斯里兰卡总统秘书处，"Importation of chemical fertilizers will be stopped completely…", 22 April 2021，参见 https://www.presidentsoffice.gov.lk/index.php/2021/04/22/importation-of-chemical-fertilizers-will-be-stopped-completely/。

13. 贫困分析中心、技术合作与发展机构和世界愿景，*Rapid Food Security Assessment, July 2022*，参见 https://www.cepa.lk/wp-content/uploads/2022/10/Rapid-Food-Security-Survey-Report-July-2022_0.pdf。

14. 同上。

15. 世界食品项目，"Sri Lanka food security monitoring: January 2023", Remote Household Food Security Survey Brief，参见 https://docs.wfp.org/api/documents/WFP-0000147327/download/?_ga=2.105116035.1453640614.1679282531-2105174948.1672220937。

16. 世界银行，*Sri Lanka Development Update: Protecting the Poor and Vulnerable in a Time of Crisis* (World Bank Group, October 2022)，信息获取可通过 https://thedocs.worldbank.org/en/doc/6c87e47ca3f08a4b13e67f79aec8fa3b-0310062022/original/Sri-Lanka-Development-Update-October-2022-final.pdf。

17. 同上书，p. 33。

18. Järnberg, and others "Interactions among the Sustainable Development Goals in Sri Lanka: a systemic assessment".

19. 斯里兰卡，*Inclusive Transformation towards a Sustainably Developed Nation for All: National Review on the Implementation of the 2030 Agenda for Sustainable Development in Sri Lanka*.

20. 斯里兰卡政策研究所，"Third 'Sri Lanka: State of the Economy 2021' report launch webinar", 14 October 2021，参见 https://www.ips.lk/third-sri-lanka-state-of-the-economy-2021-report-launch-webinar/。

21. M.K. Nadeeka Damayanthi, "Good governance and poverty alleviation programmes in Sri Lanka: special reference on Samurkhi programme", *African-Asian Journal of Rural Development*, vol. 47, No. 1 (2014), pp. 43–64，参见 http://repository.kln.ac.lk/jspui/bitstream/123456789/5305/1/MK%20Nadeeka-43-64.pdf。

22. Järnberg, and others "Interactions among the Sustainable Development Goals in Sri Lanka: a systemic assessment".

23. Nayana Godamunne, *Researching Livelihoods and Services Affected by Conflict: The Role of Social Protection in State Legitimacy in the Former Conflict Areas of Sri Lanka*, Report 6, June 2015 (London, Secure Livelihoods Research Consortium)，参见 https://securelivelihoods.org/wp-content/uploads/The-role-of-social-protection-in-state-legitimacy-in-the-former-conflict-areas-of-Sri-Lanka.pdf。

24. 斯里兰卡，*Inclusive Transformation towards a Sustainably Developed Nation for All: National Review on the Implementation of the 2030 Agenda for Sustainable Development in Sri Lanka*。

25. 世界银行，*Sri Lanka Development Update: Protecting the Poor and Vulnerable in a Time of Crisis*。

26. 斯里兰卡福利委员会，参见 https://www.wbb.gov.lk/test/en/iwms.php。

27. 斯里兰卡财政、经济稳定和国家政策部，"Identification of eligible persons/families to receive welfare benefits payments, 2022"，新闻发布会，参见 https://www.treasury.gov.lk/api/file/38c784ea-1bb6-41bf-a52d-ca0b8fe798ce。

28. 斯里兰卡福利法案，No. 24 of 2022, *The Gazette of the Democratic Socialist Republic of Sri Lanka*, No. 2303/23, 20 October 2022，参见 https://www.wbb.gov.lk/backend/assets/publications/1686221570519.pdf。

29. 世界银行，*Sri Lanka Development Update: Protecting the Poor and Vulnerable in a Time of Crisis*。

加强科学与政策互动，推动实现可持续发展

Franklin Carrero-Martínez, Cherry Murray, E. William Colglazie, Emi Kameyama [1]

引 言

新冠疫情、地缘政治冲突、经济危机和气候变化等多重全球问题的出现，让实现《2030年议程》及其可持续发展目标变得更加困难。要实现可持续发展目标中规定的具体目标，需要各国政府、私营部门、资助机构、科学家和工程师以及民间社会的广泛参与和承诺。在一些国家，包括美国在内，[2] 尽管人们对可持续发展目标中涉及的活动类型很感兴趣，但对可持续发展目标的认可度仍然很低。

可持续发展目标相关决议于2015年提出，计划于2030年实现，15年的时间周期如今即将过半。随着时间的推进，越来越明显地表明，必须要采取行动，加强科学与政策之间的互动，同时制定研究议程，为《2030年议程》后期议程提供参考。2022年11月，美国国家科学、工程和医学院（National Academies of Sciences, Engineering, and Medicine, NASEM）专家委员会发布了一份简短的共识报告，题为《落实可持续发展，造福人类与地球》（Operationalizing Sustainable Development to Benefit People and the Planet），该报告中明确了实施可持续发展过程中一些关键性的研究重点和可行步骤。[3] 本文参考了该报告中提到的一些积极案例及从这些案例研究得出的经验教训，并在此基础上提供了富有建设性的前瞻性评估，重点关注了自然、社会、科学和技术的有效融合。

由于可持续发展目标之间相互关联且往往相互影响，因此委员会在报告中强调了在实现8个目标主题共同优先事项的过程中，确保多利益相关方、多部门进行合作的必要性，还有在决策过程中得到各方参与的重要性。从以下案例研究中可以得出一个结论：要建立不同利益相关方之间的信任，这一点很重要。要加强科学和政策之间的互动，实现可持续发展目标的全面落实。在发挥各目标之间协同作用的同时，尽量减少潜在的负面互动。

科学界需要倾听和承认来自政府、行业和当地社区利益相关者的需求，探索能够让科学系统更具包容性、公平性和社会相关性的方法，这一点对于加强各方信任至关重要。所有利益相关者要共同协作，参与到制定决策、设立优先事项和管理权衡的过程中，以加强科学与政策之间的联系，这有助于加强公众对科学的信任，推动包容性知识生产的发展，并加强能力建设。这种集体性的倾听和决策过程会耗费很多时间和精力，但却是必不可少的。科学家和其他利益相关者要通力合作，这样有助于循证政策和行动的通过，进而推动甚至加速可持续发展目标的实施进程。

教育和能力建设

教育对于实现可持续发展目标至关重要。各级教育机构具有强大能力，能够助推可持续发展目标在全社会的实施。要实现可持续发展目标4（优质教育），首先需要让复杂的主题变得通俗易懂，培养人们长期参与的意识，将抽象的可持续发展目标转化为那些跟当地切实相关的问题，然后采取行动进行变革，吸引儿童的参与。

在K-12基础教育方面，史密森尼科学教育中心（Smithsonian Science Education Center, SSEC）提出了一项富有远见的举措。它提倡基于主动探究的科学、技术、工程和数学（Science, Technology, Engineering and Math, STEM）[4] 课程的教学与学习，并提出了促进可持续发展的K-12 STEM课程教育，要求确保K-12 STEM教育的样性、公平性、可及性和包容性。[5] 2016年，史密森尼科学教育中心有意将其工作与可持续发展目标保持一致，与

国际科学院联合组织（InterAcademy Partnership, IAP）合作创建了史密森尼科学促进全球目标项目（Smithsonian Science for Global Goals），旨在帮助年轻人发现、理解和行动。国际科学院联合组织是一个由140多个科学和医学院组成的综合团体。此次创建的新项目将那些与当地相关、由当地驱动但却具有全球重要意义的体验式学习体验，与STEM教育、社会和情感学习以及公民参与结合在一起。这个过程类似于上述提到的多利益相关方的参与过程。

在高等教育领域，卡内基梅隆大学（Carnegie Mellon University, CMU）提供了一种高校如何推动实施可持续发展的成功范式。2019年，卡内基梅隆大学启动了校园多学科可持续发展计划，并通过该计划制定了美国首个自愿大学审查（Voluntary University Review, VUR），以评估高等教育环境下如何将教育、研究和实践与可持续发展目标保持一致。[6]卡内基梅隆大学的学生参与了匹兹堡市自愿本地审查（Voluntary Local Review, VLR）的制定，还参与了数个顶点项目，目的是在美国和加拿大几个城市开展案例研究，追踪疫情救济和复苏资金对那些跟社会正义需求相关的问题的影响（包括可持续发展目标2、3、10和16）。为了实施可持续发展，大学可以与地方和国家政府、商界及民间社会组织建立伙伴关系，为当地社区制定自愿大学审查和自愿本地审查，审查实际需求，并采取切实可行的步骤来推动可持续发展目标的实现。

可持续发展目标的本地化

虽然可持续发展目标涵盖的是全球愿景，但其必须植根于地方、受地方承认，并落实于地方。地方社区在实现可持续发展目标方面发挥着重要作用。然而，管辖范围、监管限制和融资考量等因素或会对其造成障碍。比如选举周期这个问题就很棘手，因为政府领袖可能会不定期变化。但是，如果将可持续性理念融入政府、公民团体和非正式网络，那么就可以获得所需的持久性。

在本地化方面，一个实际案例是夏威夷绿色增长（Hawai'i Green Growth, HGG）组织，该组织通过各种社交网络来使用和贡献知识，提供关于哪些方法有效以及哪些方法可以做得更好的例子。[7]夏威夷绿色增长组织成立于2011年，汇集了150多个不同的利益相关方，致力于经济、社会和环境等优先事项。它的成功取决于四大支柱，即领袖承诺、公私合作伙伴关系、进展衡量以及实实在在的实地行动。在持续发展目标上形成共识，有利于得到透明有用的数据。在线开放数据平台向公民展示了正在取得的进展以及工作中存在的不足。判定哪些事项具有重要性，有助于制定基于多利益相关方的本地标准和指标，并了解不同指标之间的关系及这些指标与可持续发展目标之间的关系。要实现可持续发展目标17（伙伴关系）至关重要，但这要在信任的基础上加速推进。[8]人们一般都希望迅速采取行动，但其实过程也很重要。召集和联系不同的合作伙伴，确定共同的优先事项，权衡哪些是重要事项，协调可以推动行动的伙伴关系，这些都需要时间。2020年，夏威夷成为美国第一个进行自愿州级审查的州。

为了使可持续发展目标实现本地化，需要探索能够让科学系统更具包容性和公平性的方法，让更广泛的声音、机构、知识类型和学习方法参与进来，并满足当地需求，进而加强当地科学与政策之间的互动。地方官员可以利用可持续发展目标框架来协调地方政策和举措。城市和社区领导人可以利用现有的知识网络来推进可持续发展，探索各种实体组织的资源和活动，例如C40城市集团、布鲁金斯学会的可持续发展目标领导力城市倡议、全球岛屿伙伴关系（Global Island Partnership）、世界城市和地方政府联盟学习组织（UCLG Learning）、印度替代方案组合（Vikalp Sangam）、全球替代方案网络（Global Tapestry of Alternatives）和非洲城市网络（African Network of Cities）等。[9]随着美国越来越多的州和城市开展自愿地方审查，联邦政府可以将这些知识进行利用并加以整合，进而开展自愿国别审查。

城市化

虽然可持续发展目标11（可持续城市和社区）最直接针对的是城市地区，但如果相关可持续发展目标没有取得进展，那么城市就无法实现"包容、安全、有抵御灾害能力和可持续"的目标。目前还有很多改进空间来加强与城市化相关的可持续发展目标之间的协同。例如，恢复湿地和城市森林有助于加强粮食安全，减轻洪水和干旱危害，缓解城市热岛效应，减少空气污染，还能缓解城市居民的身心压力。再比如，建立自行车友好或以公交车为基础的出行网络，逐步过渡到低碳交通系统，不仅可以减少碳排放，还可以降低肥胖水平，改善当地经济，同时减少空气污染。想减少百分之几的碳排放或增加百分之几的森林覆盖率，这都不难实现。但是，要在不加剧不平等或不加剧贫困和脆弱性的情况下做到这一点，就变得具有挑战和难度。要想实现可持续的繁荣发展，提高城市居民的生活质量，就要采用一种新的发展模式。

巴西南部城市阿雷格里港正在实施的一项倡议就很好地阐释了这种协同模式的作用，比如，它是如何帮助地方层面吸引来自公民的长期参与，以及如何让可持续发展变得有趣和令人憧憬。全球城市发展组织（Global Urban Development）成立于2001年，该组织参与了由世界银行资助的针对巴西南部的南里奥格兰德州的一项战略。根据该战略，巴西在这个拥有150万人口的阿雷格里港建立了一个可持续创新区（Sustainable Innovation Zone），目标是到2030年让该市成为拉丁美洲太阳能利用率最高、能源效率最高、自行车友好、循环经济得到发展和数字化连接程度最高的社区。[10]社区成员共同携手规划和参与对社区花园、堆肥中心、共享电动汽车和自行车、太阳能柱和屋顶等的改造工作。这是一种自下而上式的活动，既没有国家官员负责，也没有城市官员负责，而是全部依靠民间社会、学术界、商界和政府行为体的参与。变革过程既要采取行动，也要展示可持续发展改造后的效果，还要鼓励包容性地参与，并坚持独立的非党派性，这样才能在多变的政治领导选举中得以生存。巴西的经验表明，战略的制定必须在所有阶段都得到充分和共同的参与，合作和知识共享对实现可持续城市化至关重要。如果将战略和市长或其他领导人的议程联系得过于紧密，那么一旦领导层发生变动，战略可能也会随之土崩瓦解。

发展科学、技术与创新，推动实现可持续发展目标

科学、技术与创新（STI）是加快实现可持续发展目标的重要支柱。建立跨部门、跨学科的科技与创新伙伴关系，可以为多边主义复兴和创新方式发展带来希望，有助于推动可持续发展目标的实现。如何应用科学、技术与创新，若干挑战已经浮出水面。[11]有时候，这些挑战还会由于受到新冠疫情、地缘政治和社会动荡的影响而加剧。其中一项挑战就是数字鸿沟，即国家之间或国家内部之间在数字技术使用上的不均衡和不平等现象。如今，世界变得互联互通，也越来越依赖这些技术，因而那些无法使用数字技术的国家和人民很可能会变得越来越落后。[12]要想充分利用数字技术带来的好处，同时减轻其造成的危害，必须建立适当的治理体系和基础设施，拥有足够的资源和能力，此外还要提升个人、社区和企业吸收和应用这些技术的能力。

由联合国经济和社会事务部与联合国贸易和发展会议[13]协调组织的联合国可持续发展目标科学、技术与创新机构间工作组（United Nations Interagency Task Team on Science, Technology and Innovation for the SDGs, IATT），目前正在领导一项"可持续发展目标科学、技术与创新路线图全球试点计划"（Global Pilot Programme on STI for SDGs Roadmaps），该计划提出了一种富有前景的方法，规划如何利用科学、技术与创新来帮助一个国家努力加速实现可持续发展目标。该工作组最初在埃塞俄比亚、加纳、印度、肯尼亚和塞尔维亚开启试点项目，后续又扩大规模，扩展到乌克兰。该路线图流程包括6个步骤：（1）确定目标和范围；

（2）评估当前情况；（3）制定愿景、目标和具体目标；（4）评估其他可替代性途径；（5）制定详细的可持续发展目标科学、技术与创新路线图；（6）执行、监测、评估和更新计划。[14] 其中，关键性投入包括利益相关方之间的磋商、技术和管理方面的专业知识，以及数据和证据基础。从该路线图试点项目中可以得到一些经验和教训，尤其是强调以下几点的重要性：（1）要确保政府、科学家和工程师、行业以及非政府和当地社区利益相关方团体积极参与，共同制定一致的愿景、目标和具体目标。[15]（2）要充分利用这种强有力的科学与政策之间的互动和最新的数据及专业知识来评估科学、技术与创新方案。（3）要划拨预算来支持倡议的实施。在试点国家中，加纳努力加强制度协调，并建立了用来监测和评估可持续发展目标战略的科学、技术与创新机制；[16] 而埃塞俄比亚和乌克兰则陷入了冲突危机，这也破坏了其可持续发展计划。由此可以看出，战争和局部冲突也许是实现可持续发展目标的最大威胁。[17] 尽管各国面临着不同的挑战，而且这些挑战可能会影响其实现可持续发展战略的科学、技术与创新的优先次序和实施时间，但路线图仍为各国提供了一条清晰的路径，让其在时机成熟之时向前迈进。

结　论

随着《2030年议程》实施进入中期，迫切需要加快可持续发展行动。加快推动各级政府和社会各界参与到落实可持续发展的进程中，这是实现17项可持续发展目标中所设想的美好未来的重要基石。经验表明，单纯依赖技术层面的解决方案，或是简单复制在一个地方行之有效却在另一个地方行不通的方案，这种行为是不明智的。[18] 本文分享的正面案例研究表明，建立不同利益攸关方之间的信任，这对于加强科学政策接口和全面落实可持续发展目标来说至关重要。科学界可以通过积极参与多利益攸关方的决策过程、确定优先事项和管理权衡来发挥重要作用，从而帮助增强公众对科学的信任，并推动包容性知识生产的发展。为了让可持续发展得以实施，需要探索一种能够让科学系统变得更加包容和公平的方法，让更多的声音、机构、知识类型和方法参与进来，鼓励去学习、培养能力并创造符合当地需求的知识。还有很重要的一点是，必须要建立明确的治理模式和制度安排，加强科学政策接口，加速当地可持续发展转型。

尾注

1. Franklin Carrero-Martínez，美国国家科学、工程和医学院科学和技术可持续发展项目高级主管；Cherry Murray，亚利桑那大学物理学教授兼生物圈二号研究副主任；E. William Colglazier，《科学与外交》杂志主编兼美国科学促进会科学与外交中心高级学者；Emi Kameyama，美国国家科学院的项目官员。

2. Kait Pendrak, Oneika Pryce and Krista Rasmussen, "What do Americans really think about the SDGs?", United Nations Foundation blog post, 8 September 2022，参见 https://unfoundation.org/blog/post/what-do-americans-really-think-about-the-sdgs。

3. 该报告以2021年诺贝尔奖峰会期间科学家、政策制定者、商界领袖和青年领袖之间的讨论为基础："我们的地球，我们的未来"；详见 National Academies of Sciences, Engineering, and Medicine, 2021 Nobel Prize Summit: Our Planet, Our Future: Proceedings of a Summit (Washington, D.C., The National Academies Press, 2021)，参见 https://doi.org/10.17226/26310。专家委员会的任务是在2022年春季召开两次公开研讨会，收集关于8个相互关联主题的积极案例的研究信息，以此作为其工作的主要证据来源；详见 National Academies of Sciences, Engineering, and Medicine, Operationalizing Sustainable Development to Benefit People and the Planet (Washington, D.C., The National Academies Press, 2022)，参见 https://doi.org/10.17226/26654。

4. 详见史密森尼科学教育中心网站（https://ssec.si.edu）。

5. Carol O'Donnell, Smithsonian Science Education Center，在NASEM可持续发展实施委员会第一次信息收集研讨会上的讲话，2022年4月18日。

6. Sarah Mendelson, Carnegie Mellon University，在美国国家科学、工程和医学院可持续发展实施委员会第一次信息收集研讨会上的讲话，2022年4月18日。

7. Celeste Connors, Hawai'i Green Growth—United Nations Local 2030 Hub，在美国国家科学、工程和医学院可持续发展实施委员会第一次信息收集研讨会上的讲话，2022年4月21日。

8. 同上。

9. 关于这些知识共享活动的信息，可以在其各自的网站上查阅：https://www.c40.org; https://www.brookings.edu/multi-chapter-report/city-playbook-for-advancing-the-sdgs; https://www.glispa.org; https://learning.uclg.org; https://vikalpsangam.org; https://globaltapestryofalternatives.org; and https://aston-network.org. The Brooking's Institution link provides access to its *City Playbook for Advancing the SDGs: A Collection of How-To Briefs on Advancing the Sustainable Development Goals Locally*。

10. Mark A. Weiss, Global Urban Development, "Sustainable innovation and inclusive prosperity: Porto Alegre Sustainable Innovation Zone (ZISPOA)"，在美国国家科学、工程和医学院可持续发展实施委员会第一次信息收集研讨会上的讲话，2022年4月21日。

11. Truman Center, "Broadening diplomatic engagement across America: report of the Truman Center City and State Diplomacy Task Force, June 2022"，参见 https://www.trumancenter.org/issues/subnational-diplomacy。

12. Klaus Tilmes，在美国国家科学、工程和医学院可持续发展实施委员会第二次信息收集研讨会上的讲话，2022年5月4日。

13. 详见联合国经济和社会事务部，"Partnership in Action on Science, Technology and Innovation for SDGs Roadmaps", blog post, 31 May 2022，参见 https://sdgs.un.org/blog/partnership-action-science-technology-and-innovation-sdgs-roadmaps-24893。

14. 联合国可持续发展目标，"Goal 10: reduce inequality within and among countries"，参见 https://www.un.org/sustainabledevelopment/inequality。

15. 联合国经济和社会事务部，2023 Global Sustainable Development Report, draft version，参见 https://sdgs.un.org/gsdr/gsdr2023。

16. Cynthia Asare Bediako, "Sharing Ghana's experience with STI4SDGs Roadmap development"，第六届可持续发展目标科学、技术和创新多利益相关方年度论坛上提交的报告，2021年5月4—5日，参见 https://sdgs.un.org/sites/default/files/2021-05/Cynthia%20Asare%20Bediako%20Ghana%20Session%206.pdf。

17. Sam Viney, "Q&A: Russia-Ukraine war 'hindering SDGs progress'", SciDev.Net, 15 December 2022，参见 https://www.scidev.net/global/opinions/russia-ukraine-war-conflict-hindering-sdgs-progress。

18. David Peter Stroh, *Systems Thinking for Social Change: A Practical Guide to Solving Complex Problems, Avoiding Unintended Consequences, and Achieving Lasting Results* (White River Junction, Vermont, Chelsea Green Publishing, 2015).

实施战略远见，更好地帮助各国政府在后疫情时代管理权衡和协同，以推动落实可持续发展目标

Catarina Zuzarte Tully [1]

> 挑战和承诺……彼此关联，需要一种综合解决方案。要想有效应对，必须采取新的方法。[2]

如今，《2030年议程》已进入实施中期，世界局势快速变化，资源也日益稀缺。新冠疫情及其后果加剧了不确定性和预算压力。政策制定者要做出艰难的权衡，推动实现可持续发展目标，引导未来社会实现技术和环境转型。如何履行全球承诺的压力越来越大。但是，全球范围内这种不确定性也极有可能破坏为实现《2030年议程》所付出的努力。

建立健全的机构体系、灵活有效的长期政策，这一点比以往任何时候都变得更加重要。树立战略远见，可以帮助这个领域的决策者更好地应对不确定性和风险，应对这个充满社会创新和科技创新的时代。[3]战略远见能够从多个方面推动可持续发展的有效治理，为加强战略规划、提升风险管理、促进创新、社区赋权和代际公平提供坚实的框架。认真思考未来可以带来强大的能量，因为战略性思考可以为技术决策者提供信息，帮助其了解政策权衡。更重要的是，它还有助于整个社会就未来共同愿景达成共识。

过去几年，疫情的蔓延、气候变化形势的日益紧迫、技术加速发展所带来的深刻变革影响，都让人们越来越意识到树立和实施战略远见的重要性。各国政府已经开始加快努力，在同级网络和联合国实体机构的帮助下，加大建设自身树立战略远见的能力，如联合国发展计划署下设的创新加速实验室和区域办事处、[4]联合国全球脉动培训计划和联合国区域委员会等。树立战略远见有助于各国政府应对以下挑战：

（1）解决迫切需求，不仅要识别风险，还要将风险预案以制度形式确立并有效实施。比如，新冠疫情就是一个已知的未来风险，但全球各国却仍未对其到来做好准备；

（2）回应大规模出现的错误信息以及对科学数据和技术政策的不信任；

（3）将分散、孤立的政策制定方法进行整合，解决人类福祉的诸多方面，通常涉及多学科领域，如健康、教育、体面就业和住房等；

（4）面对如何从新冠疫情影响中恢复这个问题，人们的应对措施在很大程度上是非集体性的。因此，拥有战略眼光可以帮助人们在面对未来可能出现的需要共同承担的责任时，缓解其对如何进行多边合作及如何团结协作的担忧；

（5）缓解代际矛盾，平衡当代人与后人的需求。

本文探讨了关于战略远见实践的最新进展，围绕如何加快应用战略远见实践来推动可持续发展目标进程及如何加速实现《2030年议程》进行了概述，尤其是在国家政府层面。

为什么实现《2030年议程》需要战略远见？

战略远见是进行有效治理的支柱，其必要性源于以下3点：

（1）有助于推动权衡。权衡管理不是一种自上而下式的技术官僚分析的客观科学活动，而是一个需要以原则驱动决策的政治性问题。社区要就共同问题和未来决策影响达成共识，这一点至关重要。这有助于促进早期行动，加强预防投入。树立前瞻性的系统思维逻辑，有助于探索可替代性方案，了解如何最好地利用稀缺资源来制定弹性政策。

（2）有助于推动能力建设。世界各国政府正面

临着重大危机，政府的合法性和公众的信任度不断降低。政府正做出努力，寻找可以应对未来公共管理挑战的最佳方法。要尽早、尽快地采用前瞻性的政策制定方法，提供充足的资源支持。[5]

（3）有助于推动实现《2030年议程》中提出的雄心勃勃的原则，即相互依存、普遍和不让任何一个人掉队的原则。在《2030年议程》实施的前半阶段，决策者往往将可持续发展目标框架看作一个由17个孤立的目标组成的静态愿景，而非一个相互关联的、具有包容性和普遍性的动态和综合性的框架解决方案。这就导致实施过程呈现出的是渐进式的变化，而非变革性的变化。可持续发展目标中期审查可以成为一个转折点。该审查提倡，要将广泛采用战略远见作为基础，寻求可以推动实现《2030年议程》的"新方法"，这一愿景在联合国秘书长报告《我们的共同议程》中也得到了概述。[6]

迈向新方法：良好实践为何样？

近来，有很多国家级层面应用创新战略远见实践的案例，这些方法一般耗资成本低，资源利用少。[7]战略远见具有适应性，有助于建立新兴战略规划，推动设计和实施有效的国家可持续发展计划，并对其内在的相互依存关系予以考量。以下这些例子展示了该方法的特点、多样性应用及目的。[8]

比如，来自中国、日本、蒙古国和韩国的年轻人参与设计了由联合国政治和建设和平事务部发起的"东北亚未来和平"（Futuring Peace in Northeast Asia）倡议，并为其推广做出了贡献。该倡议采用风险管理的方法，树立战略远见，寻求新的方式，共享对东北亚地区和平的愿景。这群年轻人对多种未来情景进行了讨论，目的是更好地了解该如何识别预期挑战，如何在当下做出明智的决定，以实现更美好的未来。[9]树立远见是战略规划的方法之一，主要是要求根据每个国家的情况、能力和优先事项将可持续发展目标纳入其国家进程，比如"南南合作"和互相支持等。例如，柬埔寨制订了一项长期发展计划，即"到2050年成为中等收入国家[10]，实现净零排放"[11]。与之类似，佛得角共和国制定了《2022—2026年可持续发展战略计划》，北马其顿共和国制定了《国家发展战略》，这些都是采用战略远见作为规划工具的例子。[12]此外，还有一些关于战略远见工具被用于社区赋权和土著管理的积极案例。在新西兰，毛利社区正在采用前瞻性方法，目的是融入青年文化，推动由青年主导的变革。该战略的主要目标是在社区内培养面向未来的技能，同时提供自治工具，最终愿景是到2040年实现收入、教育和就业平等。[13]在巴西里约热内卢的曼吉尼奥斯（Manguinhos）贫民窟，青年公民聚集在一起，参与到一项名为"曼吉尼奥斯贫民窟的种子"（Sementes Manguinhos Favela）项目中，重新构想他们理想的社区。[14]巴巴多斯启动了一项围绕领导力的战略远见，新兴政治领导人正借助前瞻性战略来建立共识，以应对气候变化造成的日益严重的影响。[15]在南非，政府公共服务创新中心支持创建了名为"吉库尔查"（Geekulcha）的平台，该平台最近正开始利用前瞻性战略来推动代际公平，通过帮助年轻人提高技能，进而鼓励他们更深入地了解技术的未来及其对社会的影响。[16]

有趣的是，不同政府部门和层级在培养战略远见能力上的趋势也在日益增长，这也反映了生态系统方法的逐步应用。经常提到的例子是芬兰和威尔士，这两个国家已经将战略远见文化、流程和机构系统性地应用在了公共行政部门、区域机构和地方市政当局中。此外，一些其他国家也开始了这一旅程，其战略远见能力在政治转型中幸存了下来。例如，在哥伦比亚，战略远见工具已稳步融入公共行政，可见于多种语境下的政策制定过程中。比如，在城市层面，巴兰基亚创建了2050年及之后到2100年的多学科增长框架，还创建了鼓励青年参与的战略，作为对2021年示威活动的回应；在法律层面，战略工具被纳入前检察官的外联工作中；战略工具还被融入国家规划部的能力建设和改革过程当中，也成为《2022—2026年国家发展计划》全国对话的一部分。[17]

对政策制定者的启示

有以下两点启示，可供那些希望运用战略远见实现国家可持续发展的政策制定者参考。[18]

第一个启示是，要采用国家治理生态系统的综合方法，支持公共行政部门和国家机构努力为未来做好准备，这一点非常重要。[19]建立前瞻性的治理结构和流程，创建跨机构的战略远见倡导者网络，对于维持长久影响至关重要。它们可以构成一种内部基础设施，将未来信号与当今广泛领域的决策联系起来，如政策制定、战略规划、风险评估、投资、创新和招聘等。要实现这一点，需要引入新的数据抓取方法、基于人工智能的信号调整以及有效的内容收集，因为只有获取面向未来的数据和信息，才能维持政策的长久一体化和一致性。

据此，建议在政府核心区域建立一个战略远见卓越中心，负责确保战略远见与政策影响相联系。要实现这一点，首先，需建立高质量的智库，以提供充足的洞见；其次，要教授高级决策者如何运用这些洞见；最后，要对整个政府现有的能力进行协调，从而实现这些洞见。

通过长期利用战略远见工具解决分歧，并将这种治理文化确立下来，有助于最终推动实现深刻而持久的变革。要保持一致性和坚守承诺，以免后续政府在进行战略远见能力整合的过程中摇摆不定，出现时而建立、时而终止的情况，还要在这种情况下对其提供引导。[20]要建立集体资源和网络，传播成功案例，对那些记录和建立有效案例证据的行为予以支持，这一点至关重要。尤其是对于那些长期面临严重挑战或不确定性的国家来说非常必要，比如那些正处于分崩离析、稳定性受挫或受气候变化影响的国家。[21]要将这个过程看作一场马拉松，而不是一次短跑，因为体制变革不是一蹴而就的。

虽然数字技术在推动可持续发展方面发挥着重要作用，对于创建用于战略远见整合的制度建设来说也至关重要，但是，技术官僚方法本身并无法带来足够程度的社会转型来实现《2030年议程》中所希冀的愿景。因此第二个启示是，要想利用战略远见实现可持续发展的社会转型，必须有两个额外要素，即公民参与和领导支持，这样才能为当代和后代创造更公平的未来。

必须让公民参与到塑造自己的未来的过程中来，尤其是参与到战略远见过程中来，比如树立战略远见，并将其融入预算和公民大会的设计中，这一点至关重要。如前所述，在关于可持续发展的权衡管理上，更多地是出于社会考量，而非一种技术官僚式的解决方案。要支持公共行政官员所付出的努力，鼓励其制定弹性政策，评估权衡选择，并将全社会的声音和创新想法联系起来，从而发挥前瞻性战略的作用。但是，整个社区必须在共同问题上达成共识，要激发全员想象力并产生回应，探索这些决定对未来的影响，还要积极考虑子孙后代的利益。要激发有意义的参与，充分验证生活经验及社区知识和管理，包括青年团体和土著社区，这是产生深刻变革的基础。

同样重要的是，要鼓励领导人做出决策，推动代际公平，并要求政治领导人对政策的代际影响负责。公共行政部门往往会因为缺乏政治支持而无法制定长期政策，或无法解决那些在政治任期之外出现的棘手问题。但是，疫情改变了这种政治考量。它不仅加剧了对未来的不确定性，还提高了人们对代际影响及其政治重要性的认识。公民现在更关心的是相关措施的成本及收益分配，尤其是那些跟就业、教育、住房和健康等优先事项相关的措施，因为这些措施会影响到现在和未来几代人的利益。一些政治领导人明确表示他们支持代际公平，并鼓励所有公民保持团结，不仅是当代公民，还有未来公民。[22]最具变革潜力的一个发展重点是，要探索如何激励公共行政部门，推动其去调查当前政策和投资所产生的长期性、综合性和系统性的影响。

图2.1从战略远见角度展示了社会转型与有效

图2.1 变革性战略远见三角：利用综合战略远见，实现社会转型治理

（三角图内容：顶点"公民参与塑造自己期望的未来"，左下"机构和部门为未来做好准备"，右下"领导人做出代际公平决策"，中心"实现当前和未来代际公平"）

治理之间的三角关系。

给政府和国际利益相关方的总结建议

对于公职人员：

（1）创建战略远见卓越中心，带头开展精益和成果导向的多年期规划，在行政、立法、审计机构、政府机构和市政机构之间建立有效的预期管理生态系统。

（2）将战略远见纳入公务员培训体系及对当前和下一代公职人员的教育体系中。

（3）公共部门要优先考虑对当代和后代的公平问题，从代际公平的角度对政策进行评估。

（4）鼓励全球创新，保护当代和后代的权利。例如，努力制定后代权利宣言，倡导建立"面向未来一代的特使"（Special Envoy for Future Generations）等强有力的多边政策审查角色，致力开展全国倾听活动，将有远见的代际未来对话与国家战略规划联系起来。[23]

对于多边组织和捐助者：

（1）充分利用未来几年举办的联合国峰会，如2023年的可持续发展目标峰会、2024年的未来峰会以及2025年拟办的世界社会峰会[24]等，并以此为机遇，旨在快速采用战略远见工具，将其作为实现《2030年议程》的"新方法"的基础，制定出适合21世纪的地方级、国家级和多边的公共管理和全球预期管理模式。

（2）鼓励支持政府制订雄心勃勃的能力建设计划，提高战略远见能力。

（3）倡导一种负责任的战略远见议程，推动实现社会转型。这包括，要认识到表象采用战略远见的风险，学会挑战现有的组织文化和工作方式，优先考虑服务于社会转型的价值观。此外，还要把那些旨在解决关键性优先事项的具体承诺纳入国际标准、项目设计和《我们的共同议程》的提案中，例如，加强代际公民特别是来自全球南方（Global South）公民的参与度，制定用于评估政策决议对不同代际的影响的问责制度。

尾注

1. Catarina Tully，国际未来学院的创始人兼董事总经理。

2. 联合国全体会议，"Transforming our world: the 2030 Agenda for Sustainable Development"（A/RES/70/1, 21 October 2015), para. 13，参见https://documents-dds-ny.un.org/doc/UNDOC/GEN/N15/291/89/PDF/N1529189.pdf?OpenElement。

3. 详见Catarina Tully, Lynn Houmdi "CEPA strategy guidance note on strategic planning and foresight", including examples and history up to 2021 on pp. 14-16（联合国经济和社会事务部，2021年2月），参见https://unpan.un.org/sites/unpan.un.org/files/Strategy%20note%20%20strategic%20foresight%20Mar%202021_1.pdf。

4. 了解更多信息，参见联合国开发计划署及其网页，https://www.undp.org/acceleratorlabs and https://www.unglobalpulse.org/2022/09/building-actionable-knowledge-to-make-uns-vision-of-the-future-a-reality/。

5. Catarina Tully and Giulio Quaggiotto, "Public sector innovation has a 'first mile' problem", Apolitical, 18 December 2022，参见https://apolitical.co/solution-articles/en/public-sector-innovation-has-a-first-mile-problem。

6. 联合国, *Our Common Agenda: Report of the Secretary-General* (Sales No. E.21.I.8), 参见https://www.un.org/en/content/common-agenda-report/assets/pdf/Common_Agenda_Report_English.pdf。

7. 这些案例总结了自2021年初发布《公共行政专家委员会战略规划和远见指导说明》以来的最新发展。

8. 这些例子是按照《公共行政专家委员会战略规划和远见指导说明》中列出的7个政策目标来汇总的，战略远见可以支持新兴战略规划流程。这7个政策目标包括风险管理、发展战略规划、组织目标及连续性、创新、部门及社区愿景和参与度、领导力以及代际公平。

9. 联合国政治和建设和平事务部，"Policy brief: the future of regional narrative building in northeast Asia—policy recipes by youth peacebuilders (December 2022)", project brief (United Nations Department of Political and Peacebuilding Affairs/Asia and the Pacific Division and Innovation Cell and foraus/Swiss Forum on Foreign Policy)，参见https://dppa.un.org/en/policy-brief-future-of-regional-narrative-building-northeast-asia-policy-recipes-youth-peacebuilders。

10. Kang Sothear, "Cambodia on development path, to become high-middle-income by 2050", Khmer Times, 24 August 2022，参见https://www.khmertimeskh.com/501137430/cambodia-on-development-path-to-become-high-middle-income-by-2050/。

11. Cambodia, *Long-Term Strategy for Carbon Neutrality* (December 2021), 参见https://unfccc.int/sites/default/files/resource/KHM_LTS_Dec2021.pdf。

12. North Macedonia, National Development Strategy, 参见https://www.nrs.mk/。

13. Tokona Te Raki, "We are Tokona Te Raki", 参见https://www.maorifutures.co.nz/。

14. Sementes, Instagram reel, 参见https://www.instagram.com/reel/CfB3OL-AYyq/?igshid=YmMyMTA2M2Y=。

15. 关于BlueGreen Initiative倡议的信息，详见https://bgibb.com/。

16. 关于Geekulcha组织的信息，详见https://www.geekulcha.dev/。

17. Ileana Ferrer Fonte, "Regional dialogues begin in Colombia", *Prensa Latina*, 16 September 2022, 参见https://www.plenglish.com/news/2022/09/16/regional-dialogues-begin-in-colombia/。

18. Catarina Tully, "How can the UN and the High-level Political Forum identify and deal with new and emerging issues to meet the 2030 Agenda?", chapter 6 of *Governance for Sustainable Development, Volume 4: Challenges and Opportunities for Implementing the 2030 Agenda for Sustainable Development*, produced by Friends of Governance for Sustainable Development (New World Frontiers, February 2020), 参见http://friendsofgovernance.org/wp-content/uploads/2020/03/Governance-for-Sustainable-Development-Volume-4-FULL-Final-Manuscript.pdf。

19. 关于生态系统战略远见的更多信息，参见《公共行政专家委员会战略规划和远见指导说明》（第13页）或来自英国政府科学办公室的原始研究（参见Bethan Moran, Karen Folkes, "Features of effective systemic foresight in Governments around the world", 博客文章，2021年5月12日，参见https://foresightprojects.blog.gov.uk/2021/05/12/features-of-effective-systemic-foresight-in-governments-around-the-world/)。

20. 发生这种情况的原因有很多，比如政府行政部门的轮换，可能会导致先前的战略预见努力被完全剔除；参见Javier Medina Vásquez、Rubén Patrouilleau和Javier Vitale最近出版的著作*Avances y retrocesos de la construcción de capacidades*，该书强调了拉丁美洲的这一趋势，参见https://www.scribd.com/book/621608660/Avances-y-retrocesos-de-la-construccion-de-capacidades。随着对战略预见工具的支持成为主流，尤其是在公共行政和更广泛的决策过程中，这些风险不会消失，而是可能会转变为两种已经显现且有待解决的关键风险。第一个风险与未来的政治化有关，具体来说，成本和转型在不同代际之间如何分配，对此的担忧是造成极右翼运动的能量源泉。第二个风险是，由于受到自上而下的压力，战略远见往往被看作一种表现性而非变革性的努力，这一点无益于体制变革。

21. 关于集体未来资源的例子有"RBAP地平线审阅倡议"（https://data.undp.org/rbaphorizonscanning/）。这是一项横跨18个国家的地平线审阅过程，旨在研究风险和不确定性，由联合国开发署亚洲及太平洋区域局协调；全球实践者远见指令受国际发展研究中心委托，由国际未来学院进行开发和维护（https://foresight.directory/）；联合国全球脉动系统变革远见培训计划（https://www.unglobalpulse.org/2022/09/building-actionable-knowledge-to-make-uns-vision-of-the-future-a-reality/）。

22. 该声明由葡萄牙总统马塞洛·雷贝洛·德苏斯于2022年3月22日在卡洛斯特·古尔本基安基金会举办的活动中宣布。详见https://www.fdsd.org/portugal-commits-to-

intergenerational-fairness/。

23 更多关于英国模型和设计的信息，参见国际未来学院：*A National Strategy for the Next Generations: Pilot Programme Report* (London, 2020)，参见https://soif.org.uk/leading-thinking/a-national-strategy-for-the-next-generations/；关于联合国建议的实际步骤摘要，详见"Our Common Agenda, Policy Brief 1: to think and act for future generations"，March 2023, p. 2，来源：https://www.un.org/sites/un2.un.org/files/our-common-agenda-policy-brief-future-generations-en.pdf。

24 关于前两个活动的信息，详见https://www.un.org/en/conferences/SDGSummit2023和https://www.un.org/en/common-agenda/summit-of-the-future#:~:text=Having%20welcomed%20the%20submission%20of,will%20take%20place%20this%20year；关于拟办的世界社会峰会的信息，详见：https://www.un.org/en/content/common-agenda-report/assets/pdf/Common_Agenda_Report_English.pdf, pp. 29–30。

跨国网络和专业交流在支持可持续发展目标整合实施方面的作用

Carlos Eduardo Lustosa da Costa, Isabela Maria Lisboa Blumm, Simran Dhingra [1]

引　言

《2030 年议程》和可持续发展目标为新兴国家和发达国家解决熟悉但复杂的可持续发展挑战提供了雄心勃勃的整合战略。可持续发展目标的相互关联性要求采取全面和整体的方法，这离不开不同利益相关方的参与和合作，要求它们在实施可持续发展目标过程中增强机构整合，增加政策协同。

跨国网络和专业交流是可持续发展目标得以整合实施的重要资源，涉及从业者、公务员、学术界、民间社会、私营部门和非政府组织代表等。各种跨国网络有助于促成相互合作的应对措施，网络成员可识别和描述共同挑战，寻找解决方案，讨论解决全球问题的不同政策。这些论坛在推动技术讨论，支持知识、经验和良好实践交流，促进可持续发展目标的创新实践上成果丰硕。

这一章节选取了一个汇聚了全球不同国家年轻专业人员的网络案例，探讨跨国网络和国际专业交流将如何促进可持续发展，强调可获取和包容性能力建设与合作方法的重要性。在实施《2030 年议程》的这个关键节点上，为更好地应对复杂的环境，加快推进可持续发展目标的落实，整合式的推进方法就显得更加重要了。

网络是变化的催化剂

面对日益复杂的社会挑战，如新冠疫情大流行、气候变化和移民，跨国网络正变得越来越重要。复杂的全球性问题需要合作性解决方案，任何单一国家或行动者都很难独自完成。社区和社会应共同合作，界定问题、商定解决方案；广泛的合作可分享多种视角，并增加替代政策的合法性和地方适用性。

《牛津公共政策手册》(*The Oxford Handbook of Public Policy*) 将"政策跨国网络"定义为"一系列政府行为者和其他行为者之间的正式性的机构联系和非正式性的联系，围绕公共政策制定和实施构筑共同的信念和利益。上述行为者相互依存，在彼此的互动中形成政策"。[2]

跨国网络能促进合作、增加协同，并为共同对话创造空间。[3] 它们有望成为研究人员和政策制定者之间的纽带。[4] 对循证政策的制定来说，这一工具意义重大，尤其是在"假新闻"和错误信息等社会现象可能影响政策进程，并破坏政策合法性的时代背景下。跨国网络不仅能将行动者和知识连接起来，还有助于推动政府政策和方案走向合法化。

此外，为了最终推动可持续发展方面的国际合作，支持可持续发展目标的实施，明确跨国网络对政策制定和实施发挥影响的渠道，以及其可能带来的好处和成果就显得十分必要，特别是在当前高度不确定的背景下。

跨国网络可在 3 个相互关联的层面上促进能力构建和贡献：[5]

（1）个人层面：通过培训、经验、动机和激励措施提高个人的技能、知识和绩效；

（2）组织层面：通过优化和利用战略、计划、规则和条例、伙伴关系、领导力以及组织政治和权力结构，通过加强组织系统、流程、作用和责任，提高组织绩效；

（3）环境层面：为改善政策框架创造有利环境，以连贯和相辅相成的方式处理经济、政治、环境和社会因素，包括经济增长、融资、劳动力市场、政治背景、政策和立法环境、阶级结构和文化动态。

跨国网络有助于实现能力建设和共享、知识传播和合作。通过持续沟通、相辅相成的活动、共同目标和共同议程等关键元素，跨国网络可促进或支

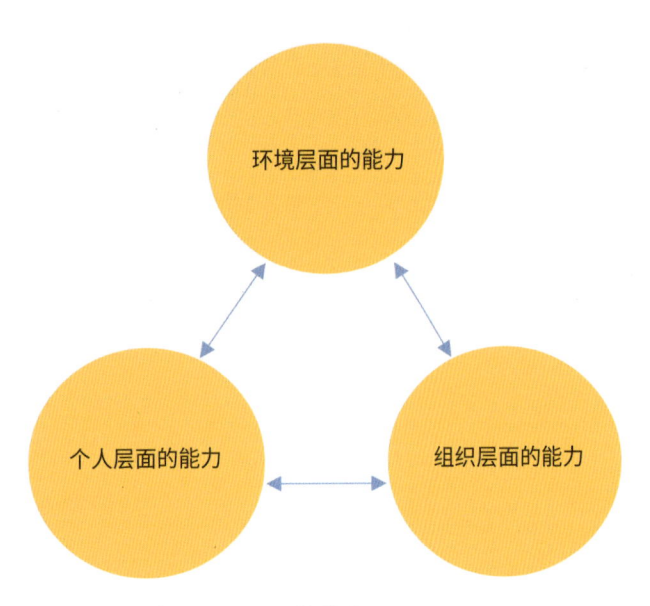

图2.2 三个相互关联层面的能力

持不同利益相关方在整合实施可持续发展目标方面达成合作。此外，跨国网络有助于识别相似问题、达成共同谅解和愿景，并有助于识别更广泛的利益相关方之间存在的盲点。

随着时间的推移，跨国网络可促进不同层面（包括个人层面、组织层面和环境层面）的成长和发展。跨国网络的影响力通常与其所阐述的既定目标的进展相关，不同跨国网络的既定目标各不相同。例如，一个主要致力于促进信息交流的跨国网络可能不会采取集体行动，但可能会对下游的政策结果产生明显影响。[6]

最终，可持续发展政策网络的有效性将取决于政府是否根据跨国网络的努力改变政策或决策。例如，各国根据是否签署了某项国际条约，在执行卫生政策时会采取不同的行动。[7] 跨国网络能影响其成员的能力、技能和做法（包括合作），因此一个有效的跨国网络有助于促成更加全面、连贯和包容性地实施可持续发展目标。

衡量跨国网络的影响力面临一定的挑战，要求较低的监测和评估形式可考虑中间指标，并根据不同跨国网络的目标、评价标准，和对其成员的影响力，侧重于预期的交付成果或产出。一些可使用的指标包括策划或实施联合项目，采用新的或改进的做法，以及在决策过程中更包容和多样地参与。[8] 这些指标可能会与不同的能力水平有关。

从理论到实践

《2030年议程》的有效实施需要一个涵盖多个利益相关方的丰富生态系统。虽然也有几个可持续发展跨国网络的例子，[9] 但是这一节重点介绍全球治理管理学院（Managing Global Governance, MGG）的经验，以及它是如何通过动员、连接和增强全球专业知识以及促进可持续发展的实用解决方案，为可持续发展目标的实施做出贡献的。

全球治理管理学院是由德国发展与可持续研究所自2007年以来组织的年度培训项目。它汇集了来自巴西、中国、印度、印度尼西亚、墨西哥、南非和欧盟不同背景的年轻专业人士，共同解决全球挑战。目前，全球治理管理学院有100多个机构和大约380名校友，他们通过在线平台、国家会议和全球会议进行互动。

全球治理管理学院的主要目标是促进打造"多利益相关方合作的创新平台"，促进可持续发展。该项目基于行为科学的观点而建立，旨在构建跨国合作，以促进关系而非交易或工具为目的。[10]

全球治理管理学院还致力于为可持续发展的未来变革者提供专业化和个人化的服务。参与者参加为期四个月的培训项目，涵盖了实践经验和参与方法、培训、讲座、专家讨论、考察旅行，以及通过学术、领导力模块和变革者项目进行的同行辅导等一系列内容。

对于变革者项目（Change-Maker Projects, CMPs），参与者必须开发一个原型，并据此提出一个应对真实世界挑战的实用解决方案。变革者项目主要包括深入了解挑战或问题，评估原因和影响，思考替代观点，制定可能的解决方案。该项目鼓励参与者采用综合方法，运用包括系统思维方法在内的分析工具，以创新方式应对复杂的可持续发展挑战。

变革者项目考虑的挑战十分多样化，涉及不同的可持续发展目标。例如，过去的项目曾聚焦绿色和可持续包装的使用（可持续发展目标12）；扩大无分行银行业务，从而改善低收入人群，特别是妇女的数字和金融包容性（可持续发展目标1、2和5）；利用小型民间社会组织（Civil Society Organizations，CSOs）的声音促进地方政府围绕《2030年议程》开展更有效的合作（可持续发展目标11和16）。

开发这种原型有助于增强个人、组织和环境层面的不同能力。例如，其中一个项目旨在利用小型民间社会组织的声音（推出一项名为"BW4SD"的倡议），赋能民间社会组织网络，同时为其他利益相关方的潜在合作开辟途径。它像一个变革者集市，为民间社会组织提供空间，吸引人们关注项目的独特价值，并分享目标和成果。此外，它还致力于利用与其他利益相关方在共同议程方面的伙伴关系，为民间社会应对共同挑战、开展新的研究和案例学习、构建新的伙伴关系等提供机会。

在开发这些项目的过程中，参与者应用并加强创新、转型和合作方面的不同能力。[11] 不同国籍的年轻专业人员组成小组，他们必须考虑不同的价值观、交流观点、激励他人、管理冲突、锻炼对变化进行战略干预的能力，并运用设计思维从全局探索问题、关注共同利益、运用可持续发展目标相关知识，提出切实可行的解决方案，积极影响社会。

这一经验表明，跨国网络作为能力建设和交流的纽带，可以帮助加强软技能和硬技能（特别是在年轻人当中），促进应对可持续发展挑战的积极变革。跨国网络将来自南半球和北半球、拥有不同专业背景的人聚集在一起，鼓励真正的合作，为可持续发展目标创造和维持更具包容性的知识生成和能力建设方法。全球治理管理学院网络不仅可以影响个人的职业生涯和能力，还可以影响机构能力建设，如专栏2.5所示。

通过创造一个反思和创新的空间，跨国网络能够促进其成员识别和界定政策问题，形成共识，并理解当前挑战的原因和后果。跨国网络有助于传播

专栏2.5　通过管理全球治理伙伴进行机构能力建设的观察性证据

管理全球治理项目支持在巴西和中国建立多利益相关方的自愿可持续发展标准（Voluntary Sustainability Standards，VSS）平台。印度尼西亚、墨西哥和南非的标准机构和部委也在着手建立类似的机构。管理全球治理智库已扩大了其专业范围，并为巴西、印度、印度尼西亚和南非的国家可持续发展标准平台和标准机构提供建议。管理全球治理还促进了国家平台和其他参与者与联合国系统展开互动。

2017年德国担任二十国集团轮值主席国期间，管理全球治理在将南半球智库纳入"智20"（Think 20，T20）进程中发挥了重要作用。管理全球治理合作伙伴在T20工作团队中担任联合主席的比例达到了50%。也正因为此，T20成立了非洲常设小组，联合国非洲经济委员会也参与了该小组，联合国非洲经济委员会服务于20国集团国家和非洲的知识机构。

印度的发展中国家研究和信息系统（the Research and Information System for Developing Countries, RIS）利用管理全球治理项目获取了经济合作与发展组织成员国的发展合作模式和经验。这有利于该机构在南南合作和三角合作方面的分析和咨询工作。在主办有关这一主题的国际论坛时，发展中国家研究和信息系统广泛吸引了管理全球治理网络中的合作伙伴。

资料来源：Thomas Fues, *Investing in the Behavioural Dimensions of Transnational Cooperation: A Personal Assessment of the Managing Global Governance (MGG) Programme*, Discussion Paper 12/2018 (Bonn, Deutsches Institut für Entwicklungspolitik, 2018), available at https://www.idos-research.de/uploads/media/DP_12.2018.pdf。

相关概念和分析框架，促进对复杂的可持续发展问题的理解，如气候公平背景下与不平等有关的权衡。跨国网络强调整体和全局的方法，同时鼓励使用现有工具支持政策的一致性。正如《2030年议程》所呼吁的那样，这些要素是系统性方法的基础所在。

结　论

跨国网络提供一项有效机制，支持政府和非国家利益相关方构建整合实施可持续发展目标的能力。跨国网络有助于形成包容性方法，促进能力建设和知识生成。跨国网络应增加历史上代表性不足的地区、国家和行动者的参与度，提供一个能公平汇聚所有声音的平台，使所有参与者都能公平地为解决全球可持续发展挑战贡献力量。此外，全球跨国网络能促进分析工具和模型的传播和采用，支持政策的一致性、一体化和实际应用。跨国网络成员可了解这些工具的价值，提供实用建议，并获得切实可行的技能。最后，跨国网络采用全球合作的方法，利用合作伙伴关系和共同项目来影响个人和国家走向一个更加可持续的未来，所以跨国网络是识别各项协同和共同利益的起点。

尾注

1. Carlos Eduardo Lustosa da Costa，巴西审计法院的主任和全球治理管理学院（MGG）校友；Isabela Maria Lisboa Blumm，政策分析师和全球治理管理学院校友；Simran Dhingra，康拉德·阿登纳基金会印度办公室研究官员、全球治理管理学院校友。

2. R.A.W. Rhodes, "Policy network analysis", in *The Oxford Handbook of Public Policy*, Michael Moran, Martin Rein and Robert E. Goodin, eds. (Oxford, United Kingdom, Oxford University Press, 2006), p. 426, 参见 https://www.hse.ru/data/2012/11/03/1249193747/Public_policy_handbook.pdf。

3. Johanna Vogel, *The Transformative Capacity of Transnational and Transdisciplinary Networks and the Potential of Alumni Work*, Discussion Paper 24/2021 (Bonn, Deutsches Institut für Entwicklungspolitik, 2021), 参见 https://www.idos-research.de/uploads/media/DP_24.2021.pdf。

4. Emily Perkin and Julius Court, "Networks and policy processes in international development: a literature review", Working Paper 252, August 2005 (London, Overseas Development Institute), 参见 https://www.files.ethz.ch/isn/22716/wp252.pdf。

5. 联合国发展集团, "UNDAF companion guidance: capacity development", 参见 https://unsdg.un.org/resources/capacity-development-undaf-companion-guidance。

6. Mette Eilstrup-Sangiovanni, "Global governance networks", in *The Oxford Handbook of Political Networks*, Jennifer Nicoll Victor, Alexander H. Montgomery and Mark Lubell, eds. (Oxford, United Kingdom, Oxford University Press/Oxford Academic, 2016).

7. Thomas W. Valente and others, "Network influences on policy implementation: evidence from a global health treaty", *Social Science and Medicine*, vol. 222 (February 2019), pp. 188–197, 参见 doi: 10.1016/j.socscimed.2019.01.008。

8. Eilstrup-Sangiovanni, "Global governance networks".

9. 包括日内瓦可持续发展目标社区的全球网络实例（https://www.sdglab.ch/geneva2030/community）, the SDG Hub (https://sdgs.un.org/partnerships/sdg-hub-global-sdgs-network-innovation-and-impact), and the Sustainable Development Solutions Network (https://10 www.unsdsn.org/about-us)。

10. Thomas Fues, Investing in the Behavioural Dimensions of Transnational Cooperation: *A Personal Assessment of the Managing Global Governance (MGG) Programme*, Discussion Paper 12/2018 (Bonn, Deutsches Institut für Entwicklungspolitik, 2018), 参见 https://www.idos-research.de/uploads/media/DP_12.2018.pdf。

11. Benjamin Kafka and others, "Leadership for global responsibility: values and key competencies for a profound shift towards sustainability", in *Intergenerational Learning and Transformative Leadership for Sustainable Futures*, Peter Blaze Corcoran and others, eds. (Wageningen, The Netherlands, Wageningen Academic Publishers, 2014); Arnim Wiek, Lauren Withycombe Keeler and Charles L. Redman, "Key competencies in sustainability: a reference framework for academic program development", *Sustainability Science*, vol. 6 (May 2011), pp. 203–218.

新冠疫情之后的风险管理：在支持可持续发展目标的实施方面，其对改善联系评估、加强协同的作用

Rolf Alter [1]

引　言

确定优先事项要从根本上评估政策目标之间如何权衡及协同。在评估时，要考虑如何在长期和短期目标之间寻求平衡，如何满足多个利益相关者的需求，以及如何用不完整和不完善的信息对政策行动进行排序。风险管理为政策权衡和协同的评估提供了另外一个维度，同时有助于识别单个目标以及多目标联动方面的不确定性。在实施可持续发展目标的过程中，风险管理将如何更好地改善循证优先事项的设定？

对可持续发展目标之间权衡和协同的评估，反映了《2030年议程》中政策一致性的必要性。[2]在最近的一份战略指导说明中，联合国公共行政专家委员会（United Nations Committee of Experts on Public Administration）主张将风险管理纳入优先事项的制定过程和制定机构。[3]风险管理组合的整合意味着扩大特定可持续发展目标试点结构（如政府中心）的关键协调职能。[4]本文借鉴新冠疫情经验和可持续发展目标协调结构的演变，探讨了风险管理在支持可持续发展目标实施方面的潜在作用。

新冠疫情危机管理的经验和评价

新冠疫情大流行和多重全球危机极大地提高了人们对风险管理的认知，尤其是公共部门进行风险管理的重要性。风险的跨国性和相互关联性日益增强，已成为风险管理面临的一个相对较新的挑战，这要求在对不确定事件进行系统评估之后，还必须采取行动。世界经济论坛《2030年全球风险报告》阐述了最新的全球风险感知调查结果，如图2.3所示，为风险类别之间复杂的相互联系提供了宝贵的见解。[5]

在新冠疫情大流行期间，人们的注意力主要集中在危机管理上，而风险政策周期的关键早期阶段，即风险预期和准备，则在很大程度上被搁置在了一旁。与新冠疫情相关的风险管理的国际对比和全面评估尚不可用。个别国家在不同时间点对具体层面、部门和工具进行了评估，但主要是为了应对紧急决策需求，这就使得比较分析十分困难。此外，因缺乏有效证据证明关键部门对新冠疫情大流行的准备情况、政策反应的相称性、政策反应的一致性，以及（通常被视为集中、混乱和代价高昂的）政府干预措施对公民信任度的影响，所以上述评估的可比性也被削弱了。显然，在政策层面通过学术研究进行进一步的事后分析十分必要。

尽管如此，我们也在各种各样的评估中发现了一些共同特征，最近一次是在对经济合作与发展组织成员国的调查中。[6]具体为：首先，疫情准备工作普遍不足。[7]其次，各国调动了大量预算资源来减轻经济和财政影响。最后，利益相关方和公众参与与风险相关的决策只是个例外。虽然这些结论尚处于早期阶段，但风险管理方面的一些相关经验教训已可以总结获得。

对风险预测能力和关键部门的投资十分必要，可通过早期预警系统、系统的前景扫描、情景规划和风险评估，加强对流行病和其他重大危机的防备。[8]必须通过额外的数据收集弥补更高程度风险关联性方面的缺失，必须深化政府专业知识以充分利用现有数据，并向决策者提供循证建议。美利坚合众国和大不列颠及北爱尔兰联合王国要求任命国家风险和复原力官员似乎反映了这一关切。[9]

图 2.3 2023 年风险图示

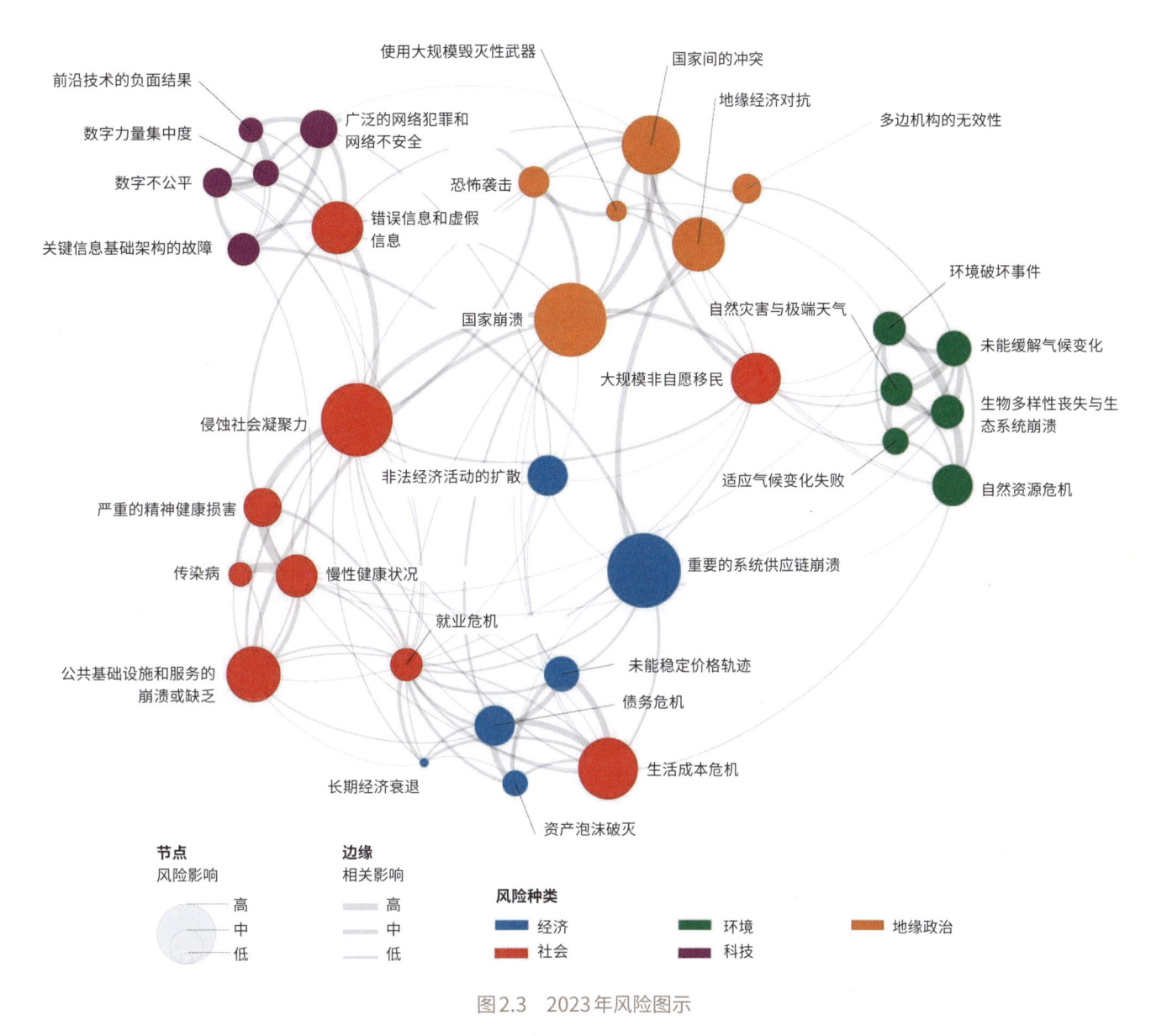

资料来源：世界经济论坛，《全球风险认知调查（2022—2023）》。

还必须增加预期措施对实际准备的影响，或者换句话说，减少"影响鸿沟"。尽管各国的风险评估经常涵盖流行病风险，且会重点强调，但面对新冠疫情的暴发，各国的应对措施仍然不够充分。很多国家制定了国家安全战略，包括国家风险评估和体制框架，但是侧重于对紧急情况进行集中、自上而下的部门管理，因此也并不充分。

就风险预测和危机管理而言，机构间的合作要求领导层做出更有力的承诺，并建立明确规定了任务且符合目的的治理结构。为决策提供宝贵科学证据的科学咨询机构需要依赖更多种类的专业知识来源。

虽然新冠疫情是全球性的，且各国关联紧密，但在疫情期间，风险预测和危机管理方面的国际协调却十分不足，各项紧急措施主要都局限在单个国家内部。各国在应急设备、资源和保护方面竞争激烈，缺乏国际协调，致使公共资源浪费严重，也降低了应对措施的有效性。

全球可持续发展目标的实施，是否以及在多大程度上受到这些风险管理的负面影响，尚未可知。然而，为保护公民和私营部门而紧急、大规模调动预算资源，很可能转移了实施可持续发展目标的关键资金。[10]

新冠疫情危机管理的初步结果和教训表明，风险管理对可持续发展目标优先事项的设定，可能贡献有限。风险管理系统中的现有差距亟须关注，以提高系统本身的性能并加强其对可持续发展目标实施的贡献，特别是在不确定性和复杂性日益增加以及当前和未来风险可能产生重大影响的背景下。

对现有的风险政策和机构进行优化升级，不应该仅仅局限在风险准备、风险缓解和风险适应概念的技术修改上。2014年经济合作与发展组织理事会关于关键风险治理的建议[11]提出了一种全社会共同参与的方法，也可以解读为"构建风险文化"。该方法旨在提高风险意识、促进公众更好地理解风险的经济和社会影响，同时强调所有利益相关方和公众在风险管理方面的个人和集体责任。

基于对风险的理解和风险的透明度建立的风险文化，可能会改变所有利益相关方对风险责任人的态度，同时有助于更有效地分配风险责任。就风险的政治经济学而言，政府风险管理将较少受到"预防悖论"的负面影响。[12]人们将不会期望政府独自承担风险和危机管理责任，不再期待政府独自承担对损害和损失的经济补偿。公民将能根据他们的风险偏好来选择保险。这也将激励私营部门更好地为不确定性做好准备，防患于未然，并对企业的恢复力进行投资。最后，良好的监管将为利益相关方之间更密切的协调合作提供条件，从而更好地预测或者为风险做好准备，并能应对紧急风险情况。

将风险管理整合进现有的优先事项设定架构中

公共风险管理在支持与可持续发展目标相关的权衡和协同评估方面的作用和成功不仅仅取决于其自身的表现。如何有效地将风险管理纳入可持续发展目标决策过程的架构中，包括政府中心（Centers of Government, CoG）及跨部长级组合的协调职能，同样重要。

原则上，应建立良好的可持续发展目标实施试点结构，以整合风险管理职能，并加强优先事项设定的能力。然而，实施这一方法仍然十分复杂，主要有两个原因。[13]

第一，可持续发展目标实施的试点结构可能对其职能和责任并不十分了解。经济合作与发展组织在其2017年关于政府中心组织和职能的调查中发现，83%的政府中心承担了风险管理的部分责任，超过1/3承担了主要责任。尽管有这些数字，但也只有约10%的受访政府中心将"整个政府的风险管理和战略远见"列为关键责任。[14]

第二，尽管许多国家都对政府中心进行了令人印象深刻的改革，但确定优先事项的进程仍然受到重大制约。例如，芬兰被认为是创新治理的领先者之一，但其面向未来的政策雄心和现实之间的差距仍然很大。[15]相关制约因素包括各部委各自为政的心态（特别是在预算领域），缺乏对未来的系统规划，以及对可能的影响看法不一等。虽然新冠疫情危机管理缺乏及时应对疫情的协调能力，但这场危机引发了针对新冠疫情特定情景的准备（2021年4月发布），其中包含三条可能的发展路径（2021年夏至2023年底）。[16]

近期，一份针对巴西政府中心进行的深入审查，[17]旨在更好地支持决策和指导政府行动，从而确定和实现高级别的优先事项。该审查明确了两个主要制约因素：缺乏共同的政策目标和体制碎片化。前者意味着在政策制定和决策方面存在相当大的体制差距，而后者可能导致任务交叠。事实上，负责该国政府中心内的战略前瞻和风险预测的有四个机构，分别是：机构安全局（负责国家安全，包括网络安全和网络事件管理）、外交部、战略事务特别秘书处和巴西总统办公厅（Casa Civil）。

尽管可持续发展目标实施的机构安排范围随着时间的推移而不断演变，但《世界公共部门报告（2021）》证实，大多数国家都依赖试点结构来实施可持续发展目标。[18]将风险管理纳入可持续发展目标协调架构仍然是可取的，但非常复杂。如果整合式的风险管理也有助于提高整体协调能力和绩效，那么激励措施可能会更有效。

在政府中心和其他协调机构的未来工作中，应注意政策权衡和协同方面的风险知情评估所带来的潜在机会和好处，包括重建对政府的信任，更好地调整跨部门和长期的可持续发展目标相关的公共投资，保护公共资产，减少公共资源浪费，以及增强国家韧性来实现更大程度的繁荣。

国际合作的备选方案

国际合作有助于增强风险管理在制定政策优先事项中的作用，有助于其在实施可持续发展目标中的权衡和协同评估方面发挥作用。

交流风险和危机管理监测和评估方面的良好做法，有助于弥补知识差距，了解哪些做法行之有效，哪些做法今后应该避免。汲取见解和经验教训将有助于"重建得更好"，也有助于深化围绕风险、危机和复原力管理等的国际协调。加强数据治理，加快生成可靠、及时和共享的数据，并确保通过兼容技术方便地访问数据，将是这方面的一个重要议题。

公共和私营部门的风险管理人员及政治领导人都应参与讨论如何有效地缩小与风险管理有关的影响差距。在风险文化的背景之下，个人和集体对灾难准备的意识和理解水平更高，因此可在此基础上探讨预防悖论。持续进行的知识共享和同行学习交流包含广泛的经验和做法交流，为了加强各级政府之间的协调，这些做法也应该涵盖在次国家级当局机构的行动中。

一些政府中心和其他试点架构在将风险预期纳入权衡和协同评估方面取得了一些成功，向它们学习，对于实施可持续发展目标而言，可能是一项艰巨但却很有回报的工作。良好做法和经验的交流可能会在区域一级发生，正如非洲同行审议机制（African Peer Review Mechanism）那样。此外，风险管理在政策制定、优先事项设定和可持续发展目标实施中的作用可能会在自愿国别审查和自愿地方审查过程中明确提出。

结　论

风险管理纳入优先事项设定过程的做法主流化，将有望改善可持续发展目标的实施。围绕新冠疫情危机管理的经验表明，对政策权衡和协同的风险评估要想取得成果，就需要对构建风险预期能力和风险准备进行大量投资，也需要在政府中心或其他协调架构中建立有效的协调机制。

当今世界不断出现以及持续发展的危机和持续存在的高度不确定性状态都表明，在实施《2030年议程》的这个关键节点，制定一项中期投资战略来管理风险、改革协调架构迫在眉睫。支持共享学习和良好做法交流的国际合作可以促进更好（更快）地制定国家可持续发展目标战略的优先事项，并最终加快可持续发展目标的实施。

尾注

1. Rolf Alter，公共行政专家委员会成员、赫尔梯行政学院研究员。

2. 联合国经济与社会事务部，"Principles of effective governance for sustainable development"，由公共行政专家委员会制定（New York, 2019）。这些在COVID-19疫情之前制定的原则将风险管理确定为实施可持续发展目标的有效治理的相关战略之一。

3. Rolf Alter, "CEPA strategy guidance note on risk management frameworks" (New York, United Nations Department of Economic and Social Affairs, February 2021).

4. 联合国，*World Public Sector Report 2021—National Institutional Arrangements for Implementation of the Sustainable Development Goals: A Five-Year Stocktaking* (Sales No. E.21.II.H.1)，参见 https://publicadministration.un.org/en/Research/World-Public-Sector-Reports。

5. 世界经济论坛，与Marsh McLennan和苏黎世保险集团合作，*The Global Risks Report 2023: Insight Report*, 18th ed. (Cologny/Geneva, World Economic Forum, 2023)，参见 https://www3.weforum.org/docs/WEF_Global_Risks_Report_2023.pdf。

6. 经济合作与发展组织，"First lessons from government evaluations of COVID-19 responses: a synthesis", OECD Policy Responses to Coronavirus (COVID-19), 21 January 2022 (Paris, OECD Publishing)，参见 https://www.oecd.org/coronavirus/policy-responses/first-lessons-from-government-evaluations-of-covid-19-responses-a-synthesis-483507d6/。

7. 世界银行，"The future of government: How will Governments prepare for future crisis?", Disruptive Debates: virtual event scheduled for 29 September 2021 (Washington, D.C., World Bank Group, 17 November 2021)，参见 https://www.worldbank.org/en/events/2021/11/12/the-18 future-of-government-how-will-governments-prepare-for-future-crisis。

8. 世界经济论坛，与Marsh McLennan和苏黎世保险集团合作，*The Global Risks Report 2023: Insight Report*。

9. 同上。

10. 尤其是与2008—2009年全球金融危机时所动用的财政资源相比，当时的财政资源已被定性为"史无前例"。

11. 经济合作与发展组织，*Assessing Global Progress in the Governance of Critical Risks*, OECD Reviews of Risk Management Policies (Paris, OECD Publishing, 2018)，参见 https://doi.org/10.1787/19934106。

12. 由于难以证明因果关系，成功的预防很少得到政治认可；然而，预防失败会引发政治资本的损失。

13. 经济合作与发展组织，"Building resilience to the COVID-19 pandemic: the role of centers of government", OECD Policy Responses to Coronavirus (COVID-19), 2 September 2020 (Paris, OECD Publishing)，参见 https://www.oecd.org/coronavirus/policy-responses/building-resilience-to-the-covid-19-pandemic-the-role-of-centres-of-government-883d2961/。

14. Sally Washington and OECD Secretariat, "Centre stage 2: the organization and functions of the centre of government in OECD countries" (OECD, 2018), pp. 11 and 25，参见 https://www.oecd.org/gov/report-centre-stage-2.pdf。

15. 经济合作与发展组织，*Anticipatory Innovation Governance Model in Finland: Towards a New Way of Governing*, OECD Public Governance Reviews (Paris, OECD Publishing, 2022)，参见 https://doi.org/10.1787/a31e7a9a-en。

16. 同上，p. 93。

17. 经济合作与发展组织，*Center of Government Review of Brazil: Toward an Integrated and Structured Center of Government*, OECD Public Governance Reviews (Paris, OECD Publishing, 2022)，参见 https://doi.org/10.1787/33d996b2-en。

18. 联合国，*World Public Sector Report 2021—National Institutional Arrangements for Implementation of the Sustainable Development Goals: A Five-Year Stocktaking*。

在实施可持续发展目标方面，基于证据的资源优先排序

Raquel Ferreira, Aura Martínez, Juan Pablo Guerrero [1]

诸如新冠疫情等突发性全球事件进一步加剧了经济衰退，一方面导致可用资源更加有限，另一方面也导致需求日益增长，这意味着，各国政府必须做出艰难的预算选择，而这些预算选择带来的效率比以往任何时候都更加重要。让关键利益相关者参与预算选择过程，将有可能更好地支持健康公共财政，产生更好的财政成果，并带来响应更及时、更有效也更加公平的公共政策。他们的参与也将增强这些预算选择的合法性，同时有助于增加公众对公共机构的信任度。

为了做出明智选择，各国政府和其他利益相关者至少需要获取高质量的信息，来衡量各项政策选择可能产生的积极和消极后果。为关键决策者提供可靠的数据，有助于优化协作性的资源分配过程，从而有助于实现长期发展目标，也包括可持续发展目标。预算是这一过程的关键，它能反映出一些无法避免的权衡取舍，从而有助于利益相关者相应地规划公共政策。预算能多大程度上为利益相关者的决策提供信息，取决于预算系统在技术上是如何设置的，以及从中产生的信息是否达到质量标准。为了让政府以外的利益相关者能够更加有效地参与，从而产生应有贡献，就需要为他们提供这些信息的访问权限，开放参与空间。

这一部分内容将预算标签作为一种串联预算与可持续发展目标的方法，它有助于决策者和其他利益相关者量化优先资源需求，相应地确定资源目标，监测结果，并根据需要采取校正行动。一些国家的实践案例表明，这一方法可实际应用，且行政部门以外的其他利益相关者的参与十分重要。这一部分也指出了这一方法当前存在的一些不足，并提出了弥补建议。

什么是预算标签，其好处是什么？

从技术上讲，预算标签可将预算中的财政资源与优先发展目标联系起来。在这种方法中，当个别预算拨款或方案被认为会影响特定的优先目标时，将对其进行评估并给予特定的标签。当然，这一方法根据不同的颗粒度和覆盖范围会有所不同。这里的优先发展目标可以与可持续发展目标直接挂钩，也可以与特定的国家发展目标挂钩，例如，妇女、儿童、青年和土著人等传统上被边缘化的人口群体，甚至可以与气候或绿色目标等具体的议程有关。它们还可以涵盖不同级别的政府部门和不同的预算分类级别。

在政府内部，预算标签有助于内部审查，包括识别优先目标资源需求、预算拨款和实际支出，以及用于实际支出与预算拨款之间的比较（以评估预算可信度）。[2] 此外，它还为民间社会和其他利益相关方提供了参与预算制定和监督预算执行所需的信息。更重要的是，它有助于识别哪些政策优先取舍能得到人们的普遍理解与认可，也为所有利益相关方提供了一个可直接使用且具有普遍一致性的工具，方便他们将公共财政管理（Public Financial Management，PFM）决策与长期发展成果联系起来。

预算标签也让监测和评估更加多样化。它不仅有助于监测日常行动的后续跟进，也有助于决策分析，且能在一定程度上使国际比较成为可能。当财政资源与优先目标挂钩，且预算制定和监督获得了强有力的公众参与，公共支出的影响就会变得可追踪、可衡量，从而有望极大地促进社会发展。表2.2详细介绍了在整个预算周期中，可持续发展目标标签法所带来的一些益处。

表2.2 可持续发展目标标签法在特定预算阶段所能带来的好处

预算编制	立法批准	预算执行	审计和监督
• 便于识别发展目标的资源需求 • 支持将可持续发展目标作为仲裁工具和循证拨款调整的驱动因素 • 将实现可持续发展目标的国家努力纳入财政部指导职能部委的操作程序之中，使这一努力成为主流	• 使围绕拟预算的辩论更加丰富，显示针对发展目标的拨款情况 • 有助于目标人群投资，以及儿童和青年、性别、气候等跨领域优先事项的明确识别和沟通 • 丰富与非公共财富管理导向的民间社会团体和私营部门的沟通	• 改进预算绩效评估 • 允许为决策者和公众设计预算监控面板 • 通过交叉优先视角监督开支，促进循证分配	• 将对特定可持续发展目标的关注纳入支出审查 • 允许最高审计机构对可持续发展目标相关政策的影响进行审计 • 允许议会和其他监督利益相关方审查政府在实现发展目标方面的表现，并在偏离预算目标的情况下提出纠正措施建议

预算标签实践

一些国家，包括全球财政透明倡议（Global Initiative for Fiscal Transparency，GIFT）网路的成员和合作伙伴的所在国，[3]一直在努力将发展目标和可持续发展目标纳入预算系统。

在美洲，墨西哥财政和公共信贷部（Ministry of Finance and Public Credit）在其 Transparencia Presupuestaria 网站上发布了一个数据库，详细展示了政府计划和项目是如何在每个财政年度及预算周期全阶段与可持续发展目标联系起来的。[4]这些信息是以开放数据格式提供的，公众很容易访问。这些年度信息支持了用户参与倡议——该倡议重点对可持续发展预算数据进行创新分析。虽然这些活动是由部委和地方数据驱动的民间社会组织（Civil Society Organizations，CSOs）共同发起的，但全球财政透明倡议在其 Dataquest 和 Rally 概念说明中记录并推广了这一模式。[5]该说明经调整之后，目前已被用于阿根廷、智利、哥伦比亚（国家一级和波哥大市）、哥斯达黎加、印度尼西亚、蒙古国、菲律宾和乌拉圭等国家，同时也被用于次国家一级的政府机构，如墨西哥的瓜纳华托和墨西哥城。瓜纳华托在预算编制中的性别考量领域取得了进一步的进展。

阿根廷的财务管理信息系统（the Financial Management Information System，FMIS）集合了国家预算分配的一些数据，包括优先分配给某个性别、青年和儿童等相关的政策数据。此外，还发布了季度开支报告，[6]该报告中的数据以开放格式数据呈现，公共行政机构可重复使用这些数据并发布进度表。在哥伦比亚，[7]国际合作伙伴为169个可持续发展目标制定了可持续发展目标预算编码和标记方法，详见本章概况部分专栏 2.3。

在非洲，加纳政府已将可持续发展目标的预算编制和融资纳入其国家预算编制过程，并在其标准账户表中添加了可持续发展目标代码。财政部定期发布可持续发展目标预算报告，详细说明中央和地方政府对每个可持续发展目标的年度预算拨款。但其实际支出数据尚未公布。加纳统计局发布了一个在线交互式仪表盘，用于监测该国的可持续发展目标进展情况。[8]为了帮助填补可持续发展目标的数据空白，肯尼亚国家统计局与民间社会组织建立了伙伴关系，并将一套公民生成数据的质量标准纳入肯尼亚统计质量保证框架（Kenya Statistical Quality Assurance Framework）。[9]在联合国儿童基金会（United Nations Children's Fund）和全球财政透明度倡议的支持下，埃及和莱索托还采取步骤，将其基于方案的预算与贯穿各领域的发展目标联系起来。

在亚洲，菲律宾采用政府一体化的方法，正在对可持续发展目标相关方案、活动和项目进行基于政策的统一编纂。这将为预算和公共资源优先次序，以及预算和影响可持续发展目标的私人投资项目之间的关联提供基础。[10]

非政府利益相关者的角色

政府部门以外的利益相关者可倡导对高质量预算信息进行公布，并倡导建立公众参与空间。他们可以积极利用信息为政策决策做出贡献，并监督可持续发展目标实施的预算执行情况。如果政府以外的人不要求提供信息，或者不使用所提供的预算信息，那么公共部门几乎不会有公布或者持续产生此类信息的压力或者动力。此外，利益相关者可以对可持续发展目标进行研究、提供见解、监督或者倡导，还可为在公共财政管理方面教育公众提供机会。来自全球财政透明度倡议网络中的相关例子阐释了这一点。

许多民间社会组织积极参与预算监督、研究和宣传工作。墨西哥智库经济与预算研究中心（the Centro de Investigación Económica y Presupuestaria, CIEP）[11] 和中美洲财政研究所（the Instituto Centroamericano de Estudios Fiscales）[12] 分析了预算分配和执行情况，包括代际影响。经济与预算研究中心以发展融资评估（Development Financing Assessment）方法为基础，利用综合国家融资框架，开展了一项摸底工作，将资源与可持续发展目标的进展进行关联。[13] 国际预算伙伴关系（the International Budget Partnership）[14] 协调了各国的国家研究，旨在探讨预算可信度与实现可持续发展目标的努力之间的联系，上述国家研究揭示了关键的数据差距以及加强预算可信度以支持实现发展目标的方式。[15]

2019 年以来，哥伦比亚国会和独立观察员一直在使用妇女公平预算跟踪器提供的信息来监测这一优先领域的预算分配。墨西哥众议院预算和公共账户委员会（the Budget and Public Accounts Committee of the Chamber of Deputies）开发了一些技术工具，指导决策者从可持续性视角出发，分析、审查、讨论和批准预算，为实现可持续发展目标分配公共资源。《墨西哥实施〈2030 年议程〉国家战略》（the National Strategy for the Implementation of Agenda 2030 in Mexico）[16] 指出，2030 年可持续发展议程国家委员会执行秘书处每年报告一次该战略的进展情况，包括分配给可持续发展目标的预算。

学术界也可以做出宝贵贡献。例如，阿兰·图灵研究所（Alan Turing Institute）的公共政策项目在一项调查的基础上，利用预测统计模型，预估了可持续发展目标的实现轨迹将如何受到特定政策工具现有拨款的直接影响。[17]

当前限制

上述实践案例令人欢欣鼓舞，表明各级政府和不同关键领域的信息越来越多。这些信息可被民间社会和其他利益相关方所用。全球财政透明度倡议网络等国际平台为促进经验交流和同行学习提供了重要空间。尽管出现了这些发展和机遇，但仍然存在很多限制因素。

正如《联合国可持续发展报告（2022）》（United Nations Sustainable Development Goals Report 2022）所示，[18] 很少有国家拥有大多数可持续发展目标的国际可比数据。往往是信息可用时，质量不达标：信息的过度汇总会使其可用性大大降低，在政府内部的信息转移中，通常会出现重复计算；可持续发展目标清洗时常发生，往往只对积极贡献进行标记，而忽略负面影响；并非所有公共资源都可整合进可持续发展目标标签法之中，包括为意外事件或债务融资预留的公共资源；各级政府和部委的信息质量往往因记录和管理的官员不同而参差不齐；公开可用的数据可能因官方来源不同而各自迥异；预算标签产生的信息主要用于编制报告，而不用于预算周期其他阶段的决策过程。

预算标签存在多种方法，[19] 因此也会导致缺乏统一性，如此一来，客观评估系统所产生的数据以及生成国际可比数据就变得十分困难。最高审计机构（Supreme Audit Institutions，SAIs）等关键利益相关者也经常被排除在这一过程之外。此外，虽然预算标签可提供诊断，但是它无法加速缩小发展差距。最后，预算标签所施加的行政负担与其产生的附加价值之间的平衡并不总是十分明确。

克服限制

一些行动可以帮助解决这些问题。各国政府应以充分分类的方式将发展目标或可持续发展目标纳入其预算周期的各个阶段。应对行政、经济、职能和方案的结构化数据进行分类汇总，且保持开放性，这些数据是可持续发展目标采用预算标签的基石。可持续发展目标规划不仅要考虑积极联系，还要考虑消极联系和溢出效应。

各国政府应披露其所采用的优先排序方法，并提供理由和证据依据。公共财政管理决策和发展成果之间的系统联系应该能够明确预算对特定群体和政策议程的影响，以及它们是如何受到这些权衡取舍的影响的。如果民主制衡十分到位，那么政府就可以更好地管理公共利益之间的权衡。

自动化方法对于扩大标签方法的使用范围，以及将其纳入日常实践至关重要。国际金融机构可通过开发一个简单的、得到国际认可的预算标签和优先顺序模型，来帮助各国政府做到这一点，各国政府应能自由使用该模型将预算和支出与发展成果联系起来。他们可以向各国政府提供技术援助，使其能将目标导向法纳入整个财政政策周期。

所有关键利益相关者都应参与进来。如果他们能获得高质量的信息和参与空间，那么他们就可以帮助政府改革者识别哪些政策选择更有可能得到广泛支持。信息的产生是至关重要的，透明度是向前迈进的一大步，但最终还是需要不同的利益相关者采取行动。民间社会需要结成联盟，为预算表增加一股额外的力量，同时抓住机会为重要的全球行动服务，包括那些关注性别、气候和其他关键领域的行动。例如，气候变化行动强大有力，但是倡导者往往不是十分了解预算的影响。民间社会组织可以基于各种信息提出各自的论点，提供支持这些行动的预算证据和信息，从而帮助他们争取必要的公共财政管理调整。

应该借助整个责任生态系统，包括立法者、最高审计机关、媒体、独立财政机构和学术界，来推动这一进程。立法者在批准和监督预算方面发挥着关键作用。审计员在审计中应重点关注可持续发展目标，在独立评估中也应将可持续发展指标纳入考量。对公共财政管理附加值采用这一方法进行进一步的研究，有助于记录收益，也有可能明确在整个财政政策周期内实施公共财政管理带来的净收益，从而明确其对各利益相关者的价值。

结 论

尽管预算标签在不同国家的具体实践中都取得了良好效果，但也仍然存在巨大差距。其经验教训表明，各国政府、国际机构和其他利益相关者可采取行动，克服相关挑战，充分实现将预算与可持续发展目标挂钩带来的潜在好处。

尾注

1. Raquel Ferreira，全球财政透明倡议的高级技术顾问；Aura Martínez，全球财政透明倡议的知识与技术合作协调员；Juan Pablo Guerrero，全球财政透明倡议的网络主任。

2. 预算可信度是根据预算与实际收入和支出之间的差额来确定的；此外，它也能一定程度上反应预算中的财政目标设定得是否符合实际。

3. 了解全球财政透明倡议网络的更多信息，参见 https://fiscaltransparency.net/。

4. 了解预算透明窗口网站的更多信息，参见 https://www.transparenciapresupuestaria.gob.mx/。

5. 了解关于Dataquest和Rally使用经验的更多信息，参见 Global Initiative for Fiscal Transparency, "Note on GIFT's flagship user-engagement initiatives: Public Infrastructure #DataOnTheStreets Rallies and #BetterBudget Dataquests for Sustainable Development", https://fiscaltransparency.net/wp-content/uploads/2023/02/Rally-Dataquests-ConceptNote-2023.pdf。

6. 了解经济部门开放预算网站和行动的更多信息，参见 https://www.presupuestoabierto.gob.ar/sici/analisis-transversales-home。

7. 参见可持续发展目标联合基金、哥伦比亚综合国家融资框架和联合国开发计划署，《可持续发展目标调整和预算标记：哥伦比亚可持续发展目标分类分析》（UNDP, 2022），参见 https://www.undp.org/sites/g/files/zskgke326/files/migration/co/UNDP_Co_POB_Publicacion_SDG_Aligment_and_Budget_Tagging_Methodology_May23_2022.pdf。

8. 了解国家可持续发展目标报告平台的更多信息，参见 https://sustainabledevelopment-ghana.github.io/。

9. 了解框架的更多信息，参见 https://www.knbs.or.ke/download/kenya-statistical-quality-assessment-framework-kesqaf/。

10. 了解更多有关菲律宾综合国家融资框架联合计划和正在制定的国家综合筹资框架的信息，参见 https://medium.com/@jp.inff.ph。

11. 了解有关经济与预算研究中心的更多信息（CIEP），参见 https://ciep.mx/。

12. 了解有关ICEFI的更多信息，参见 https://intranet.eulacfoundation.org/en/mapeo/instituto-centroamericano-de-estudios-fiscales-icefi。

13. 了解有关绘图工作的更多信息，参见 Centro de Investigación Económica y Presupuestaria, A.C., "Evaluación del financiamiento para el Desarrollo: mapa de recursos", https://ciep.mx/wp-content/uploads/2022/11/Evaluacion-del-Financiamiento-para-el-Desarrollo.pdf. Information on the UNDP Development Financing Assessment is available on the Sustainable Finance Hub at https://sdgfinance.undp.org/sdg-tools/development-finance-assessment-dfa-guidebook. Information on integrated national financing frameworks is available on the INFF Knowledge Platform at https://inff.org/。

14. 了解有关国际预算伙伴组织的更多信息，参见 https://internationalbudget.org/。

15. Sally Torbert, "Connecting budget credibility and the Sustainable Development Goals: results from 13 country investigations", synthesis paper (Bill and Melinda Gates Foundation and International Budget Partnership, October 2022), 参见 https://internationalbudget.org/wp-content/uploads/Connecting-Budget-Credibility-and-the-Sustainable-Development-Goals-Results-from-13-Country-Investigations2.pdf。

16. 参见 Mexico, Presidencia de la República, Estrategia nacional para la implementación de Agenda 2030 en México (2019), https://www.gob.mx/cms/uploads/attachment/file/514075/EN-A2030Mx_VF.pdf。

17. 了解有关艾伦-图灵研究所公共政策计划正在开展的工作的信息，参见 https://www.turing.ac.uk/research/research-programmes/public-policy; specific information on automatic SDG alignment and budget tagging is, https://www.turing.ac.uk/research/research-projects/automatic-sdg-alignment。

18. United Nations, The Sustainable Development Goals Report 2022 (Sales No. E.22.I.2), https://unstats.un.org/sdgs/report/2022/The-19 Sustainable-Development-Goals-Report-2022.pdf。

19. 例如，参见经济合作与发展组织, *Green Budget Tagging: Introductory Guidance and Principles* (Paris, OECD Publishing, 2021), https://www.oecd-ilibrary.org/governance/green-budget-tagging_fe7bfcc4-en。

政府支出与可持续发展优先级：政策优先推理研究计划的经验教训

Omar A. Guerrero, Gonzalo Castañeda [1]

人工智能和计算模型有助于加快实施《2030年议程》。这一章节将采用定量分析方法研究政府支出与发展成果之间的联系，进而从多个维度的不同视角审视了所能从中汲取的经验教训。这一章节以政策优先级推断（Policy Priority Inference, PPI）研究计划为基础，[2] 该方案使用计算分析方法分析预算优先事项如何影响相互依存政策层面的不同发展指标。政策优先级推断中开发的计算方法能够在可持续发展目标的背景下进行多维度的影响评估。其新的开放支出数据集可被用来了解政策优先事项是如何动态影响可持续发展目标的指标的。这部分内容对各种学术和政策研究的洞见进行了总结和思考，特别是有关政策含义的内容。它重点着眼于单个国家（墨西哥）的研究，然后再对几个国家进行比较分析。[3]

数据挑战：政府支出、指标和计算模型

在过去10年中，由于公共行政部门和国际组织努力制定数据集发布标准，政府支出数据的数量和质量因此都有所提升。[4] 这些举措的主要目标是支持善政议程，并允许公民和非政府组织利用财政透明度监督公共资金来对其赋能。尽管这些努力值得赞扬，但只是以提高透明度为目的使用公开支出数据却显得十分局限。鉴于目前的多重危机，当下应超越监督这一维度，进一步考量影响评估面临的挑战。当决策者需要协调政府预算和可持续发展目标时，这种类型的分析就显得十分必要了。

要采用详细的开支数据在多个相互关联的发展维度展开影响评估会面临一些障碍，正如可持续发展目标中反映出来的一样。首先，支出类别通常与发展指标所涵盖的政策问题不匹配。这一缺陷意味着支出计划与结果变量之间的映射还远非完美。[5] 其次，由于开放支出数据集相对较新，所以对它们的历时观察还很少（许多发展指标都是如此）。这种"小"数据不符合计量经济学和机器学习方法的要求，无法产生有效的影响评估。[6] 再次，即便支出和指标数据都很"大"，根据可持续发展目标调整预算也意味着，可持续发展目标之间的相互依存关系是需要考虑的，而这对于专家分析或者传统的定量工具来说，并不是一项容易的任务。最后，政府支出的效果因每个国家的制度背景而异；因此，将治理和政治经济特点纳入考量是十分必要的，例如，技术效率低下和腐败。

计算框架可根据政府支出和发展指标之间错综复杂的多级因果链做出调整，从而帮助克服上述挑战。这些分析工具可根据理论和专家知识详细描述政府项目对结果造成影响的动态过程。这一级别的理论内容对于填补数据缺乏造成的空白十分必要。与建设有形基础设施或制订扶贫计划等结构性干预措施不同，金融干预措施侧重于短期效果，因为它们往往是在现有的政策之下运作。因此，设计分析短期干预措施的计算工具要能充分理解预算对政策优先次序影响的范围和口径。PPI研究计划就是一个例子，该计划是在一项称为代理建模或代理计算的人工智能的基础上建立的。

政策优先推理研究计划

政策优先级推断计算模型模拟了一个中央政府分配资源的场景，该中央政府需要把资源分配给一组必须实施现有计划的机构。在该模型中，假定这些项目的实施效率不高，因为公职人员的激励措施相互冲突，甚至包括设置了相互竞争的目标。此外，这些计划的有效性也受到长期结构因素的限制，如基础设施差、能力不足等。最初，政策优先级推断模型模拟了，在不确定性和相互依存的环境

中，政府是如何针对预算制定政策优先事项的。[7] 然后，通过与联合国开发计划署（United Nations Development Programme，UNDP）合作，该框架得到了进一步的改进，它能够在可持续发展目标的背景下与不同粒度的开放支出数据一起使用。

政策优先级推断解释了影响一个国家治理质量的指标和制度因素之间的相互依存关系。因为它是一个模拟工具，所以它能进行反事实分析，能较高程度地分解、评估政府支出。这对于进行多维度的影响评估和量化持续发展目标实施讨论中的概念（如加速器和瓶颈）至关重要。最后，鉴于政策优先级推断的算法性质，可以在其模型中纳入专家知识，从而区分可能受到政府计划（工具性）影响的政策问题和政府影响力有限或没有影响力的政策问题（附带性）。

政策优先级推断已被用于与地方和国家政府（包括哥伦比亚和墨西哥）、专门机构（如威尔士公共卫生局和大不列颠及北爱尔兰联合王国国家统计局）和国际组织（包括联合国开发计划署）的合作之中。在某些情况下，它已经纳入规划过程和评估工作之中了。本章节的其余部分阐述了政策优先级推断是如何在《2030年议程》的背景之下，被用来获得与各国政策优先次序相关的新洞见的。

国家一级的经验：以墨西哥为例

政策优先级推断的开发得益于针对具体国家的研究。其中一些研究重点关注墨西哥（2008—2021），原因是墨西哥政府的支出数据集无论是在分类还是在时间跨度方面都是最好的。例如，其中一项研究量化了加速器概念——这是一个政策问题，如果资金充足，可通过间接影响促进其他方面的发展。令人惊讶的是，在墨西哥，可持续发展目标的加速器要比瓶颈多（在共计75个可持续发展目标中，有33个是加速器）。在这些催化剂中，目标3.7（确保普及性健康和生殖保健服务）和目标16.5（大幅减少一切形式的腐败和贿赂行为）是最具影响力的两个目标。政策影响是不言而喻的：在考虑类似发展水平的发展维度时，决策者应确保为加速器相关的目标提供资金，从而让其产生更加系统性的影响。

政策优先级推断还被应用于调查墨西哥的社会经济剥夺[8]在政府计划、还款和家庭收入融资的作用下是如何演变的。其结果表明，家庭汇款在减轻贫困方面发挥了重要作用，不仅因为其在货币方面很重要，还因为其通过公共支出以外的渠道实现了目标。此外，这些结果也表明，收入冲击会严重损害社会进步，因此政府有必要通过针对性的公共支出来落实补偿措施。

最后，考虑到墨西哥32个州之间的巨大财政失衡，政策优先级推断也被用于分析国家以下一级的可持续发展目标实施情况。分析的重点是如何重新配置联邦政府对各州的转移，以实现某个特定的可持续发展目标或同时实现所有这些目标。[9] 这些转移传统上以补偿与贫困相关的历史不平等为理由（可持续发展目标1），每年通过《财政协调法案》（Fiscal Coordination Act, FCA）利用数学公式进行分配。PPI用于评估当政府优先考虑可持续发展目标1时，FCA所采用的公式是否提供了最好的分配方式。结果表明，最优分配对政府的发展目标高度敏感，联邦转移可以根据政府优先寻求的可持续发展目标进行更好的分配。

为什么公共支出对可持续发展目标的影响不大？

从多国研究来看，从政策优先级推断得出的第一条教训并不奇怪：《2030年议程》过于雄心勃勃了。即便不考虑新冠疫情大流行，到2030年，甚至2040年，也仍然会存在很多发展差距，研究结果表明，不同指标和国家之间存在巨大差距。[10] 如图2.4所示，西方国家的平均可持续发展目标差距预计会在8.3%，东欧和中亚为11.2%，东亚和南亚为14.8%，拉丁美洲和加勒比为18.4%，中东和北非地区为26.0%，非洲为41.5%。

发展指标对预算变化的反应因可持续发展目标、国家和地区而异。衡量其潜在影响的一个方式

(a) 非洲　　　　　　　(b) 东欧和中亚　　　　　(c) 东南亚

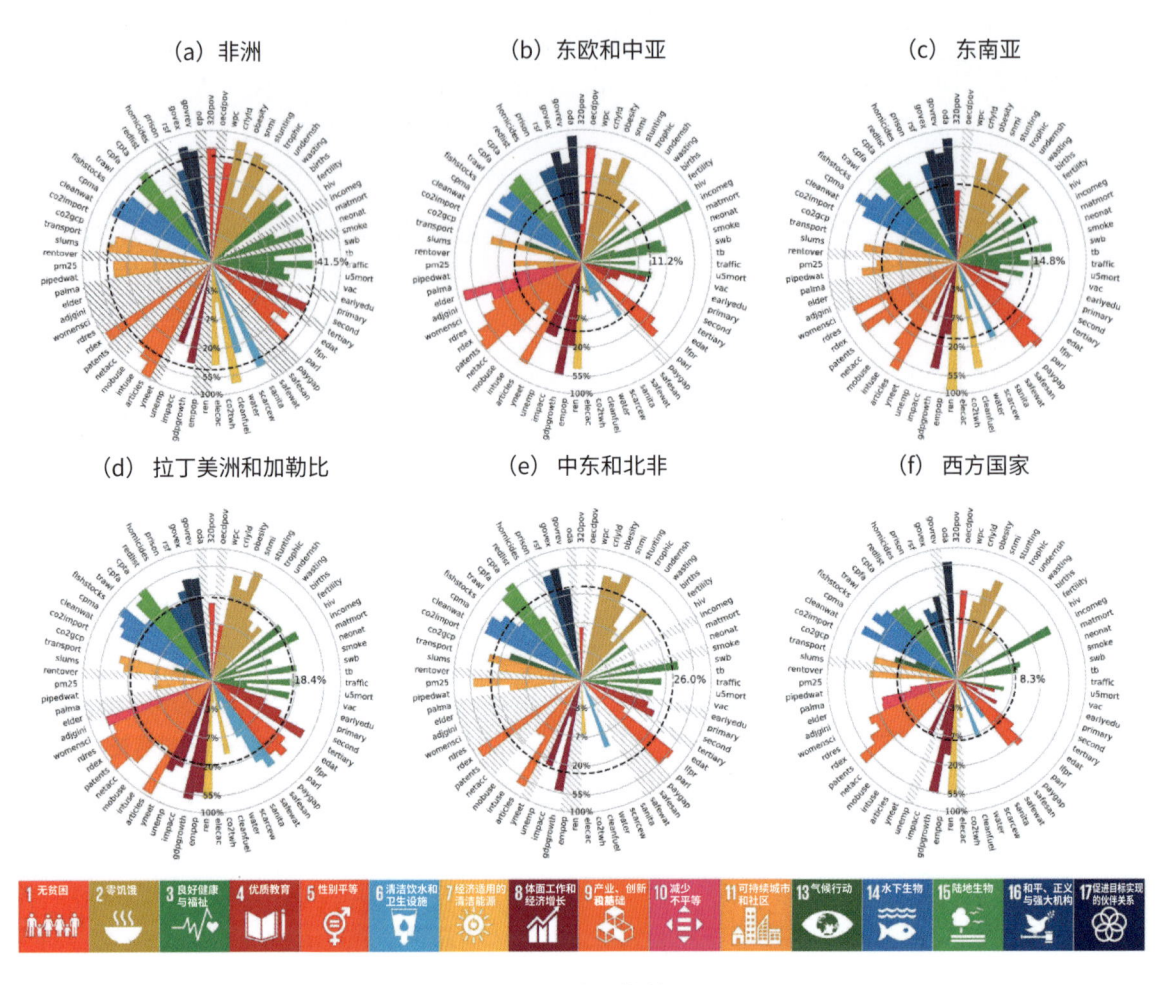

(d) 拉丁美洲和加勒比　　(e) 中东和北非　　　　　(f) 西方国家

图2.4　2030年预期差距

资料来源：Omar A. Guerrero and Gonzalo Castañeda, *Complexity Economics and Sustainable Development: A Computational Framework for Policy Priority Inference* (Cambridge, United Kingdom, Cambridge University Press, 2023)。

注：每一个条柱都表示2030年某一特定指标的预期差距，为同一组国家的平均值。条纹区域是指，该组中的任何国家都没有这一指标。虚线环表示平均预期差距，其数值显示在右侧。同心圆和条形图以对数刻度表示，因此外圈的差异较大。这些预估使用了《2021年可持续发展报告》中的指标数据；可持续发展目标12在该数据集中缺乏观测结果。

是，通过持续数年的预算增加或减少的不断累积来弥补预算差距。例如，对于拉丁美洲和加勒比的一个普通国家来说，预算增量的最大影响对应于可持续发展目标13，而最小影响对应于可持续发展目标8。相比之下，对于西方的一个普通国家来说，预算增量对可持续发展目标5的影响最大，对可持续发展目标1的影响最小。这种类型的分析会影响政府对政策问题的识别——这些政策问题能很好地应对额外的公共支出，同时也能促进可持续发展目标的实施。

虽然有一些指标对金融干预反应良好，但由于基础设施薄弱、能力不足或政府计划设计不当等长期结构性因素，政府对其他指标的支出是无效的。这些限制因素造成了特殊的瓶颈，并因政策问题和国家背景的不同而异。

当把所有国家的预估值都汇总在一起时，我们会发现可持续发展目标9"脱颖而出"，成为最突出的潜在瓶颈。相反，在6个国家组别中，都不存在与可持续发展目标8相关的瓶颈。当对国家组别进行分析时，东亚和南亚尤其突出，因为这一地区受到特殊瓶颈影响的指标最多。有趣的是，拉丁美洲和加勒比国家在与减贫有关的计划中没有出现瓶颈（尽管这一地区普遍存在这个问题）。它们这一结果不佳可能与资金不足有关。这类结果对政府采

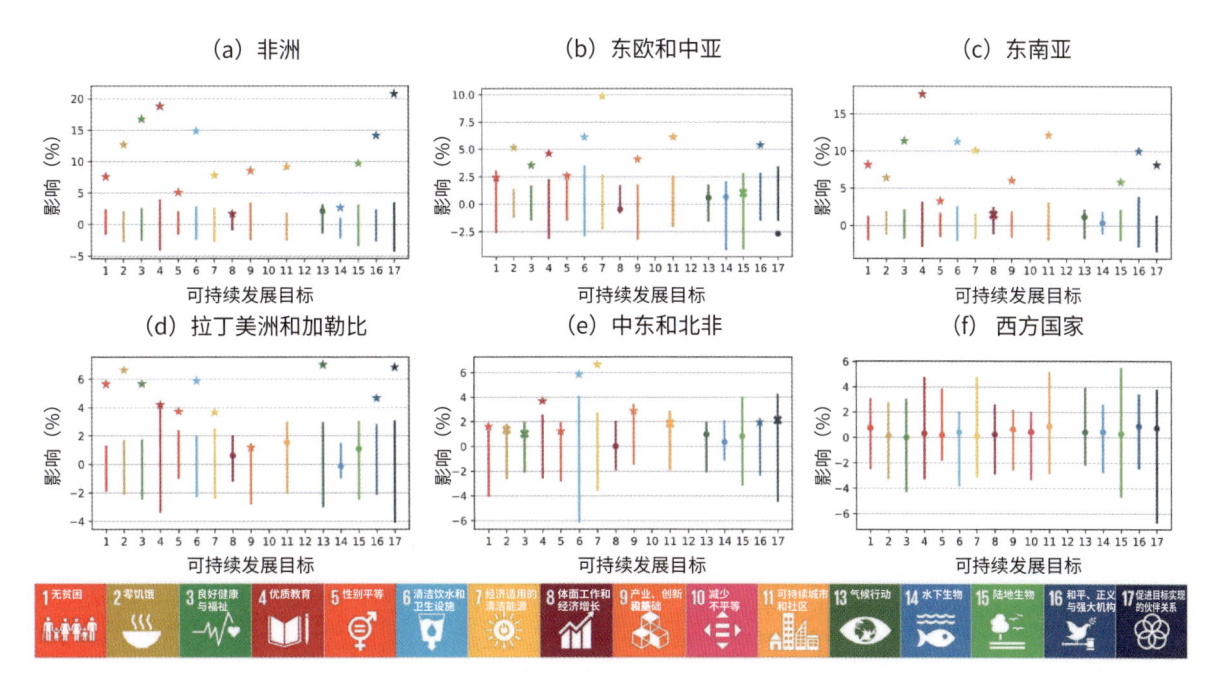

图2.5 在不同国家组别，国际援助对可持续发展目标的影响

资料来源：Omar A. Guerrero and Gonzalo Castañeda, *Complexity Economics and Sustainable Development: A Computational Framework for Policy Priority Inference* (Cambridge, United Kingdom, Cambridge University Press, 2023).

注：图示（●、×和★）表示影响指标的统计显著水平：★=99%的显著性；×=95%的显著性；●=不显著。竖线表示影响指标的分布范围。影响指标衡量的是相关援助基金占发展的百分比；参见 Omar A. Guerrero, Daniele Guariso and Gonzalo Castañeda, "Aid effectiveness in sustainable development: a multidimensional approach", *World Development*, vol. 168 (August 2023), 106256, 信息获取可通过 https://doi.org/10.1016/j.worlddev.2023.106256。本研究中的样本时期为2000—2013年。该数据集仅包含援助接受国。指标数据来自《2021年可持续发展报告》（可持续发展目标12缺乏观察结果）、AidData的援助流量数据和世界银行的政府总支出。

取短期财政干预至关重要，其有助于政府了解短期财政干预措施是否会产生重大影响，或者是否有必要改革政府计划。

另外一项相关发现涉及可持续发展目标16和治理质量对腐败的影响。在预算分配方面，涉及改善治理和其他政策维度之间寻找正确组合时，欠发达国家面临更大挑战。治理方面的额外公共支出可能导致更高程度的腐败，因为其他可持续发展目标表现较差可能会导致公务员更加侧重增加腐败的战略，例如，在提供服务时收受贿赂。鉴于可持续发展目标之间相互依存，社会规范更易滋生腐败，制度的不确定性也更高，因此，在这种更加不确定性的环境中，腐败对政府支出变得十分敏感，想要寻求二者之间的平衡就十分困难。这一结果与国家一级的数据吻合，尽管在改善治理方面进行了大量投资，但南方国家的腐败并未减少（腐败相关文献中的一个众所周知的悖论）。

国际援助对多维度发展的贡献

政策优先级推断也被用来预估国际援助对可持续发展目标的影响。结果表明，援助对几个国家组别的可持续发展目标指标产生了积极影响，但对经济合作与发展组织内的新兴经济体没有影响。从对可持续发展目标指标的平均影响来看，74个指标中有52个表现出了统计上的显著影响。援助有效地促进了可持续发展目标2、3、4、6、7、11和17的进展。相比之下，援助对可持续发展目标8、9、10、14和15相关指标的进展影响不大。

呼吁在循证决策中使用更好的数据和计算模型

政策优先级推断等计算框架在帮助各国政府应

对可持续发展目标实施的挑战方面，具有巨大潜力。为了发挥这一潜力，各国政府必须致力于系统地生成高质量的指标和政府支出数据。此外，各国政府还应努力将支出数据进行标签化，标记为不同的发展类别，例如可持续发展目标，从而将支出计划与发展指标联系起来。新的人工智能方法可帮助扩大预算标签的应用范围。[11]

目前，在更大范围内采用计算模型为可持续发展目标的实施和可持续发展政策提供信息仍然存在技术障碍。政府技术团队和社会科学学者在计算能力和对复杂系统的理解方面都面临挑战。因此，各国政府、研究和教育机构应进一步投资于新兴的计算社会科学领域，赋予新一代决策者和社会科学家更加综合的技能和跨学科能力，使他们能够推动全面和创新政策，应对21世纪的全球可持续发展挑战。

引用作品

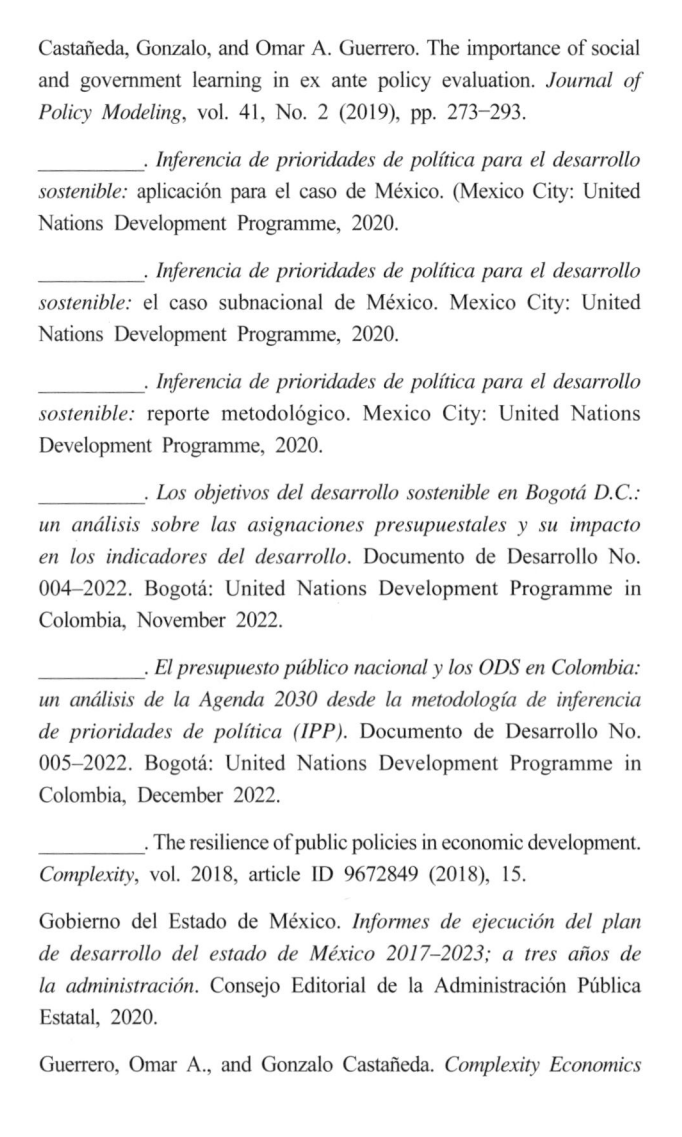

Castañeda, Gonzalo, and Omar A. Guerrero. The importance of social and government learning in ex ante policy evaluation. *Journal of Policy Modeling*, vol. 41, No. 2 (2019), pp. 273−293.

_____. *Inferencia de prioridades de política para el desarrollo sostenible:* aplicación para el caso de México. (Mexico City: United Nations Development Programme, 2020.

_____. *Inferencia de prioridades de política para el desarrollo sostenible:* el caso subnacional de México. Mexico City: United Nations Development Programme, 2020.

_____. *Inferencia de prioridades de política para el desarrollo sostenible:* reporte metodológico. Mexico City: United Nations Development Programme, 2020.

_____. *Los objetivos del desarrollo sostenible en Bogotá D.C.: un análisis sobre las asignaciones presupuestales y su impacto en los indicadores del desarrollo*. Documento de Desarrollo No. 004–2022. Bogotá: United Nations Development Programme in Colombia, November 2022.

_____. *El presupuesto público nacional y los ODS en Colombia: un análisis de la Agenda 2030 desde la metodología de inferencia de prioridades de política (IPP)*. Documento de Desarrollo No. 005–2022. Bogotá: United Nations Development Programme in Colombia, December 2022.

_____. The resilience of public policies in economic development. *Complexity*, vol. 2018, article ID 9672849 (2018), 15.

Gobierno del Estado de México. *Informes de ejecución del plan de desarrollo del estado de México 2017–2023; a tres años de la administración*. Consejo Editorial de la Administración Pública Estatal, 2020.

Guerrero, Omar A., and Gonzalo Castañeda. *Complexity Economics and Sustainable Development: A Computational Framework for Policy Priority Inference*. Cambridge, United Kingdom: Cambridge University Press, 2023.

_____. Does expenditure in public governance guarantee less corruption? Non-linearities and complementarities of the rule of law. *Economics of Governance*, vol. 22, No. 2 (2021), pp. 139−164.

_____. How does government expenditure impact sustainable development? Studying the multidimensional link between budgets and development gaps. *Sustainability Science*, vol. 17 (2022), pp. 987−1007.

_____. Policy Priority Inference: a computational framework to analyze the allocation of resources for the Sustainable Development Goals. *Data & Policy*, vol. 2 (2020), e17.

_____. Quantifying the coherence of development policy priorities. *Development Policy Review*, vol. 39, No. 2 (2020), pp. 155−180.

Guerrero, Omar A., Daniele Guariso and Gonzalo Castañeda. Aid effectiveness in sustainable development: a multidimensional approach. *World Development*, vol. 168 (August 2023), 106256.

Guerrero, Omar A., and others. Subnational sustainable development: the role of vertical intergovernmental transfers in reaching multidimensional goals. *Socio-Economic Planning Sciences*, vol. 83 (October 2022), 101155.

Ospina-Forero, Luis, Gonzalo Castañeda and Omar A. Guerrero. Estimating networks of Sustainable Development Goals. *Information and Management*, vol. 59, No. 5 (July 2022), 103342.

Sulmont, Annabelle, Maite García de Alba Rivas and Stephanus Visser. Policy Priority Inference for sustainable development: a tool for identifying global interlinkages and supporting evidence-based decision making. In *Understanding the Spillovers and Transboundary Impacts of Public Policies: Implementing the 2030 Agenda for More Resilient Societies*, produced by OECD/EC-JRC. Paris: OECD Publishing, 2021.

尾注

1. Omar A. Guerrero，伦敦艾伦图灵研究所计算社会科学研究负责人；Gonzalo Castañeda，墨西哥城经济研究和文献中心（CIDE）经济学教授。

2. 政策优先级参考研究项目相关信息，参见 www.policypriority.org。

3. 这篇文章汇总的经验教训来自各种已发表的学术研究，以及与地方政府和国际组织合作编写的各种政策报告；本文引用的内容详见本文的"作品引用"部分。许多分析及技术细节由本文作者汇总编纂在其新书中。

4. 两个例子是财政透明度全球倡议的工作和联合国开发计划署制定的国家综合筹资框架（UNDP, SDG *Alignment and Budget Tagging: Towards an SDG Taxonomy—Analysis for Colombia* [UNDP Colombia, 2022], p. 60，参见 https://www.undp.org/sites/g/files/zskgke326/files/migration/co/UNDP_Co_POB_Publicacion_SDG_Aligment_and_Budget_Tagging_Methodology_May23_2022.pdf）。

5. Daniele Guariso, Omar A. Guerrero and Gonzalo Castañeda, "Automatic SDG budget tagging: building public financial management capacity through natural language processing", *Data & Policy* (forthcoming).

6. Daniele Guariso, Omarr A. Guerrero and Gonzalo Castañeda, "Budgeting for SDGs: quantitative methods to assess the nuanced impacts of expenditure changes", *Development Engineering*, vol. 8(2023), 100113.

7. Gonzalo Castañeda, Florian Chávez-Juárez and Omar Guerrero, "How do Governments determine policy priorities? Studying development strategies through networked spillovers", *Journal of Economic Behavior and Organization*, vol. 154 (2018), pp. 335–361.

8. 社会经济剥夺是对贫困进行概念化一个近期框架，其灵感来自 Amartya Sen 关于提供能力和自由的思想。它认为贫困问题不仅与收入相关，还与教育、保健、住房、营养、经济福利和社会保障等有关。无法获得其中的一项或多项权利就意味着存在社会经济剥夺。

9. 在墨西哥，大多数税收由联邦政府征收，然后通过联邦转移支付重新分配给各州。这项针对财政失衡的研究分析了一种称为捐款的特定类型的转移，因为它占各州预算的50%。

10. 发展差距是指指标列举的水平与政府希望达到的数值水平之间的差距。现有指标和愿望的数值来自《2021年可持续发展报告》数据集。

11. Daniele Guariso, Omar A. Guerrero and Gonzalo Castañeda, "Automatic SDG budget tagging: building public financial management capacity through natural language processing".

建设开放、透明和包容的政府来为艰难的政策选择和权衡构建合法性

Ole F. Norheim [1]

引 言

政策选择往往涉及相互竞争的目标之间的艰难权衡。在当前多重危机的背景下，加强可持续发展目标的进展需要利用协同效应和管理权衡。不同国家和不同人口群体之间的权衡各不相同。权衡可以被视为两种或两种以上可取但却相互竞争的政策之间的妥协。因此，它不可避免地会牺牲一个方面的利益，来获得另外一些方面的权利，且往往这种权衡是不可避免的。要确保权衡的结果合法和可接受，其中一种方法就是进行公开、透明和包容性的决策。充分利用公共理性是很难实现的，需要政治意愿、体制改革和对人员、时间和资源的不断投入。[2]

近期的新冠疫情大流行给了我们一个惨痛的教训，保护人民免受致命流行病的伤害需要人们承受沉重的负担。拯救生命（可持续发展目标3）和保护生计（可持续发展目标1、2和8）目标之间的权衡，带来的结果是利益和负担的分配变得争议不断，在疫情暴发的某些地方和阶段，其分配既低效又不公平。[3]另一项权衡与向可再生能源过渡有关，对一些国家来说，保护煤炭和化石燃料相关行业的就业和收入（可持续发展目标8），与净零碳排放（可持续发展目标13）的目标相竞争。第三个例子与设定卫生保健优先事项有关。在大多数国家，人口结构中老年人口的比例不断增加，期望值不断提高，以及昂贵的新技术（包括先进的癌症药物和治疗方法）的激增，迫使各国限制公共卫生服务支出，来保护教育和基础设施等其他部门的开支（可比较可持续发展目标3，与可持续发展目标4和9）。卫生当局必须决定他们能负担得起什么样的服务，有时还必须根据治疗效果、成本及分配数据对各项措施进行排序。涉及医疗、伦理和政治分歧的优先事项往往都比较棘手。[4]

对权衡取舍的管理既是一项基于客观科学知识的工作，也是一项基于价值的工作。需要围绕政策选择和对问题的共同理解来构建合法性和共识。这就要求建设公开、包容的审议流程。使决策过程公开和包容十分重要，这一论点已无须赘言，它要求不仅要考虑科学和专家知识，还要考虑其他知识来源，包括公民个人、当地社区、土著居民、青年人和老年人等。

要求决策过程公开、透明和包容的理由

由于此类艰难的政策选择经常发生，因此必须坚定地将公开、透明和包容的决策流程制度化。在后疫情时期，管理好权衡取舍来加快可持续发展目标的实施进展，再次变得紧迫而重要，这同时也凸显了体制和民主变革的必要性。

进行开放、包容决策最重要的原因是，其建立在民主原则、政治和人权的基础之上，开放和包容的决策可提高决策质量，增加信任度、合法性和落实效果。[5]包容性决策建立在民主理想之上，即所有人都应有公平参与和影响决策的机会。[6]它能保证各国政府按照国内法和国际法，特别是人权法和负责任的政府原则规定的政治参与权利展开行动。公开和包容的决策可以减少社会分歧，即使在选择做什么时面临两极分化的观点，公平的程序也有可能会帮助达成最终一致。在公平程序的基础上产生的政策，即使是那些有自身实质性立场的反对者，最终也会选择接受。

关键原则

不同学科的大量文献都对公开、透明和包容性决策的原则进行了定义、论证和讨论。虽然表述有些不同，强调的某些标准也存在一些差异，但类似概念的哲学基础却是一致的。卫生保健部门最近的一份报告指出了公平合法流程的三项核心指导原则和七项实施标准。[7]

核心原则包括平等、公平和一致性。平等建立在以下理念之上，即政治平等、相互尊重，以及不论社会或权力地位、性别、种族或宗教信仰如何，人们在决策过程中都拥有平等获取信息和表达观点的机会。公平要求决策者做出公正的评估。其决策不应受到自身利益的驱动，也不应受到既得利益者的不当影响。一致性要求决策程序要保持长期稳定和可预测，以增加接受度、可持续性和信任感。对决策程序的更改应加以解释和说明。

七项公平程序标准具有广泛适用性，具体是指：透明度、准确性（信息）、公众理性、公众参与、包容性、可修订性（根据新证据），以及执行性。如果遵循这些原则，就能显著改善艰难政治选择的流程，从而有助于增强信任、合法性和政策接受度。[8]

如果能够准确描述情况、提供有效证据，那么政策决策就会更有针对性，也更有效。明确传达理由、不确定性和证据，就可以预防虚假信息。真正公开和具有包容性的决策可构建信任和合法性，从而提高政策的遵守度，也使其更加有效。政策越有效，人们对决策者的信任度也会越高。因此，开放决策促进了信任度增加、政策遵守度提高和政策有效性之间的良性循环。从最差的角度看，公平的流程也至少可以防止信任受到侵蚀。

开放和包容程序面临的障碍

新冠疫情还让我们看到了一些忽视或缺乏开放和包容程序带来的后果。例如，由世界卫生组织（WHO）流行病防备和应对独立小组委托编写的一份关于墨西哥新冠疫情应对措施的报告中就列举了一些不足之处，并将其与政府权力集中、广泛使用自由裁量决策和缺乏审议联系了起来。[9]由世界卫生组织独立小组委托编写的另一份关于美国应对新冠疫情的报告也指出，"信任赤字"可能是导致疫情应对不力的一个风险因素。[10]即使在拥有完善和包容审议机构、听证会和公众参与机制的北欧国家，在疫情的第一阶段，依赖专家决策也几乎是常态。但几个月之后，这些国家的公共卫生当局和政府（例如丹麦、瑞典和挪威）就变得越来越透明了，它们通过向政府提交报告和建议的专用网站，向公众定期提供信息，更新证据，并公开政策变化的原因。世界卫生组织流行病防备和应对独立小组认为，这些机制增加了信任度。[11]

在落实审议程序方面，存在几个众所周知的障碍。除了民主进程会导致权力下放这一显而易见的事实，审议程序还可能会十分耗时、成本高昂，而且要求公共实体在问题紧迫和复杂时能协调其自身行动。另外一个障碍是公共机构能力不足。公职人员通常并不真正具备开展详细审议程序的能力。增强公职人员这方面的能力也增加了实施审议程序的成本。

决策效率和包容性治理之间可能存在权衡取舍，这种权衡既耗时又可能成本高昂。真正彻底的开放包容程序，通常可能涉及数千名参与者，需要支付交通费用或提供补偿，才能实现平等参与和不歧视。但是，使用线上渠道进行审议可能会降低相关成本、提高影响力和参与度。与民主程序关联的所有障碍和成本都必须进行考虑，并在其可能带来的潜在收益（提高合法性、信任度、质量和遵守度）之间做出认真权衡。

科学的作用

对于风险程度和不确定性较高的政策选择，如在新冠疫情早期阶段，包容性决策可能会被认为是不恰当的，认为依靠专家的决策更为重要。然而，科学家在应对这些不确定性时，往往必须诉诸伦理或者政治价值观，即哪些风险更值得认真对待。[12] 这是一个风险管理问题。管理风险牵涉所有利益相关者和公众的个体和集体责任。这个观点反对在风险更高时只依赖专家。因此，在事实和价值观之间划清界限，在风险管理中找到专家和公民的适当角色，并不总是那么简单。由此看来，科学家和公众之间的互动十分必要。

也就是说，专家参与决策并不违背审议程序的理念。科学界不仅能提供客观的数据和证据，也可在基于价值和信念的政策问题上帮助达成共识，正如近期科学政策文献所强调的那样。[13] 忽视甚至否定科学证据不符合审议民主的关键原则。

机 制

如果有政治意愿，开放和包容程序的前景将十分明朗。鼓励建立开放、透明和包容的政府，并对其进行制度化，基本上有三种机制：包容性的审议机构、系统的听证会和自我选择的公众参与机制。[14]

设立包容性审议机构是为了给相关专业知识、经验、声音和利益的分享提供空间和支持，并产生深思熟虑的建议。特设公民大会、永久公民小组、生物技术咨询董事会和咨询委员会等都是其中的例子。[15]

许多国家都设立了系统性的听证会，收集专家和利益相关方对立法和政策草案的相关见解。听证程序往往与正式决策密切相关，可以作为民间社会、专家和政府之间的共同舞台或桥梁。它们有可能为公众辩论提供信息并激发公众辩论，并为利益相关方参与决策创造合法性。它们可以扩大考虑的观点和利益范围，并提高决策的质量和可接受度。法律规定的听证会或选择性听证会就是其中的例子。[16]

自我选择的公众参与机制往往是在政府之外设计的，原则上是可以让每个人都能发出自己的声音。开放的、自我选择的公众参与机制包括市政厅、（面对面或在线）乡村会议、广播和电视节目、请愿和众包。

为促进公众理性而建立的各种制度和机制在世界各地蓬勃发展。其中一个值得注意的例子是，Dryzek和其他人强调的爱尔兰制宪会议和公民大会（the Irish Constitutional Convention and Citizens' Assembly），其开放和包容的程序真正让人们参与了进来，并改变了关于同性婚姻和堕胎权的公开讨论和决定。[17] 另外一个例子是英国公民委员会，该委员会就艰难的优先事项决策交流意见和建议。[18] 公民委员会成立时，其成立理由直接与所谓的理性问责制（accountability for reasonableness, A4R）的审议民主和主导框架理念相关。理性问责制在挪威、荷兰、瑞典和英国等国得到了完全或部分支持。[19] 医疗保健配给显然会产生赢家和输家，而且对于哪些选择是正确也可能存在合法分歧，所以这些国家采用了审议民主和制度化医疗技术评估的原则，并实施了公开透明的决策。理性问责制要求配给决策公开且由公众参与，提供相关理由（例如，服务不具有成本效益），提供投诉和修改机制。

这一程序本身应当制度化。如果条件得到满足，就可以将医疗配给相关的决定与更广泛的民主程序联系起来。这些条件似乎越来越被接受，但也受到了批评。[20] 爱尔兰和英国的机构是包容性审议机构的两个例子。

将定期听证程序纳入参与式治理平台的一个很好的实践是泰国的国家卫生大会（National Health Assembly，NHA）。非专业人士可通过该大会听取和评估证据，表达自己的需求、经验和关切，目前，泰国国家卫生大会已成为一个良好平台，帮助民间社会构建参与决策过程的能力，并将其生动经验更强有力地纳入政策讨论。[21]

最后，自我选择公众参与机制的一个很好的例子是Participedia，[22] 这是一个面向研究人员、教育工作者、政策制定者、活动家和其他对公众参与和民主创新感兴趣的人员的全球网络和众包平台。

建立信任和合法性是可能的

公开、透明和包容的决策可以提高决策质量，增强信任、合法性和政策遵守度。障碍的确存在，但可以克服。爱尔兰、英国和许多北欧国家已经成功地测试和使用了由相关当局任命的包容性审议机构。许多国家也都实践了听证会制度，并证明这的确是一种有助于所有关键利益相关者利用公众推理参与其中的一种可行、成本较低且透明的方式。其中的关键是保证决策者对听证会过程中提出的观点和论点做出回应。自我选择的公众参与机制提供了让政府机构以外的人参与进来的新途径；它们往往建立在强有力的社会激进主义和倡导之上；它们有可能比政府机构更具吸引力和有效性。

上述所介绍的原则和案例的关键信息如下：

（1）要使艰难的政策权衡结果具备合法性和接受性，一个重要方法是公开、透明和包容性的决策。

（2）采用公开、透明和包容决策的最重要原因是，它们尊重政治权利，可以提高决策质量，并增加信任度和合法性。

（3）合法程序的可执行标准包括透明度、准确性、公众推理、公众参与、包容性、可修改性和执行性。

（4）公开、透明和包容的决策必须制度化。政府可以建立包容性的审议机构（如公民陪审团、永久公民小组、生物技术咨询董事会和咨询委员会），并举行让主要利益相关者参与其中的系统性听证会。在政府之外，应当鼓励自我选择的公众参与机制。

（5）实施审议程序是有成本的。这些成本因素必须纳入考量，并与收益进行权衡。

尾注

1. Ole F. Norheim，卑尔根大学（挪威）全球公共卫生与初级医疗系，以及卑尔根伦理学与优先事项设定中心成员。

2. John Rawls, "The idea of public reason revisited", *The University of Chicago Law Review*, vol. 64, No. 3 (summer 1997), pp. 765–807，参见 https://doi.org/10.2307/1600311。

3. Ole F. Norheim and others, "Difficult trade-offs in response to COVID-19: the case for open and inclusive decision making", *Nature Medicine*, vol. 27, No. 1 (2021), pp. 10–13，参见 https://www.nature.com/articles/s41591-020-01204-6。

4. Ole F. Norheim, "Ethical priority setting for universal health coverage: challenges in deciding upon fair distribution of health services", *BMC Medicine*, vol. 14, article No. 75 (2016), 参见 https://bmcmedicine.biomedcentral.com/articles/10.1186/s12916-016-0624-4。

5. Claudia Chwalisz, "Introduction: deliberation and new forms of government", in Innovative Citizen Participation and New Democratic Institutions: Catching the Deliberative Wave (Paris, OECD Publishing, 2020), pp. 19–32，参见 https://doi.org/10.1787/339306da-en; John S. Dryzek and others, "The crisis of democracy and the science of deliberation", *Science*, vol. 363, No. 6432 (2019), pp. 1144–1146。

6. Ole F. Norheim and others, "Difficult trade-offs in response to COVID-19: the case for open and inclusive decision making", Nature Medicine, vol. 27, No. 1 (2021), pp. 10–13, 参见 https://www.nature.com/articles/s41591-020-01204-6; John Rawls, Political Liberalism, expanded edition (New York, Columbia University Press, 2005); Amy Gutmann and Dennis Thompson, Why Deliberative Democracy? (Princeton, New Jersey, Princeton University Press, 2004)。

7. Unni Gopinathan and others, "Open and inclusive: fair processes for financing universal health coverage" (Oslo, Norwegian Institute of Public Health, Bergen Center for Ethics and Priority Setting, and World Bank, forthcoming).

8. 世界银行, Open and Inclusive: Fair Processes for Financing Universal Health Coverage (Washington, D.C., World Bank, 2023), 参见 https://openknowledge.worldbank.org/entities/publication/5c0182db-d385-4d6f-a1c0-da48b887454e。

9. Mariano Sánchez-Talanquer and others, *Mexico's Response to COVID-19: A Case Study* (San Francisco, University of California, San Francisco, Insitute for Global Health Sciences, 12 April 2021), 参见 https://globalhealthsciences.ucsf.edu/sites/globalhealthsciences.ucsf.edu/files/mexico-covid-19-case-study-english.pdf。

10. Neelam Sekhri Feachem, Kelly Sanders and Forrest Barker, *The United States' Response to COVID-19: A Case Study of the First Year* (San Francisco, University of California, San Francisco, 2021), 参见 https://globalhealthsciences.ucsf.edu/sites/globalhealthsciences.ucsf.edu/files/covid-us-case-study.pdf。

11. Ellen Johnson Sirleaf and Helen Clark, "Report of the Independent Panel for Pandemic Preparedness and Response: making COVID-19 the last pandemic", *Lancet*, vol. 398, No. 10295 (2021), pp. 101–103, 参见 https://www.thelancet.com/journals/lancet/article/PIIS0140-6736(21)01095-3/fulltext。

12. Norheim and others, "Difficult trade-offs in response to COVID-19: 13 the case for open and inclusive decision making".

13. Peter D. Gluckman, Anne Bardsley and Matthias Kaiser, "Brokerage at the science–policy interface: from conceptual framework to practical guidance", *Humanities and Social Sciences Communications*, vol. 8, article No. 84 (2021), 参见 https://doi.org/10.1057/s41599-021-00756-3。

14. Norheim and others, "Difficult trade-offs in response to COVID-19: the case for open and inclusive decision making".

15. Participedia 是一个全球网络和众包平台，面向研究人员、教育工作者、政策制定者、活动家以及任何对公众参与和民主创新感兴趣的人；详见 https://participedia.net (accessed November 2020)。有关审议机构的更多信息，参见 Graham Smith, *Democratic Innovations: Designing Institutions for Citizen Participation* (Cambridge, United Kingdom, Cambridge University Press, 2009), https://doi.org/10.1017/CBO9780511609848; Jackie Street and others, "The use of citizens' juries in health policy decision-making: a systematic review", Social Science and Medicine, vol. 109 (May 2014), pp. 1–9, doi:10.1016/j.socscimed.2014.03.005; Nicole Moretto and others, "Yes, the government should tax soft drinks: findings from a citizens' jury in Australia", *International Journal of Environmental Research and Public Health*, vol. 11, No. 3 (March 2014), pp. 2456–2471, https://doi.org/10.3390/ijerph110302456。

16. France, Le Sénat, "Commission d'enquête pour l'évaluation des politiques publiques face aux grandes pandémies à la lumière de la crise sanitaire de la COVID-19 et de sa gestion", 参见 https://www.senat.fr/travaux-parlementaires/structures-temporaires/commissions-denquete/commissions-denquete/commission-denquete-pour-levaluation-des-politiques-publiques-face-aux-grandes-pandemies-a-la-lumiere-de-la-crise-sanitaire-de-la-covid-19-et-de-sa-gestion.html (accessed on 14 November 2020); Kanang Kantamaturapoj and others, "Performance of Thailand's universal health coverage scheme: evaluating the effectiveness of annual public hearings", Health Expectations, vol. 23, No. 6 (2020), pp. 1594–1602, 参见 https://doi.org/10.1111/hex.13142。

17. Dryzek and others, "The crisis of democracy and the science of deliberation".

18. Street and others, "The use of citizens' juries in health policy decision-making: a systematic review".

19. Norman Daniels and James E. Sabin, *Setting Limits Fairly: Can we Learn to Share Medical Resources?* Second ed. (Oxford, United Kingdom, Oxford University Press, 2008).

20 Sigurd Lauridsen and Kasper Lippert-Rasmussen, "Legitimate allocation of public healthcare: beyond accountability for reasonableness", *Public Health Ethics*, vol. 2, No. 1 (April 2009), pp. 1–11.

21 Kantamaturapoj and others, "Performance of Thailand's universal health coverage scheme: evaluating the effectiveness of annual public hearings".

22 了解更多信息，参见 https://participedia.net。

专家意见总结

表2.3　关于加强可持续发展目标一体化和政策一致性的专家建议

领　域	行　动　要　点
全球可持续发展目标的落实和审查	• 鼓励和指导会员国在高级别政治论坛和其他全球论坛上，通过监测和报告机制，分享关于不可分割与一体化原则的经验 • 在高级别政治论坛上促进关于如何在实践中以及各国在可持续发展目标实施过程中进行协同作用管理和权衡的知识交流（如通过自愿国别审查） • 将风险管理在决策、确定优先事项和实施可持续发展目标方面的作用纳入自愿国别/地方审查进程 • 通过具体的政府行动，支持全球创新以保护当代人和后代人的权利（包括为《后代人权利宣言》做出贡献，倡导后代人问题特使发挥强有力的作用） • 以2023—2025年的联合国首脑会议为契机，推动战略预测方法的采用，并将其作为预测性全球治理和公共行政"新方法"的基础
可持续发展目标的相互依存性、协同作用、权衡和优先次序	• 评估可持续发展目标之间的相互作用在各国的具体国情下是如何发生的，要考虑当地情况，并利用基于系统思维的工具支持决策 • 根据可持续发展目标在特定国情下，对相互关联的目标和《2030年议程》愿景的进展产生支持作用或阻碍作用的优先程度，重新审视国家可持续发展目标实施战略和行动计划 • 报告各国政府如何利用查证和分析工具支持可持续发展目标的实施，并就所做的政策选择、其带来的影响以及如何改进所选择的政策进行交流 • 确保充分协商，尝试新思路，预留充足的时间，评估协同作用和权衡取舍，以确定有效的政策解决方案，并改善公共服务的供给
通过透明和包容的决策加强一体化和政策一致性	• 在某项可持续发展目标的优先事项应怎样与其他目标进行权衡以及对不平等现象的影响方面，确保政府政策选择的透明度 • 选定透明度、准确信息、说明理由、公众参与、包容性、可重审性和强制执行等方法的操作标准，以增强政府选择可持续发展目标政策的合法性 • 各国政府以实证为基础，提供所使用的事项优先级排序方法的理论基础，并分享用于确定优先事项的方法 • 建立包容性审议机构（如公民陪审团和常设公民小组）并与利益攸关方举行听证会，使决策的制定制度更具公开性、透明性和包容性 • 鼓励可以自我选择的公众参与机制（如市民集会和众包模式），包括政府外的参与机制，以使每个人都能发出自己的声音
通过预算机制和公共财政管理支持可持续发展目标的完整实施	• 以充分分类的方式将发展目标/可持续发展目标纳入预算周期的各个阶段 • 在绘制可持续发展目标图时，不仅要考虑正向联系，还要考虑负向联系和溢出效应 • 加强公共财政管理决策与发展成果之间的系统性联系，以确定预算机制对特定群体和政策议程的影响，以及它们如何受到权衡机制的影响 • 组建广泛的民间社会行动者联盟，为预算工作的进行带来更多的力量，并且抓住机会支持和参与包括性别、气候和其他领域在内的全球运动
数据	• 在发展指标和政府支出方面，推进系统地生成高质量的预算数据和公共财政管理数据 • 推动各国政府将支出数据标记到可持续发展目标等发展类别之中，从而将支出方案与发展指标联系起来 • 编制有关行政、经济和计划分类的开放的、结构化的、高质量的数据，这些数据是可持续发展目标预算标记的支柱 • 加强数据管理，以加速生成可靠、及时和共享的数据，并确保通过兼容技术方便地获取数据
前瞻性和代际方法	• 在所有公共部门优先考虑对当代人和后代人公平的原则，并从代际公平的角度评估政策 • 建立战略预测示范中心，在行政部门、议会、审计机构、政府机构和市政机构之间建立预测性治理生态系统 • 开展由各国政府主导的"国家倾听活动"，将展望未来的代际对话与国家战略规划联系起来

续 表

领 域	行 动 要 点
风险管理	• 从实施可持续发展目标的试点机构的良好做法中,学习如何有效将风险预测纳入权衡和协同作用评估,这将带来在地区层面进行经验交流的可能性 • 交流在风险和危机管理的监测与评估方面的良好做法,例如,哪些做法行之有效、哪些做法今后应予避免,以帮助弥补知识差距 • 促进公共和私营部门风险管理人员之间以及与政治领导人之间的交流,探讨如何最有效地缩小在风险管理影响方面的差距,并提倡风险文化,从而提高其对个人和集体备灾责任的认识和理解
监督和评估	• 对机构措施是否使优先事项的确定和实施更加系统化,以及是否提高了管理协同作用和权衡的能力进行独立评估。这些评估有助于确定解决或缓解权衡问题和发挥协同作用的方法,并在可持续发展目标决策中应用支持系统思维的工具 • 在对预算程序和财政政策进行独立评估时,将可持续发展目标指标考虑在内 • 考虑在最高审计机关的外部审计中进一步采用对可持续发展目标的聚焦
通过能力建设和知识共享,支持一体化和政策一致性	• 促进科学家和决策者之间的合作,以建设相互依存方面的能力(如通过培训和知识交流) • 利用全球网络促进分析工具和模型的传播与采用,以支持政策的一致性和一体化,并鼓励其实际使用。工作者可以了解这些工具的价值,并掌握在实践中使用它们所需的技能 • 将战略预测纳入公务员培训及对当代和下一代公职人员的教育 • 政府、研究机构和教育机构增加对计算社会科学的投资,使新一代决策者和社会科学家掌握各种技能和跨学科知识 • 让国家以下的各级政府参与正在进行的知识共享和同行联合学习活动,以促进各级政府之间的协调合作 • 提高历来在全球可持续发展目标网络中代表性不足的地区、国家和行动者的参与程度,以确保所有声音都能平等地为制定切实可行的可持续发展解决方案做出贡献
科学和研究支持可持续发展目标的整合与一致性	• 确保解决可持续发展目标相互依存和权衡问题的工具与决策者在不同情况下的需求更加一致 • 以具体实例说明工具在解决可持续发展目标中复杂的权衡问题和面对紧迫挑战方面的价值 • 支持努力通过新的人工智能方法扩大预算标记的规模 • 通过进一步研究预算标记对公共财政管理的增值作用来记录其益处,并显示在整个财政政策周期内实施预算标记的净益处及其对各利益相关方的价值 • 让科学界参与多方利益相关者的决策过程和优先事项确定过程,以帮助提高公众对科学的信任,并支持具有包容性的知识生产 • 探索如何使科学体系更具包容性和公平性,以便让更多的声音、机构、知识类型和方法参与其中 • 确定既能加强科学与政策之间的联系又能加快地方可持续发展转型的治理模式和安排
多边组织和捐助者的支持	• 在国际金融机构的支持下,开发一个简单的国际公认的预算标记和优先次序模型,该模型可自由使用,以便将预算和支出与发展成果联系起来 • 向各国政府提供技术援助,帮助它们在整个预算过程和财政政策周期中采用以目标为导向的方法 • 通过将具体承诺纳入国际标准、计划设计和《我们的共同议程》提案(包括代际公民参与,特别是来自南方国家的公民参与,以及评估政策的代际分配影响的问责机制),倡导负责任的社会变革展望议程

3

第3章
政府如何调动资源、利用创新来改革公共部门，实现可持续发展目标？

概況

3.1 引言

2015年通过的《2030年议程》引发了对重构与改革公共机构以实现可持续发展目标重要性的深刻思考。与最初达成可持续发展目标时相比，当前的情况要不利得多。政府面临着诸多挑战，例如新冠疫情带来的冲击、具有外溢效应的暴力冲突、环境危机、粮食短缺以及高债务水平和预算收缩情况下的供应链中断。现在比以往任何时候都更加清楚的是，国家和高效、包容、负责任的公共部门扮演着"不可回避的管理角色"，亟须找到创新解决方案以应对这些重叠危机带来的后果。[1] 疫情已经恢复了国家作为合法权威和"首要原则"的地位，各国处于危机应对的最前沿。

疫情中断了公共机构以往的工作模式。实时响应的紧迫性放宽了制度限制，[2] 迫使公共机构迅速尝试替代操作方案，[3] 这两点都加速了创新。除了实施缓冲措施以维持基本公共服务，这场危机还为公共行政转型提供了机会，而这在"正常"时期是难以实现的。例如，在意大利，疫情迫使公共部门管理者在缺乏政策制定者指导和财务不确定性的情况下，在短时间内做出通常需要漫长审批程序的决策。[4] 正如本章所探讨的，在某些情况下，人们发现了提供公共服务的更高效、更有效的方式，其中许多可能成为"新常态"。尽管如此，目前尚不清楚这种在疫情期间观察到的灵活决策、试验和创新的势头是否会延续到未来。这引发了一个问题：一旦危机结束，常规程序和流程恢复后，如何在公共机构中促进创新。

为了保持公众信任，政府必须大力创新并做好准备应对未来的系统性冲击，争取在问题出现并成为危机之前加以解决。同时，新冠疫情后不断涌现的连锁危机对政府提出了更大挑战，迫使他们找到创新的方法来更好地服务其选民。各国政府可以利用疫情防控的创新成果加快落实《2030年议程》。公共创新举措涉及利用公共手段来制定具有公共目的的解决方案，因此需要采取包容性的方法，即提出"变革对谁有利？"。在危机迅速蔓延的情况下，政府可能没有对这一问题给予足够的关注。[5]

尽管创新无疑在提升机构效率方面发挥着关键作用，但必须承认，创新只是未来广阔前景中的一个要素。公共机构要想取信于民，就必须履行职责，提供有效、公平的服务，对公共资金进行有效管理。为此，公共机构需要有充足的资金和必备的能力，还需要对公众负责并保持透明。如本报告此章及其他章节所述，公共机构的有效参与不仅有助于制定应对复杂社会问题和紧急情况的政策和服务，还是人民与政府之间相互信任的关键要素。另一个重要因素是要建立包容、性别平衡、多样化，并且准确反映人口结构的公共服务体系。享有人民信任的公共部门可以利用非国家行为体的专业知识，创建一个符合公众需求的共同议程，并制定后疫情时代"新常态"下对所有人都有利的流程和服务。

在考虑上述因素的基础上，本章重点探讨了政府如何利用疫情期间公共部门的成功创新来制定实现可持续发展目标的长期战略和政策。为了应对复杂危机并加速实现可持续发展目标，政府需要在两个不同但相互关联的维度上寻求创新方法。第一个维度涉及政策创新以及公共部门内部的行政、组织和系统性变革。第二个维度则是政府与利益相关者之间互动的转变，特别是在公共服务供给环节中，

图3.1 公共部门创新以实现可持续发展目标并增强应对危机的能力

资料来源：作者制作。

个人与公共机构之间的交互正在发生深刻的变化。

3.2 政策创新和公共行政改革

关于如何促进公共部门创新以及成功实现创新所需的能力、技术和资源，尤其是如何在危机时期创新，这些问题仍有待探索。公共部门在创造适宜环境以培育创新并将其制度化方面发挥着重要作用。⁶疫情期间的观察表明，政府应将公共问责制、各级政府之间的一致性、公共服务人员专业能力的提升，以及数字化转型等要素视为促进公共行政内部改革的战略基石（见图3.2）。本节将依次探讨这四个要素。

3.2.1 创新与转型

文献表明，创新可以通过两种方式实现，第一种是渐进式创新，即持续改进；第二种是改变或替代流程或服务的颠覆性创新。⁷新冠疫情迫使各国政府迅速寻找解决方案，以适应急剧变化的环境。据世界银行称，高效的公共部门机构尝试了新的运营方式，通过政府中心协调的措施来加强危机管理和应急准备（见专栏3.1）。⁸

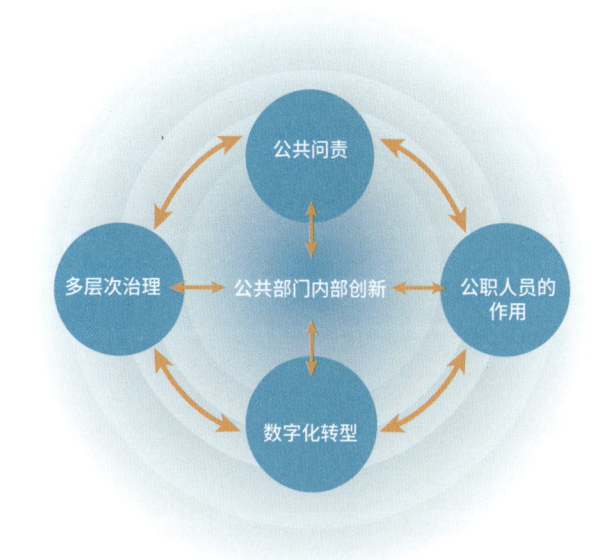

图3.2　公共行政管理内部的政策创新与变化
资料来源：作者制作。

危机引发的一次性创新可能不足以促进长期转型并加快可持续发展目标的实施速度。专家认为，政府需要适应不断变化的环境，并系统地将创新置于政策制定和公共管理的核心位置。⁹

加快可持续发展目标实施的步伐需要重新思考公共部门的运作模式，正如Geert Bouckaert所详

专栏3.1　柬埔寨新冠疫情应对策略

柬埔寨政府成立了由首相领导的国家应对委员会，以制定应对新冠疫情的国家政策和战略，并领导实施疫情防控计划。(a) 委员会负责尽量减少社会经济影响，在国家和地方层面实施多部门和跨部委措施。(b) 在对柬埔寨疫情应对措施的评估中可以看出该国在最初一年内迅速采取行动和有效的控制措施，成功遏制了疫情的蔓延。到第二年，柬埔寨实现了广泛的疫苗接种覆盖率。(c) 评估结果表明强有力的领导和变革性治理在该国应对疫情中发挥了关键作用。

资料来源：(a) Jana Kunicova，《从中央层面推动新冠疫情防控：确保全政府协调的体制机制》，世界银行治理全球实践部（GGP）（华盛顿特区，世界银行集团，2020年11月），参见 https://documents1.worldbank.org/curated/en/944721604613856580/pdf/Driving-the-COVID-19-Response-from-the-Center-Institutional-Mechanisms-to-Ensure-Whole-of-Government-Coordination.pdf，第24、42页；(b) 同上书，第42页；(c) Srean Chhim等，《对柬埔寨新冠疫情应对措施及经验教训的描述性评估（2020年1月至2022年6月）》，BMJ Global Health 第8卷第5期（日期不详），可在 http://dx.doi.org/10.1136/bmjgh-2023-011885 获取。

细阐述的那样。专家强调，新的模式应以人为本，并采用包容性方法，以《2030年议程》的核心原则为基础，即不让任何人掉队，并以诚信和道德为准则。[10] 公共部门的新运作模式会将增强的危机管理能力与从等级制、静态和孤立向动态、协作和赋能的结构转变相结合。[11] 至于公共部门的创新，尤其是当这些创新是为了应对危机而开展时，必须从可持续发展的角度考虑其对提高效率、优化资源和包容性地获取公共产品和服务的影响。

3.2.2 创新与公共问责

透明度和问责制是公共机构效能的重要决定因素，在转型过程中不可忽视。正如《世界公共部门报告（2021）》所指出的，抗击疫情增加了在公共资源分配和使用以及政府核心职能方面清廉失守的风险。疫情迫使社会服务和社会保障规模迅速扩大，给公众监督带来新的压力和挑战。紧急情况被当作借口为立法和行政提供便捷，有时会缺乏透明度，并削弱议会和最高审计机构等监督机关要求政府问责的能力。尽管如此，监督机构还是找到了利用创新促进信息获取、增加透明度和加强问责制的方法。[12] 在此背景下，人们注意到疫情阻碍了最高审计机构与组织公民之间日益增长的合作趋势，而这种合作是加强公众监督的重要渠道（参见本章中 Jonathan Fox 的论述）。

Fox 在其文章中指出，当国家遇到紧急情况需要迅速做出政策决策而不是协作监管和公众监督时，透明度、参与度和问责制改革的制度韧性就会受到挑战。他警告说，单靠法律措施可能不足以确保危机期间相关机制和制度的稳定性。在多个政府层面巩固这些机制和制度可以增强政策的可持续性。这创造了一种制衡机制，并使不同层级的政府决策者能够抵消其他各级政府不作为或改变优先事项带来的影响。

3.2.3 地方层面的多层次治理与创新

基于具体情况的危机应对政策在国家和地方层面都得以体现。[13] 在新冠疫情期间，地方政府（包括州、省和市）处于危机管理的前线，并在恢复期继续发挥核心作用。地方政府的创新在某些情况下通过利用与公民的密切联系，实现了更灵活和更快速的危机反应。[14] 专栏3.2提供了拉丁美洲地方政府应对新冠疫情大流行的例子。在某些情况下，由于地方能力不足，结果可能喜忧参半。在后疫情时代，公共部门机构可以考虑如何整合和扩大地方层面的创新实践，这些实践有可能会改变疫情前的标准。然而，这需要专门的流程来检测、评估和制度化创新，而这些流程可能并不存在。

专栏 3.2　巴西和智利地方政府应对新冠疫情的举措

2020年2月26日，巴西确诊了首例新冠病例，随后病毒迅速在该国主要城市蔓延。由于中央政府缺乏指导，各州和市议会不得不协调卫生措施，包括监督隔离、重新部署卫生工作队伍和资助疫苗研究。萨波彭巴区位于圣保罗，约20%的人口生活在贫困线以下，市民缺乏自来水供应和排污基础设施等基本服务。市政委员和国会议员支持市民与市政府部门召开会议，以共同协调预防措施。这些措施包括分发企业捐赠的口罩、协调教育活动以及与学校社区组织讨论复课事宜。在社区和地方政府的合作下，确定了感染风险较高的地区，以及疫情对居民生活的影响，并更为有效地确定了风险应对措施的优先级。

在智利，首例新冠病例于2020年3月3日确诊。当时，该国正面临社会和政治危机，全国爆发大规模动荡，公民要求社会正义和公平的呼声不断，这为国家制度带来了极大的不稳定性。地方层面组织了多项举措，为有需要的人提供支持，这些举措集中在解决食品安全问题、提供自我疗愈活动、清洁公共场所以及生产和分发口罩。实施的措施帮助减轻了公共卫生当局的负担，并动员社区力量，团结一心以应对新冠危机，如同20世纪80年代经济衰退期间那般齐心协力。根据该国进行的一项调查，有1/3参与社区行动的个人都与当地卫生团队或当局一同合作抗击疫情。尽管在疫情期间对公共机构存在普遍的不信任，但社区参与仍然作为与政府合作的一种方式发挥着作用。

资料来源：Christian R. Montenegro, Felipe Szabzon,《我们参与社区活动：拉丁美洲抗击疫情的经验与看法》，收录于《快速响应：新冠疫情与健康和社会护理研究、政策及实践中的共同生产——第一卷：共同生产的挑战和必要性》，Peter Beresford 等编（英国布里斯托尔，布里斯托大学出版社/政策出版社，2021年），可在 https://policy.bristoluniversitypress.co.uk/covid-19-and-coproduction-in-health-and-social-care 查阅。

Louis Meuleman 在其文章中指出，由新冠疫情和其他危机引发的集权化趋势给国家和地方政府之间的关系带来了巨大压力。他认为，这场疫情加剧了多层级治理的挑战，碎片化治理阻碍政府的应对措施发挥作用。Bouckaert 在其文章中也表达了同样的看法。经济合作与发展组织确认，一些政府已经建立了多层级对话、协调、合作和筹资机制，以减少碎片化现象。多层级合作机制依靠可靠和及时的数据，旨在加强危机管理、响应效率和信息共享。在希腊、意大利和阿拉伯联合酋长国，政府加强了数据收集和汇总，以推动基于证据的政策制定。其他专家补充说，在疫情后不同政府层级之间收入和支出失衡背景下，各级政府之间的协调更为重要。[15]

加纳为应对新冠疫情采取了灵活而集中的措施，中央政府向地方政府提供信息和指令。[16] 为了提供必要的紧急措施，中央政府将权力下放给地方政府机构，由地方政府和农村发展部负责协调地方活动并促进遵守疫情健康协议。这种方法加强了全国范围内政策设计和执行的统一性。

转型战略需要协调自下而上和自上而下两种方法，适应并采用在危机期间应运而生的成功创新经验。Meuleman 在他的文章中指出，在德国，两级危机管理体系的重要性在疫情期间比疫情之前更加凸显。他认为，各级政府之间的合作有助于促进创新，解决能力和资源限制问题，并指出与国家层面的协调对于将本地化创新经验融入社会治理至关重要。

3.2.4 公职人员的作用

转型依赖于公职人员的能力和绩效，以及对公共部门员工的有效管理。新冠疫情凸显了公职人员在确保公共服务不间断提供和国家基本职能持续运行方面发挥的关键作用，凸显了他们在面对挑战时的适应能力。[17] 公职人员在疫情期间推动创新方面也发挥了重要作用，打造了新的公共服务模式，并利用数据和工具推动实现可持续发展目标。

新冠疫情和乌克兰危机导致难民大量涌入，罗马尼亚公共部门认为需要进行全面的技能开发和学习，改变聘用标准和能力模型框架，并纳入公务员创新所需的软技能。技能开发是综合战略或系统方法[18]的一个关键特征，该方法将"创新能力融入政府的框架、文化和流程中"，以支持有效政策的实施和设计能够处理复杂情况的服务方式。[19]

如 Odette Ramsingh、Carlien Jooste、Ankita Meghani 和 Taryn Vian 的文章所示，在疫情期间加强公职人员能力建设是一项挑战，因此培训方法必须具有创新性。例如，在南非，对卫生人员的培训亟须转型，对在线平台的依赖大幅增加。各国政府可以在疫情之后将线上平台作为线下培训的替代方案，以确保人们获得包容性的发展机会。

关于公共部门创新的常见叙述强调，需要营造有利的环境，拥有适当的法规和基础设施，以及以创新为导向的组织文化、思维方式、能力和工具。还强调公职人员需要具备创新所需的知识和技能，并拥有在技术、战略预期、危机管理、适应性、韧性和变革管理等领域的强大能力。

在疫情期间，公共部门的管理者和工作人员往往背离这一总体概念，没有完全具备这些能力就进行创新。这反映了"正常"时期和危机时期之间的一个关键区别。在正常的非紧急情况下，公职人员可能通常不被允许尝试创新，没有机会从失败的尝试中吸取教训，或了解如何管理与创新失败相关的风险。无法探索提供公共服务的新方式，也无法利用数据和工具来辅助创新，因此他们可能还缺乏必要的乐观、影响力和动力。而在危机期间，所有这些情况都可能发生剧变。

Ramsingh 和 Jooste 提到，在疫情期间南非 Sefako Makgatho 健康科学大学公职人员之间的协作能力大幅提升，创新速度比正常情况下基于标准管理办法所能实现的速度快得多。应对危机的需求强烈激发了教职员工的决心和目标感，最终，原定作为5年战略计划进行的数字化转型在不到6个月的时间内就完成了。此外，为确保教职工和学生的安全，该大学的人力资源团队在全国管控公告发布后的当天就发布了在家办公的通知。

3.2.5 数字化转型

在新冠疫情管控期间，公共部门机构利用数字技术照常提供服务。例如，一些公共机构在线进行面试以填补空缺职位，这种做法前所未有。正如 Ramsingh 和 Jooste 所指出的，南非 Sefako Makgatho 健康科学大学的数字化转型使招聘的行政和后勤成本降低了50%以上，并加强了不同行政职能之间的协作。

随着疫情的蔓延，政策制定者利用数字化采取了新的系统性应对措施。美国商务部为应对疫情实施了技术驱动流程和核心功能系统的转型，其创新包括设计并使用多功能模型，涵盖该部所有12个下属局的人力资源、财务管理和信息通信技术（ICT）职能。[20] 专栏 3.3 展示了新加坡为应对疫情设计了一套系统性方案，并利用数字化提高公共服务的效率。[21]

数字技术在疫情期间发挥了重要作用。在一些国家，数字技术有助于发放社会保障福利并确定受益人，尤其是在已建立现有体系的国家（见本章中Fox的论述）。数字技术使政策制定者能够访问和分析与行为相关的数据，以确定发展趋势和模式，包括与健康和生活方式选择相关的趋势和模式，如专栏3.4所示。这些数据为决策提供支持，例如，为了应对疫情，管控策略需要改变人们的行为。然而，专家警告说，提取数据来推动算法决策的过程可能会造成或加剧歧视问题。[22] 此外，由于数字技术产生的变化并非在所有情况下都能预测，因此过于简单化地描述其对可持续发展目标实施的

专栏 3.3　新加坡在新冠疫情期间实施公共服务数字化的系统性方法

新加坡将新冠疫情带来的破坏转化为加速公共创新的催化剂。政府采取了积极主动的措施，利用数据收集、综合运营和技术开发了抗击病毒的数字化解决方案。这种方法根植于该国致力于将创新作为核心价值的承诺，促进了公共机构之间的合作，并采用敏捷方法通过全政府战略提供服务。

遏制新冠疫情的蔓延需要转变政府数字服务交付方式，重点满足公民和企业的需求。新加坡政

府科技局建立了工作流程将人民的需求作为优先考虑事项。这些工作以国家的数字政府蓝图为指导，并得到新加坡政府技术堆栈（旨在简化应用程序开发的数字工具）的支持。技术堆栈能够使政府机构通过利用可重用代码加速数字应用程序的开发。

疫情还刺激了数字解决方案的众包。疫情期间的心理健康等问题得到了改善，所采取的解决方案（包括帮助老年人获得医疗服务以及满足学生的教育需求）旨在不让任何人掉队。

新加坡：数字政府蓝图

资料来源：新加坡，政府科技局（GovTech），"数字政府蓝图"，参见 https://www.tech.gov.sg/digital-government-blueprint/；Ang Hak Seng, Sueann Soon；《新加坡公共服务转型：疫情后变得更强大》，新加坡公共服务学院出版物 Ethos 第22期《从危机中学习》，Tharman Shanmugaratnam 编辑（2021年6月），参见 https://www.csc.gov.sg/articles/transformation-in-the-singapore-public-service-emerging-stronger-from-the-pandemic；新加坡，政府科技局，"新加坡政府技术堆栈"，参见 https://www.tech.gov.sg/products-and-services/singapore-government-tech-stack/；新加坡，政府科技局，《技术人员如何促进经济复苏》，technews，2020年5月22日，参见 https://www.tech.gov.sg/media/technews/how-techies-can-facilitate-the-post-circuit-breaker-economy。

积极影响具有误导性。专家认为，信息与通信技术（ICT）是解决方案的一部分，但其本身并不是解决方案。需要根据具体情况采取相应措施，尤其是在地方层面。[23]

3.3 政府与利益攸关方之间的互动及公共服务提供方式的转变

长期以来，人们一直认为，与非国家行为者的互动与合作对政府而言至关重要，因为这既可以提高决策的合法性和有效性，也可以提高公共服务的质量。本报告第一章探讨了政府与其他行为者之间构建更广泛关系的要素，包括发言权、财政公平、正义、信息和数字化转型，而第二章则探讨了政策制定者、公民和科学界在政策整合和政策一致性背景下的合作。

应对新冠疫情的创新措施再次强调了系统思维和政府在"建设创新型社会和为新问题寻找解决方案"方面的作用。[24]例如，尼日利亚建立了一个国家应急响应系统，该系统汇集了具有学术、卫生政

> **专栏3.4　波兰利用数字技术分析新冠疫情期间的健康和生活习惯**
>
> 波兰卫生检疫总局开发了国家卫生监察记录系统（SEPIS），该系统整合了卫生检疫总局全国和地方分支机构的多个系统，实现了实时信息交换，有效减缓了新冠疫情的传播。卫生检疫总局利用网站、热线电话和移动应用程序等多种渠道进行流行病学调查，收集有关人们健康和生活习惯的信息，以更好地了解疾病传播情况。SEPIS 允许用户登记疫情信息并更新疫苗接种记录。该系统还通过缩短处理公众诉求的时间等方式提高检疫总局的工作质量和效率。通过 SEPIS 收集的数据，决策者能够分析不断变化的疫情形势，从而有助于减缓病毒的传播速度。
>
> 资料来源：联合国公共服务创新中心，2022年联合国公共服务奖获奖者，重点介绍波兰卫生检疫总局及其国家卫生监察记录系统相关的举措，参见 https://publicadministration.un.org/unpsa/database/Special-Category-on-covid-19-response/SEPIS。

策和服务专业知识的利益相关者，以评估封控等应对措施对该国人民生活水平和商业活动的影响。[25]

在多重危机相互交织的背景下，公共部门越来越多地被要求建立创新生态系统，以促进多个组织和跨部门之间的动态联系。[26]本节探讨了通过共同参与、共同生产、共同创造和增强服务交付来实现政府与利益攸关方之间发生的变革。

3.3.1　创新且有弹性的参与机制

Fox在其文章中强调，在疫情期间利用现有的制度、机制和体系来提供新的或改进后的服务。菲律宾的有条件现金转移支付（CCT）项目是由社会福利部管理的社会保障项目，覆盖了440万个家庭。该项目致力于提高公民意识，得到了由受益者组成的广泛自治组织的支持。在疫情期间，菲律宾政府利用有条件现金转移支付交付机制推出了一个新的社会民生改善项目，惠及的家庭数量创新高。另一个例子是马德里市议会通过 Decide Madrid 门户网站在现有的公共空间中提供渠道，允许市民在疫情期间提出解决方案并对公共服务提供反馈。[27]

自疫情暴发以来，还出现了新的创新参与机制，允许公民和社区参与决策并共同制定公共政策。德国柏林参议院制定了《2020—2025年柏林

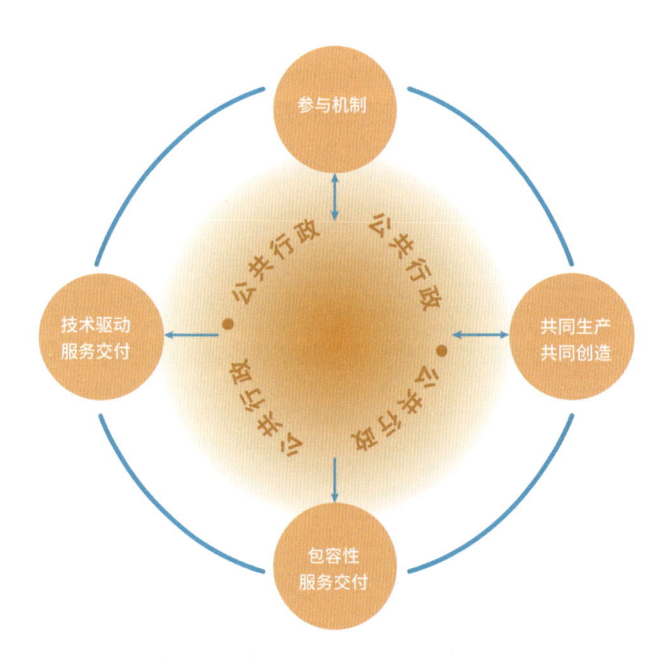

图3.3　政府与利益攸关方之间的互动及公共服务提供方式的转变

资料来源：作者制作。

参与战略》为这一广泛参与提供战略支撑，该战略旨在加强政府与民间社会的合作，鼓励柏林市民齐心协力共同塑造一个充满活力和团结的社会，战略还包括加强政府与民间社会之间的对话和支持社会组织数字化转型等措施。[28]

要想让参与机制取得成功，就必须以规则为基础，将机制融入公共行政的常规流程中。[29]公共

部门需要考虑的关键因素是参与式决策和协作创新的结果和影响。为了更快、更有效地应对危机，公共行政部门需要了解各种激励因素，以创造有利的合作条件并制定激励措施。[30]更广泛地了解需求有助于优化创新，实现参与效果最大化，并加快参与者的转型步伐。[31]

3.3.2 共同生产、共同创造和服务交付的变化

长期以来，政府在制定公共政策和提供服务时，一直与企业、慈善机构、非政府组织和其他利益相关者进行共同生产和其他形式的合作。共同生产使服务提供者和用户之间建立了平等的伙伴关系，用户不仅接受服务，还参与创建服务。[32]疫情前后，公共服务共同生产的例子已在农业、教育、医疗保健和执法等多个领域出现。[33]

正如多位专家在其论文中指出的那样，由于管控期间公共部门与公共服务接受者之间的互动受到严重干扰，许多国家和机构迅速在医疗保健、社会保障、交通和教育领域开展合作。疫情给巴西带来了前所未有的困难，暴露并加剧了社会脆弱性。巴西国家粮食库（Sesc Mesa Brasil）计划利用联合生产的优势缓解了一部分危机，这一计划促进了社区和民间社会组织之间的合作，以应对粮食和健康安全危机，并使社会组织发挥余热，以满足民众的需求。[34]在教育领域，一项关于突尼斯公立大学的研究揭示了远程教育的受益者在疫情期间如何与服务提供者共同创造价值。在管控期间，学生们成为共同生产者，并根据自己的需求保证了远程学习的质量。该研究声称，这种形式的合作提升了远程学习的效果和满意度。[35]

很难衡量共同生产对公共服务的响应能力、创新性和效率的影响。[36]但从广义上讲，疫情后公共支出的压力以及公共机构维持高标准服务交付所面临的多重挑战，凸显了与多方合作应对政策和运营挑战的重要性。疫情期间发展起来的一些共同生产模式为未来带来了希望。在日本，疫情促成的服务提供者、社区成员和服务接受者之间的合作，不仅改善了危机期间的服务交付，而且据专家称，这种合作模式还将成为该国后疫情时代在医疗卫生领域大规模共同生产新模式的基础。[37]

Meghani和Vian在其论文中强调，与私营部门的共同生产对于应对新冠疫情至关重要。公私伙伴关系的建立促进了新冠检测、治疗和疫苗的快速发展。通过与私营部门合作，加纳、尼泊尔和尼日利亚的实验室检测能力得到了提升，加纳、尼泊尔和孟加拉国的医院容量得到了扩大。这些例子都表明了伙伴关系和共同生产在创造更具弹性的未来和实现疫情后生产方式变革方面的潜力。[38]

尽管共同生产具有潜在的好处，[39]但扩大规模的过程仍然充满挑战。政府若希望这一临时措施向系统性方法过渡，并将共同生产纳入其标准化运营管理中，以培育合作精神、加强合作能力并确保为未来危机做好准备，那么就必须考虑制度性因素，如能够促成共生产的立法框架，以及影响利益相关者共同生产意愿的透明度和问责制。[40]政府还必须解决疫情期间在共同生产过程中尤为突出的挑战，包括使用者和提供者之间的紧张关系、成本压力和激励问题。此外还有公职人员的服务态度问题，因为他们对公共部门决策中利益相关者角色增加而感到不满（参见Ramsingh和Jooste的论述）。[41]

3.3.3 包容性服务交付

疫情过后，鉴于贫困、不平等和脆弱性等不利趋势，各国政府面临更大压力，需要提供人人都能获得且负担得起的公共服务。[42]对于与民众福祉息息相关的服务尤其如此，包括与健康、教育、供水、卫生设施、营养和社会保障相关的服务。

疫情加速了医疗创新，采用了许多创意方案以减轻医疗系统的负担。[43]创新不仅扩大了人们获得医疗服务的机会，还促进了服务的包容性和参与度。韩国通过与诊所、福利机构和护理中心建立伙伴关系，使低收入且孤寡的老年群体更容易获得医疗服务。据评估，该措施将有医疗需求但未获得治

疗的人口比例减少到8.7%，在多方的合作努力下，超过9万个案例受益显著。⁴⁴阿拉伯联合酋长国在疫情期间启动了一项国家计划，为残疾人提供家庭检测。⁴⁵在美国，Health+ Long COVID 项目基于以人为本的原则，与新冠病毒感染患者携手合作，制定以患者为中心的解决方案。其中包括组织"健康马拉松"（Healthathons）活动，在社区的帮助下迅速制定和实施解决方案。⁴⁶

在教育领域，许多国家都实施了旨在为学生创造机会的新举措。过去3年来，巴瓜拉拉佩斯区政府通过向来自低收入家庭且教育水平较低的学生提供进入中等技术学校的机会，提高了教育的包容性。据评估，该措施对学生进入技术学校的入学率产生了显著影响。此外，完成初中教育的学生辍学率下降了27%，低于全国平均水平。⁴⁷博茨瓦纳通过创建面向学生和教师的网络互动平台，增强了教育包容性，这不仅带来了更具包容性和公平性的优质教育资源，还改善了教育状况和服务质量。⁴⁸加纳通过向偏远和资源匮乏的学校提供移动计算机动手实践课程，提高了初中学生的信息与通信技术（ICT）教育水平和考试通过率。⁴⁹爱尔兰任命了个案工作者来满足贫困儿童的特殊需求。个案工作者的定制计划满足了学生的个性化需求，并为他们提供在线教育机会，包括提供笔记本电脑、宽带连接和数字素养培训。因此，弱势儿童获得了参与在线学习所需的工具和支持，这有助于缩小数字鸿沟。⁵⁰

3.3.4 技术驱动服务交付

数字技术的使用帮助公共机构转变了服务交付方式，增强了对新冠疫情的响应。⁵¹在卫生领域，卢旺达推广使用无人机技术在农村地区运输药品，并使用机器人执行医疗任务。其他公共服务创新包括扩展远程医疗和远程保健平台，创建在线门户网站以促进疫苗接种和移动医疗应用程序的访问，使用数据分析，以及有针对性地应用人工智能以增强公共部门的响应能力（参见 Meghani 和 Vian 的论述）。⁵²在疫情期间，数字技术还用于在线教育、司法程序、议会程序中的电子投票，例如在印度，公民的银行账户与手机相关联，以实现新冠疫情救济金的发放。⁵³

在整个政府层面，数字化政府的实践也有创新点。新冠疫情暴发后，希腊开发了在线系统并推行电子政务，使公民能够远程访问公共机构，并允许公职人员远程办公。通过这些改革，公民能够实时与政府部门沟通并处理官方文件，减少繁文缛节，也降低了传播病毒的风险。这一创新促使希腊于2020年推出了统一的数字门户网站，作为一种新的公共管理形式，使公民和企业能够轻松、集中地享受数字服务。⁵⁴

在后疫情时代，社会经济和数字化差距不断扩大，为维持政府运转并降低成本而转向数字化运营，在某些情况下可能会进一步加剧不平等现象。数字技术使用率的突然增加加剧了各国在性别、年龄、残疾、地域和社会经济地位方面的数字鸿沟。随着许多基本服务虚拟化，那些没有互联网接入的群体被排除在外，其后果可能是长期的。这种情况在最不发达国家、内陆发展中国家和小岛屿发展中国家尤为突出，这些国家很大一部分人口的互联网和移动电话使用率仍然很低。⁵⁵专家强调，需要采取细致入微和因地制宜的数字化方法，既能充分利用技术优势，又能解决数字鸿沟问题，⁵⁶这种方法可以缩小老年人的数字技能差距，⁵⁷并为残疾人提供无障碍环境。⁵⁸《2022年联合国电子政务调查报告》强调了识别男女不同需求的重要性，并利用技术提供有针对性的解决方案，提高向边缘化和弱势群体提供的公共服务质量，并扩大服务范围。调查列举了解决后疫情时代数字鸿沟问题的措施，包括日本和韩国提高移动应用程序的可访问性，以及新西兰开发了更易于访问的网站。⁵⁹

公平、包容、普及的数字化转型需要混合的服务交付模式。⁶⁰整合线上线下的混合或多渠道服务交付使政府能够为所有用户提供无缝体验，包括服务匮乏地区的用户和弱势群体。⁶¹2020年，巴拿马卫生部采用混合服务交付方式管理全国疫苗接种活动。这使互联网连接受限或没有互联网连接的偏远地区的人们能够离线访问疫苗接种系统。该系统支持离线应用和本地存储疫苗接种记录，偏远地区的疫苗接种中心可以将记录上传到政府云端。[62]

疫情期间及之后，数字化进程加快，数字服务监管也愈发紧迫。相关政策应促进创新蓬勃发展，同时也要保护用户权利，确保数字服务的安全和公平，例如，保护妇女免遭新冠疫情暴发以来日益增多的网络暴力。[63]

3.4 未来前景

新冠疫情及后疫情时期强调了超越危机管理并解决复杂长期问题的必要性。为了在《2030年议程》框架内应对这些挑战，需要采取一种新的创新和转型方法。这种方法应以有效性、问责制、包容性、协作治理和公平为中心，并借鉴公共行政内外的各种知识。

公共机构需要发展成为具有创新能力和娴熟技术的实体，具备与非国家行为者互动和共同创造的能力。正如疫情所揭示的那样，这个过程需要从传统的强调效率和最小化政府干预转向更具参与性和多利益相关方参与的治理形式。通过实施公共部门的转型计划，组织者可以释放其能力，而不仅仅是应对干扰。培养转型和适应性思维对于预测并有效应对社会中的紧迫挑战至关重要，即使在复杂多变的环境中也是如此。[64]为了确保所有人平等地获得高质量的公共服务，并利用各国政府的资产和创新来实现可持续发展目标和加强对未来危机的准备，必须将男性、女性、老年人、青年、残疾人和弱势群体置于公共服务的中心。

本章其余部分将进一步探讨疫情期间出现的创新解决方案，以改革公共部门的现行运营模式，支持跨层级和跨行为者之间的合作，并改善公共服务。在Fox的文章中，从制度韧性的角度研究了治理转型和公共服务。Meghani和Vyan概述了医疗保健系统和服务交付方面的创新。Meuleman研究了疫情后多层级政府之间协调和实践的创新形式。Ramsingh和Jooste研究了南非一所大学采用的混合学习模式及其对创新和绩效的影响。Bouckaert对疫情后公共部门的现行运营模式展开了思考。Thijs和Berryhill从经济合作与发展组织的角度对共同生产提出了看法。表3.1总结了这些论述中的主要建议。

尾注

1. Raynold W. Alorse,《不同的思维和治理：治理的旧观念、新发现和新思维方式》, PGI工作论文（公共治理国际，2019年），第18页，参见 https://www.pgionline.com/wp-content/uploads/2021/03/6.-Thinking-and-Governing-Differently-Old-ideas-new-discoveries-and-new-ways-of-thinking-for-governing.pdf。

2. Pauline McGuirk等,《城市治理创新与新冠肺炎疫情》,《地理研究》第59卷第2期（2020年），第188页，参见 https://doi.org/10.1111/1745-5871.12456。

3. Larry Clark,《危机时期的创新》,《引领之路》, 哈佛商学院出版社博客文章, 2020年3月26日，参见 https://www.harvardbusiness.org/innovation-in-a-time-of-crisis/。

4. Amelia Compagni, Alberto Ricci, Francesco Longo,《意大利：应对新冠疫情危机的多层次治理经验》, 载《全球疫情下的良好公共治理》, Paul Joyce, Fabienne Maron, Purshottama Reddy 编辑（布鲁塞尔，国际行政科学研究所，2020年），第105—107页。

5. Jocelyne Bourgon,《重新思考公共创新与政府创新》,《迪拜政策评论》（2019年），第2页；McGuirk等,《城市治理创新与新冠疫情》, 第192页。

6. 经济合作与发展组织,《性别敏感公共治理政策框架》, 2021年10月5日至6日部长级理事会会议［C/MIN(2021)21, 2021年9月27日］, 第29页，参见 https://www.oecd.org/mcm/Policy-Framework-for-Gender-Sensitive-Public-Governance.pdf。

7. Anthony Arundel, Carter Bloch, Barry Ferguson,《推动公共部门创新：将创新衡量与政策目标相结合》,《研究政策》第48卷第3期（2019年4月），第789—798页，参见 https://doi.org/10.1016/j.respol.2018.12.001。

8. Jana Kunicova,《从中央推动应对新冠疫情：确保全政府协调的体制机制》, 世界银行治理全球实践版（华盛顿特区，世界银行集团，2020年11月），参见 https://documents1.worldbank.org/curated/en/944721604613856580/pdf/Driving-the-COVID-19-Response-from-the-Center-Institutional-Mechanisms-to-Ensure-Whole-of-Government-Coordination.pdf。

9. Misha Kaur等,《政府创新能力：系统框架》, 经经合作与发展组织公共治理工作文件第51号（巴黎，经济合作与发展组织/公共部门创新观察站，2022年9月），参见 https://oecd-opsi.org/wp-content/uploads/2022/04/innovative-capacity-wp.pdf。

10. 联合国,《〈世界公共部门报告（2023）〉启动会议报告》, 由经济和社会事务部组织并于2022年8月9日至10日在纽约召开的专家组会议，参见 https://publicadministration.un.org/Portals/1/DPIDG%20EGM%20World%20Public%20Sector%20Report%202023%20draft%20for%20OD.pdf；联合国,《可持续发展的有效治理原则》,《经济及社会理事会正式记录》, 2018年，补编第24号（E/2018/44-E/C.16/2018/8, 2018年7月），第31段，参见 https://publicadministration.un.org/portals/1/images/cepa/principles_of_effective_governance_english.pdf。

11. 参见Geert Bouckaert 对本章的贡献。

12. 联合国经济和社会事务部,《落实可持续发展目标的国家机制安排：五年回顾总结——世界公共部门报告（2021）》（出售品编号 E.21.II.H.1），第143—145页，参见 https://www.un.org/en/desa/world-public-sector-report。

13. OECD,《新冠疫情的地域影响：各级政府应对危机》, OECD应对冠状病毒的政策响应, 更新于 2020年11月10日，参见 https://www.oecd.org/coronavirus/policy-responses/the-territorial-impact-of-covid-19-managing-the-crisis-across-levels-of-government-d3e314e1/。

14. 联合国公共行政专家委员会,《第二十一届会议报告（2022年4月4—8日）》,《经济及社会理事会正式记录》, 2022年，补编第24号（E/2022/44-E/C.16/2022/9），参见 https://digitallibrary.un.org/record/3976163?ln=en。

15. McGuirk等,《城市治理创新与新冠疫情》, 第193页。

16. 加纳采用四级结构, 由市议会、大都市议会和区议会组成, 均由加纳共和国总统任命的首席执行官领导。Vincent Ekow Arkorful,《解开负责任的疫情治理黑箱：回顾加纳新冠疫情、多层次治理和国家能力》,《公共组织评论》第23卷第2期，第14期（2023年），第7页。

17. 联合国经济和社会事务部,《落实可持续发展目标的国家机制安排：五年回顾总结——世界公共部门报告（2021）》, 第132页。

18. 经济合作与发展组织, 公共部门创新观察站,《加强罗马尼亚政府创新能力：中期评估报告》（2022年），参见 https://oecd-opsi.org/wp-content/uploads/2022/10/Innovative-Capacity-Romania_Interim-Asessment-Report.pdf。

19. 建议包括制定国家认可的创新战略, 同时加强创新能力、创新友好的招聘和人才管理框架、完善立法和监管框架, 设立一系列创新项目, 将创新融入各方面, 并设立创新基金等。参见经济合作与发展组织公共部门创新观察站,《加强罗马尼亚政府的创新能力：中期评估报告》, 第96—98、121页。

20. 德勤,《未来就是现在：重塑运营模式以在新常态下蓬勃发展》（2020年），参见 https://www2.deloitte.com/content/dam/Deloitte/us/Documents/process-and-operations/future-is-now-final.pdf。

21. Ang Hak Seng, Sueann Soon,《新加坡公共服务转型：在疫情后变得更加强大》, 新加坡公务员学院出版物 Ethos 第22期：《从危机中学习》, Tharman Shanmugaratnam 编辑（2021年6月），参见 https://www.csc.gov.sg/articles/transformation-in-the-singapore-public-service-emerging-stronger-from-the-pandemic。

22. 联合国,《〈世界公共部门报告（2023）〉启动会议报告》, 第7页。

23. 同上书, 第9页。

24. Bourgon,《重新思考公共创新和政府创新》, 第1页。

25. Ibrahim Abubakar等,《尼日利亚应对新冠疫情过程中的共同生产和政策教训》,《BMJ全球健康》第6卷第3期（2021年），第2页，参见 http://dx.doi.org/10.1136/bmjgh-2020-004793。

26. Bourgon,《重新思考公共创新和政府创新》, 第5页。

27 马德里市议会决议，《在新冠疫情期间开展的项目》（马德里市议会，2022年），参见 https://decide.madrid.es/custom_page/procesos-covid。

28 柏林，《柏林参与战略（2020—2025）》，柏林市官方首都门户网站，参见 https://www.berlin.de/buergeraktiv/beteiligen/engagementstrategie/。

29 Lisa Schmidthuber 等，《公民参与公共管理：探讨开放政府促进社会创新》，《研发管理》（RADMA 和 John Wiley & Sons Ltd.，2019年），第352页，参见 https://onlinelibrary.wiley.com/doi/pdf/10.1111/radm.12365。

30 同上。

31 同上书，第344页。

32 Eleonora Gheduzzi 等，《促进公共服务中的共同生产：与生活在偏远和农村地区的家庭护理者共同设计的经验实证研究》，《卫生服务管理研究》第34卷第1期（2021年2月），第23页，参见 https://doi.org/10.1177/0951484820971452。

33 Pwint Kay Khine, Jianing Mi, Raza Shahid,《公共服务共同生产的比较分析》,《可持续性》第13卷第12期（2021年），6730，第5页，参见 https://doi.org/10.3390/su13126730。

34 Claudemara Tolotti 等,《共同生产与危机管理：战胜新冠疫情和饥荒》,《360管理科学杂志》（2022年8月），第55页，参见 https://www.researchgate.net/publication/363070354。

35 Nozha Erragcha, Hanène Babay,《新冠疫情期间对电子学习的感知质量和满意度：共同生产的调节作用》,《国际信息与教育技术杂志》第13卷第1期（2023年1月）（来源：Lisa Amsler），参见 doi:10.18178/ijiet.2023.13.1.1781。

36 Eleanora Gheduzzi 等,《促进公共服务中的共同生产：与生活在偏远和农村地区的家庭护理者共同设计的经验实证研究》,《卫生服务管理研究》第34卷第1期（2020年11月），第22—23页，参见 doi:10.1177/0951484820971452；Khine, Mi 和 Shahid,《公共服务共同生产的比较分析》,第10页。

37 Victor Pestoff, Yayoi Saito,《新冠疫情、日本医疗保健提供者的共同生产和治理》,《企业家与组织多样性杂志》第10卷第2期（2021年），第68页，参见 https://econpapers.repec.org/article/trncsnjrn/v_3a10_3ai_3a2_3ap_3a54-70.htm。

38 Khine, Mi, Shahid,《公共服务共同生产的比较分析》,第11页。

39 同上书，第9、10页。

40 Trui Steen, Taco Brandsen,《新冠疫情期间及之后的共同生产：会持续下去吗？》,《公共行政评论》第80卷第5期（2020年），第853页，参见 doi:10.1111/puar.13258；另见 Nick Thijs 和 Jamie Berryhill 对本章的贡献。

41 Eva Turk 等,《共同生产和以人为本的国际经验为应对新冠疫情提供了借鉴》,BMJ（2021年2月），372:m4752，第2页，参见 doi:10.1136/bmj.m4752；Khine, Mi, Shahid,《公共服务联合生产的比较分析》,第8页。

42 联合国,《全球可持续发展目标报告（2022）》（出售品编号 E.22.I.2），第3、26和28页，参见 https://unstats.un.org/sdgs/report/2022/The-Sustainable-Development-Goals-Report-2022.pdf；Ditte Andersen 等,《疫情期间的共同护理》, Context Magazine 第19卷第4期（2020年12月），第17页，参见 doi:10.1177/1536504220977928；Trui Steen, Taco Brandsen,《新冠疫情期间及之后的共同生产：会持续下去吗？》

43 联合国经济和社会事务部,《落实可持续发展目标的国家机制安排：五年回顾总结——世界公共部门报告（2021）》,第133页。对样本国家政府应对疫情的比较分析表明，服务中断是由于政策响应和需求方因素的结合，而不一定是由于卫生系统负担过重。Catherine Arsenault 等,《新冠疫情与十个国家卫生系统的韧性》,《自然医学》第28卷（2022年），第1314—1324页，参见 https://www.nature.com/articles/s41591-022-01750-1。

44 联合国公共服务创新中心，2020年联合国公共服务奖获奖者，包括韩国城东区办公室及其倡议"城东区的HYO政策"，参见 https://publicadministration.un.org/unpsa/database/Winners/2020-winners/Seondong_HYO。

45 尽管该倡议的中期影响尚不清楚，但联合国人权事务高级专员办事处关于新冠疫情和残疾人人权利的指导引用了该计划的统计数据，指出截至2020年4月中旬，该计划已"对650 000名残疾人进行了新冠检测"；参见《新冠疫情和残疾人权利：指导》, https://www.ohchr.org/sites/default/files/Documents/Issues/Disability/COVID-19/COVID-19_and_The_Rights_of_Persons_with_Disabilities.pdf。另见阿拉伯新闻,《阿联酋为残疾人推出新冠家庭检测计划》,2020年4月12日，参见 https://www.arabnews.com/node/1657551/amp。

46 请参阅 Nick Thijs 和 Jamie Berryhill 对本章的贡献。

47 联合国公共服务创新中心，2020年联合国公共服务奖获奖者，其中包括 Prefeitura do Jaboatão dos Guararapes（巴西）及其倡议 Jaboatão Prepara，参见 https://publicadministration.un.org/unpsa/database/Winners/2020-winners/jaboatao。

48 联合国公共服务创新中心，2020年联合国公共服务奖获奖者，其中包括博茨瓦纳东北地区基础教育部及其倡议"信息通信技术在教学中的整合（e-Thuto）"参见 https://publicadministration.un.org/unpsa/database/Winners/2020-winners/ICT_integration。

49 联合国公共服务创新中心，2021年联合国公共服务奖获奖者，其中包括加纳图书馆管理局（GhLA）及其倡议《移动计算机动手实践课程》，参见 https://publicadministration.un.org/unpsa/database/Winners/2021-winners/hands-on_mobile_ICT_classes。

50 联合国公共服务创新中心，2022年联合国公共服务奖获奖者，其中包括爱尔兰农村和社区发展部及其倡议《社会包容和社区激活计划》（SICAP），参见 https://publicadministration.un.org/unpsa/database/Special-Category-on-covid-19-response/SICAP。

51 联合国经济和社会事务部,《应对新冠疫情的数字政府举措汇编》（出售品编号 E.20.II.A.5），参见 https://publicadministration.un.org/egovkb/Portals/egovkb/Documents/un/2020-Survey/UNDESA%20Compendium%20of%20Digital%20Government%20Initiatives%20in%20Response%20to%20the%20COVID-19%20Pandemic.pdf。

52 Devex, Jhpiego,《问答：利用人工智能的潜力改变医疗保健服务》，Devex 速记故事，2022年10月5日，参见 https://devex.shorthandstories.com/q-a-harnessing-ai-s-potential-to-transform-the-delivery-of-health-care/index.html。

53 Shweta Saini, Siraj Hussain,《利用印度的 Aadhaar 平台缓解新冠疫情带来的痛苦》，东亚论坛，2021年10月1日，参见 https://www.eastasiaforum.org/2021/10/01/leveraging-indias-aadhaar-platform-to-ease-covid-19-pain/。

54 Panteleimon Karamalis, Athanasios Vasilopoulos,《公共部门的数字化转型以应对新冠疫情：以希腊为例》，论文于2020年10月在希腊塞萨洛尼基举行的第十四届巴尔干运筹学会议（BALCOR 2020）上发表，参见 https://www.researchgate.net/publication/346657230_The_digital_transformation_in_public_sector_as_a_response_to_COVID-19_pandemic_The_case_of_Greece。

55 联合国，《国际发展合作的趋势和进展：秘书长报告》（E/2023/48，2023年1月3日），第16—17页，参见 https://digitallibrary.un.org/record/4001215?ln=en。

56 联合国，《〈世界公共部门报告（2023）〉启动会议报告》，第9页。

57 Julia Wadoux,《服务数字化：确保所有人都能平等获得服务》，AGE Platform Europe，2022年11月14日，参见 https://www.age-platform.eu/special-briefing/digitalisation-services-ensuring-equal-access-all-including-older-people-today-and。

58 联合国经济和社会事务部，《2022年电子政务调查：数字发展的未来》（出售品编号 E.22.II.H.2），第121—122页，参见 https://desapublications.un.org/sites/default/files/publications/2022-09/Web%20version%20E-Government%202022.pdf。

59 同上书，第114—149页。

60 联合国公共行政专家委员会，《第二十一届会议报告（2022年4月4—8日）》，第25页。

61 联合国经济和社会事务部，《2022年电子政务调查：数字发展的未来》，第149页。

62 联合国公共服务创新中心，2022年联合国公共服务奖获奖者，其中包括巴拿马国家政府创新局及其倡议《Panavac19/COVID-19 疫苗接种信息系统》，参见 https://publicadministration.un.org/unpsa/database/Special-Category-on-covid-19-response/Panavac19。

63 全球公民，《网络性别暴力的事实和数据》，2021年11月17日，参见 https://givingcompass.org/article/online-gender-based-violence?gclid=CjwKCAjw5pShBhB_EiwAvmnNVzb8wbYSLmNcLjha1a83uI4eNntuMTN1_JkMokuIJjhFme3FrciZ7hoC3UYQAvD_BwE。

64 Roland Dillon 等,《新时代的政府转型》，麦肯锡公司，公共部门文章，2022年9月14日，参见 https://www.mckinsey.com/industries/public-sector/our-insights/transforming-government-in-a-new-era。

专家文论

政务改革与公共服务交付：制度韧性与国家和社会协同

Jonathan Fox [1]

20多年来，国家和国际政策改革者一直试图通过透明度、参与度和问责制等方面推动创新，以改善公共服务。通常采用协作治理战略，将公职人员、公民和民间社会组织聚集在一起，以及时收到反馈并从一线推动问题解决。这些努力为实现可持续发展目标16.6和16.7提供了支持，这两个目标分别呼吁建立"有效、负责和透明的机构"并确保"各级决策的响应性、包容性、参与性和代表性"。

怀疑论者指出，社会科学领域的实践很少发现有影响力的证据，但这些评估仅针对以工具为主导的局部干预措施。[2]这些"轻触式"微观层面的治理创新，并未回答更大规模、更具战略性的公共服务改革可能产生的影响问题。然而，开放政府、参与式治理和问责制改革的怀疑论者和支持者可能都会认同，他们的制度韧性是不确定的，尤其是当改革倡导者离任时，或者当国家危机优先考虑快速政策响应而不是参与式共同治理和公民监督时。同时，许多多边实践的长期影响尚未得到独立评估，例如，世界银行授权在其所有投资项目或开放政府伙伴关系的国家行动计划中纳入公民参与措施等显著案例。

即使在疫情暴发之前，这轮国际透明度和问责改革浪潮就在许多国家面临着日益不利的国家政策环境。随后，由于疫情驱动的紧迫性，扩大服务提供和社会保障的紧迫性给公共监督和共同治理改革带来了新的负担和威胁。例如，国际社会一直致力于加强最高审计机构和有组织的公民之间的合作，以实现更有效的公共监督，但疫情阻碍了这种合作的势头。[3]事实上，还是存在成功创新的案例，菲律宾的"公民参与式审计"即使在停止公布合作成果后，仍继续赢得国际赞誉。[4]与此同时，一些公共监督和共同治理创新在国家和地方层面成功地应对了最近的挑战。韩国等国家应对疫情的成功案例凸显了国家与社会协同的关键作用。[5]

本文简要回顾了4个国家中具有制度韧性的参与式监督改革，重点介绍了在创新规模扩大的前提下，混合式协作治理在实践中如何发挥作用。然而，由于经常存在实施和评估方面的差距，衡量这些改革的影响变得复杂。不同国家地区和部门之间的高度差异凸显了识别正异常值的重要性，这与传统的政策评估寻找平均影响相反，后者会隐藏瓶颈和突破点。[6]

印度社区卫生工作者项目（Mitanin）于2002年在收入极低的恰蒂斯加尔邦启动，该项目因其大规模、全社会参与的一线服务提供方式而脱颖而出。[7]该邦项目的7万名社区卫生工作者都是来自社会边缘社区的基层女性领导者，她们具有强烈的公共服务热情和负责任的地方领导精神。该项目由邦卫生资源中心支持，该中心由政府和民间社会联合委员会管理。Mitanin项目独特之处在于，它鼓励社区卫生工作者超越传统的基本预防性保健服务。项目参与者积极捍卫社会边缘群体的权利，包括获得医疗保健、提交申诉、对抗性别暴力、享受政府粮食计划以及捍卫森林的权利，这些权利通常在其他社区卫生工作者和/或其项目主管的支持下进行。在疫情期间，邦卫生部门征召社区卫生工作者积极参与包括疫情高危人群的追踪和疫苗接种在内的政府危机响应工作，并承诺提供额外的补偿。当政府没有兑现承诺时，社区卫生工作者发起了广泛的罢工行动，凸显了他们对极高的公众合法性和稳定性的追求，尽管这份收入不到最低工资的一半。

巴西长期以来因其市政参与式预算创新及其对扶贫工作的贡献而受到国际社会的认可；尽管

这些改革在国内已是过去式，但这种认可在国外仍然持续存在。[8] 相比之下，自20世纪90年代以来，国家与社会的伙伴关系推动了联邦法律和法规的出台，稳步构建了一个更加制度化、更加全面的参与式政策体系，在这个体系中，各层级市政委员会共同实施了重点大型社会项目，关注健康、福利和儿童权利等优先事项。[9] 政策委员会制度结合了联邦授权、民间社会合作和市政干预，使其在巴西大部分地区得以制度化，不受联邦执政党的影响。2019年，联邦最高法院的一项裁决削弱了敌对国家政府下令取消联邦政策委员会的影响，政策委员会制度表现出高度的制度韧性。最近的评估发现，1/3的联邦级理事会原封不动地存续下来，另外1/3遭到破坏但仍保留下来，超过1/5的理事会被解散，15%的理事会已经停止运作。[10] 在联邦卫生部没有制定科学政策的情况下，其中一个联邦理事会——国家卫生理事会在推动地方政府应对疫情方面发挥了极其重要的作用。在主流媒体的支持下，国家卫生理事会发布了许多疫情防护建议，包括保护医护人员，并促进各级卫生系统之间的协调与应对。新一届国家政府预计将恢复此前的长期趋势，即进一步制度化市议会的社会政策体系。

菲律宾的有条件现金转移支付项目是该国最大的社会保障项目，也是世界第三大社会保障项目，覆盖了440万户家庭。社会福利与发展部于2002年启动了贫困家庭帮扶（4Ps）计划，政府在四届总统任期内一直推行这一计划，这与其他高调的脱贫计划形成了鲜明对比。[11] 与大多数有条件现金转移支付项目不同，贫困家庭帮扶计划包括家庭发展和青年发展培训计划，旨在促进公民教育和社会问责要素（至少在某些地区）。更值得注意的是，菲律宾可能是世界上唯一的有条件现金转移支付项目由受益者自己建立的、具有广泛基础和自主性的组织支持的国家。该组织成立于2016年，拥有7.7万名受益人，他们呼吁制定法律，保护贫困家庭帮扶计划不受未来政策逆转的影响，该法律于2019年通过。[12] 为了减轻疫情管控的影响，菲律宾政府利用有条件现金转移支付计划的现有交付机制，部署了一项新的、规模更大的社会救助计划。这项疫情社会保障计划覆盖的家庭数量超过1 700万，是贫困家庭帮扶计划的4倍多，而且大多数在两个月内就完成覆盖了。[13] 在疫情之后，有条件现金转移支付项目受益人组织一直对政府可能减少受益人名单的行动保持警惕，随时准备利用法律进行问责。

在哥伦比亚，2016年的和平协议不仅解散了该国最大的武装抵抗力量，还让政府承诺通过在冲突地区实施民主治理和提供缺失的社会服务来解决冲突的根本原因。特别值得注意的是，该协议包含了许多创新元素。协议强调了新的和现有的官方公民监督机构对鼓励政府履行政策承诺的直接相关性。[14] 该协议包括多利益相关方监督委员会，以及旨在监督和鼓励尊重民族权利的论坛，该论坛以广泛的非洲裔和土著社会组织为基础。尽管该协议在法律上是哥伦比亚政府的一项为期15年的承诺，但2018年政府更迭削弱了对改革承诺的执行力度，并延缓了官方混合监督机构的启动。[15] 尽管如此，疫情肆虐，政府对协议执行不力，但国家民族权利政策监督机构还是幸存了下来，并于2021年9月向总统和高级官员提交了对协议的独立评估。[16] 当新政府重新承诺执行和平协议时，创新的多民族监督论坛就会随时准备启动。

上述列举的制度韧性案例都具有一个共同的关键特征：它们经受住了失去国家决策者和疫情危机的双重挑战。有些案例仍然依靠政府内部的政策盟友，这些盟友要么驻扎在地方政府，要么驻扎在认可可持续发展目标16.6和16.7的政策承诺的技术机构。然而，与完全依赖高层变革倡导者或可以随时接触媒体的民间社会知名人士的治理改革创新相比，这4个案例具有另一个关键特征：它们基于与组织化公民的持续、实质性互动。这些案例提出了以下关键主张：

（1）政策改革者与自主的广泛社会组织之间的伙伴关系可以增强优先响应公民需求的创新政策的韧性，尤其是在有法律支持的情况下，如巴西、菲律宾和哥伦比亚。

（2）国家与社会协同的理念表明，政策制定者、公职人员和有组织的公民之间的伙伴关系可以在系统受到冲击时产生适应能力，无论是疫情还是国家政策环境的重大变化。当治理改革涉及包容社会边缘群体时，这些改革可以得到代表可持续发展目标所惠及人群的组织的支持，例如菲律宾有条件现金转移支付项目的受益人、巴西的国家卫生理事会、印度的社区卫生工作者和哥伦比亚的非裔土地委员会。

（3）这些有组织的社会团体具有合法性和监督能力，可以通过发现瓶颈、应对反弹和追究政策制定者的责任来支持改革议程。它们在权力转移和公共问责方面的潜力与广泛采用的仅限于个别公民的治理改革形成鲜明对比，这些改革包括许多反馈与申诉机制，而这些机制将响应权交给政府官员自行决定。[17]

（4）多层级治理改革也有助于增强韧性，以便在改革倡导者离职时，地方政府的政策制定者可以阻止改革进程的倒退。在面对疫情等危机时，多层级、参与式的制度化监督可以缓冲国家政策不作为的影响。

总而言之，以国家与社会协同为基础的公共服务治理创新更能应对挑战。[18]

尾注

1 非常感谢 Joy Aceron, Fatai Aremu, Adrian Gurza Lavalle, Jeffrey Hallock, Marcos Mendiburu, Suchi Pande 对早期版本的意见。

2 Jonathan Fox,《社会问责：证据究竟说明了什么？》,《世界发展》第72卷（2015年8月），第346—361页，参见 https://doi.org/10.1016/j.worlddev.2015.03.011。另参见 Julia Fischer-Mackey, Jonathan Fox,《"不可靠指标"的陷阱：读懂字里行间意思的重要性》,《发展实践》（2022年），参见 https://www.tandfonline.com/doi/full/10.1080/09614524.2022.2104220。

3 Marcos Mendiburu,《拉丁美洲最高审计机构中的公民参与：进步还是僵局？》，问责工作文件第6号（华盛顿特区，问责研究中心，2020年8月），参见 https://accountabilityresearch.org/publication/citizen-participation-in-latin-americas-supreme-audit-institutions-progress-or-impasse/。

4 《公民参与审计》，参见 https://cpa.coa.gov.ph/（2023年1月3日访问）。

5 Taekyoon Kim, Bo Kyung Kim,《加强混合问责制，实现国家与社会的协同作用：韩国以双元治理应对新冠疫情》,《亚际文化研究》第21卷第4期（2020年），第533—541页。

6 Jonathan Fox,《争议之地：国际发展项目和被排除在外的制衡力量》,《世界发展》第133卷（2020年9月），104978，参见 https://doi.org/10.1016/j.worlddev.2020.104978。

7 Samir Garg, Suchi Pande,《学会维持变革：Mitanin社区卫生工作者在印度促进公共问责》,《问责说明》第4号（华盛顿特区，问责研究中心，2018年8月），参见 https://accountabilityresearch.org/publication/learning-to-sustain-change-mitanin-community-health-workers-promote-public-accountability-in-india/；Suchi Pande,《医疗卫生领域以外的变革推动者：印度Mitanin社区卫生工作者项目的经验教训》,《案例研究》（华盛顿特区，问责研究中心，2022年7月），参见 https://accountabilityresearch.org/publication/agents-of-change-beyond-healthcare-lessons-from-the-mitanin-program-in-india/。

8 Brian Wampler, Benjamin Goldfrank,《巴西参与式预算的兴起、传播和衰落：民主创新的弧线》（瑞士 Cham, Palgrave Macmillan, 2022年），参见 https://doi.org/10.1007/978-3-030-90058-8。

9 有关制度参与机制，参见 Ernesto Isunza Vera, Adrian Gurza Lavalle, *Controles democráticos no electorales y regímenes de rendición de cuentas en el Sur Global: México, Colombia, Brasil, China y Sudáfrica*（英国牛津，Peter Lang Ltd., 国际学术出版社，2018年）。

10 Carla de Paiva Bezerra 等,《博索纳罗政府中参与式委员会的非制度化和复原力》["Desinstitucionalização e resiliência dos conselhos no Governo Bolsonaro"]，载 SciELO Preprints (2022)，参见 https://doi.org/10.1590/scielopreprints.4218。

11 Joy Aceron,《自上而下赋权于底层的陷阱：菲律宾参与式预算案例》,《问责工作报告》第4号（华盛顿特区，问责研究中心，2019年4月），参见 https://accountabilityresearch.org/publication/pitfalls-of-aiming-to-empower-the-bottom-from-the-top-the-case-of-philippine-participatory-budgeting/。

12 G-Watch Philippines,《G-Watch对社会改善计划（SAP）的独立验证：实地调查结果报告》（菲律宾奎松市，2020年8月12日），参见 https://g-watch.org/sites/默认/文件/资源/g-watch-独立验证-sap-report-v3-12august2020.pdf；Margarita Ana Lopa Perez 和 Maria Karla Abigail Sarmiento Pangilinan, IISANG PANGARAP: Ang Kwento Ng Samahan ng Nagkakaisang Pamilya ng Pantawid（菲律宾奎松市，国际创新、转型与卓越治理中心，2020年10月），第20—24、26页，参见 https://incitegov.org.ph/publications#。

13 G-Watch Philippines,《G-Watch对社会改善计划（SAP）的独立验证：实地调查结果报告》,《菲律宾应对新冠疫情：从经验中学习，应对未来冲击》，Celia M. Reyes编辑。（菲律宾奎松市，菲律宾发展研究所，2022年），参见 https://www.pids.gov.ph/publication/books/the-philippines-response-to-the-covid-19-pandemic-learning-from-experience-and-emerging-stronger-to-future-shocks。

14 Mariana Cepeda Villarreal,《哥伦比亚的社会控制：公民监督的不平衡》,《问责工作报告》第10号（华盛顿特区，问责研究中心，2022年1月），参见 https://accountabilityresearch.org/publication/el-control-social-en-colombia-un-balance-sobre-las-veedurias-ciudadanas/。

15 和平协议和克罗克国际和平研究所,《哥伦比亚和平协议实施五年：成就、挑战与机遇》，2016年12月—2021年10月（印第安纳州圣母大学和波哥大，2021年12月3日），参见 https://doi.org/10.7274/0c483j36025。

16 Helmer Eduardo Quiñones Mendoza,《哥伦比亚和平协议五年后：独立评估》,《问责说明》第11号（华盛顿特区，问责研究中心，2022年6月），参见 https://accountabilityresearch.org/publication/ethnic-chapter-of-colombias-peace-agreement-independent-assessment/。

17 关于个性化申诉解决机制的局限性，参见 Suchi Pande, Naomi Hossain,《公共部门的申诉解决机制：文献综述》（华盛顿特区，开放政府合作伙伴（OGP）和问责研究中心，2022年），https://accountabilityresearch.org/publication/grievance-redress-mechanisms-in-the-public-sector-a-literature-review/；Tiago Peixoto, Jonathan Fox,《ICT支持的公民呼声何时能引发政府响应？》,《2016年世界发展报告：数字红利背景文件》（华盛顿特区，世界银行，2016年），https://openknowledge.worldbank.org/bitstream/handle/10986/23650/WDR16-BP-When-Does-ICT-Enabled-Citizen-Voice-Peixoto-Fox.pdf?sequence=1。

18 Jonathan Fox, Rachel Sullivan Robinson, Naomi Hossain,《权力转移的途径：国家与社会的协同作用》，载《世界发展》（即将出版）。

通过共同创造推动创新：实现从本地到全球的跨越式发展

Nick Thijs, Jamie Berryhill,[1] OECD

共同创造是公共部门创新的基础

当今政府面临的挑战规模巨大、复杂多变，迫使公共机构采用新的思维方式来制定和实施公共政策。这意味着政府必须能够开发创新措施，以应对长期的变革。政府需要通过公共部门创新来了解、测试和嵌入新的工作方式。与公众接触并与公民和居民共同制定公共部门政策和服务是实现变革的基础要素。[2] 全球43个国家在2019年经济合作与发展组织的《公共部门创新宣言》中强调了这一点。[3] 该宣言包含以下主要优先事项：

（1）将公共部门、私营部门、非营利组织和个人行动者聚集在一起，通过合作、协作和共创来开发解决问题的新方法或新方案。

（2）建立伙伴关系并将其连接到创新系统内部、外部和跨系统的现有交流网络，以提高创新能力。

（3）开展一系列参与和共创实践，进行不同形式的共创活动，以确保创新工作以生活经验和相关专业知识为依据。

（4）寻找与其他国家合作的机会，以应对跨境创新挑战。

（5）倾听新的声音，以捕捉变化发生的微弱信号，这有助于发现新的创新需求或机会。

共创赋予人们在关切问题上发挥积极作用的权力，近年来公众信任度几近历史最低点，共同创造可以加强政府计划的合法性并建立公众信任，并有助于加强民主。

虽然各国政府在过去几年中越来越多地利用共同创造这一创新模式，但新冠疫情更加凸显了其必要性，因为政府必须迅速采取行动，建立在"新常态"下运作的流程和服务，同时满足人们的需求。疫情带来的最重要的教训之一是，各国政府必须要以民为本，将包容性置于政策制定的中心。[4]

经济合作与发展组织公共部门创新观察站（OPSI）[5] 和治理与管理改进支持（SIGMA）计划[6] 致力于探索政府的创新共创方法，及其帮助公共部门应对当前和未来挑战的秘诀，并从实践中吸取经验教训。所收集的大部分信息都包含在公共部门创新观察站关于政府创新趋势的报告、[7] COVID-19创新响应追踪器[8] 和案例研究库[9] 中。案例研究库是一个不断增长的资源库，包含了700多个案例研究，公共服务人员可以在这里了解全球的创新项目，甚至可以联系这些项目背后的团队以了解更多信息。下文提到的案例可以在这些报告中找到。

实践中的共同创造

新冠危机在许多方面成为公共部门创新的催化剂，无论是疫情下的短期应对还是长期谋划，都涌现出了许多富有创意的想法和举措。共同创造一直是主要方法之一，如以下案例所示：

（1）Hack the Crisis 最初是爱沙尼亚举行的一场48小时"黑客马拉松"，旨在将具有公民意识的公民和政府机构聚集在一起，这一活动随后在全球范围内被复制，最终促成了"全球黑客"计划。在一些国家，此类活动已经长期嵌入政府治理，例如德国的 UpdateDeutschland 计划。[10]

（2）在美国，Health+ Long COVID项目采用以人为本的设计，与相关方共同创造以患者为中心的解决方案，包括设计了 Healthathons，以便进行快速原型开发并与社区一起提供解决方案。

（3）疫情暴发后，南澳大利亚共同创建了一个关怀理念，为心理健康服务提供支持。新的关怀标准以经历过困境、危机和紧急情况的人为中心。

（4）全球城市创新合作组织作为一种跨境创新形式，使世界各地的城市能够讨论共同关心的问题，并发起全球开放式创新竞赛，邀请有创意的个人共同开发解决方案，以应对新冠疫情挑战，促进经济复苏。

各国政府在努力应对疫情影响的同时，还必须应对乌克兰危机带来的冲击，以及气候变化、数字化转型和实现可持续发展目标等问题。各国政府及其合作伙伴在应对疫情以外的众多政策领域都开展了创新合作，这方面的例子不胜枚举。

在社区重构方面，无论是为了应对疫情危机还是为了改善社区空间，乌克兰、爱沙尼亚和哥伦比亚都堪称典范。ReStart Ukraine[11]是一个开放的集体，探索战后使用共创工具来赋能市政当局和重建受灾地区的方法。爱沙尼亚的 Avalinn AR[12] 使居民能够使用增强现实应用程序共同创建城市发展解决方案。哥伦比亚的波哥大市正在共同创建公共空间以改善社区环境。[13]

气候变化仍然是全球关注的焦点。在丹麦，crea.visions 使公众能够利用人工智能创造发人深省的乌托邦和反乌托邦愿景，以提高人们对气候变化挑战的认识。欧盟资助的"地平线 2020"公民和多方参与者磋商（CIMULACT）项目[14] 汇集了来自 30 个国家的 1000 多名公民，致力于共同创造可持续未来的愿景并将其转化为创新议案。

在保护边缘群体的政策领域，得克萨斯州奥斯汀的"反流离失所行动"项目（the Activation Anti-Displacement programme）通过共同制定反流离失所战略和运用数据驱动工具来降低流离失所风险，从而解决无家可归问题。在佐治亚州，政府的服务实验室与听力障碍人士合作，共同设计了一条具有视频聊天和手语功能的紧急服务热线。

数字化转型可以作为一种手段为共同创造提供助力。英国国民健康服务局人工智能实验室（NHS AI Lab）[15] 正在召集跨部门利益相关者和公众围绕人工智能进行共同创造和实验，以彻底改变医疗保健行业。比利时公民实验室（CitizenLab）为公职人员提供人工智能增强（AIA）技术，以分析公民意见并加强协作。在哥伦比亚《新兴技术手册》（ETH）[16] 通过使用新兴技术来促进创新和共同创造，以推进可持续发展目标。

这些案例仅仅是冰山一角，政府利用创新方法与人民共同创造以应对社会面临的各种挑战。关键是将这些方法融入政府的日常工作中，并在各个层面建立新的协作模式和文化，从最小的团队到国家系统，甚至超越国家，扩展到跨国和全球生态系统。

专栏3.5　灵感来源：资源导航与创新指南

除了公共部门创新观察站案例研究库中收集的数百个公共部门创新案例外，还有许多其他量身定制的资源可以帮助政府借鉴共同创造的成功方法。公共部门创新观察站通过引导用户浏览大量创新资源（包括开放政府合作伙伴关系的共同参与和创造，以及思想交流和伙伴关系的共同设计）来提供支持，以便用户能够找到最适合其情况和需求的资源。

此外，还有各种优质资源可以促进和实现共同创造。创新指南为实施公共部门创新宣言提供了可操作的工具，以及培育新的伙伴关系和吸纳不同声音的关键行动方针。

资料来源：经济合作与发展组织公共部门创新观察站，《资源导航：将创新理论付诸实践》，参见 https://oecd-opsi.org/toolkit-navigator；《创新指南：将公共部门创新宣言付诸实践的三步走》（2022年4月），参见 https://oecd-opsi.org/publications/innovation-playbook。

注：在宣言中，部长和其他国家代表确认了对公共部门创新五个关键行动领域的承诺，其中之一是培育新的伙伴关系和吸纳不同的声音。

从临时措施向系统性方法过渡，以适应当前和未来

各国政府逐渐从对疫情的短期应对过渡到长期谋划，并将注意力转向新出现的挑战以及实现可持续发展目标等长期优先事项。在共同创造方面，各国政府越来越认识到，关键见解和好点子往往来自政府之外。然而，各国政府面临的一个关键挑战是从狭隘的临时方案中脱离出来。为了使创新蓬勃发展，各国政府需要摆脱将创新视为零星活动（主要由危机推动）的做法，而要将创新系统地嵌入政策制定和公共管理的核心。

为实现这一目标，各国政府必须增强其系统性创新能力。公共部门创新观察站制定了《政府创新能力：系统框架》[17]以促进这一进程。该框架通过四个创新视角（创新目的、创新潜力、创新能力和创新影响）支持三个层次的分析（个人和团队、组织以及整个系统）。虽然该框架比共同创造更为广泛，但各国政府仍需要提高合作能力，并协调整个流程，将创新和共创提升到一个新的水平。可持续发展目标本质上具有系统性，各国政府需要确保其共创活动与可持续发展目标相一致。

虽然政府在应对当今危机和挑战时可能不堪重负，但也必须为未来做好准备，与公民和居民合作，预测可能出现但尚未出现的状况，并在某些情况下，积极预测未来的可能性，为后代创造美好的未来，这需要激发并利用集体的想象力。想法和实践必须能够渗透到政府内外的组织中，然后被听到并付诸行动，即使投资回报可能并不明确。因此，除了加强创新能力外，政府还应寻求建立良好的预见性创新治理，以便能够应对未来的冲击。[18]

图3.4 创新能力框架

资料来源：Misha Kaur 等，《政府创新能力：系统框架》，经济合作与发展组织公共治理工作文件第51号（巴黎，经济合作与发展组织出版社，2022年9月19日），参见 https://oecd-opsi.org/wp-content/uploads/2022/04/innovative-capacity-wp.pdf，改编自第22页图1。

尾注

1. Nick Thijs 和 Jamie Berryhill 在经济合作与发展组织的治理理事会工作。Nick Thijs 是高级政策顾问，领导欧盟和经济合作与发展组织联合项目"治理与管理改进支持计划"（SIGMA）的服务交付和数字政府团队，该计划主要由欧盟资助。Jamie Berryhill 是经济合作与发展组织人工智能政策观察站的AI政策分析师，曾在经济合作与发展组织公共部门创新观察站担任创新主管。

2. Christopher Ansell, Jacob Torfing,《共同创造：公共治理的新生力量》，《政策与政治》第49卷第2期（政策出版社，2021年），第211—230页，参见 https://doi.org/10.1332/030557321X16115951196045。

3. 经济合作与发展组织，《公共部门创新宣言》，经济合作与发展组织法律文书（OECD/Legal/0450），参见 https://legalinstruments.oecd.org/en/instruments/oecd-legal-0450。

4. 经济合作与发展组织公共部门创新观察站，穆罕默德·本·拉希德政府创新中心和世界政府峰会，《2020年全球趋势：拥抱政府创新——对新冠疫情危机的创新响应》（OECD OPSI，2020年7月），参见 https://trends.oecd-opsi.org/wp-content/uploads/2020/11/OECD-Innovative-Responses-to-Covid-19.pdf。

5. 有关经济合作与发展组织公共部门创新观察站的信息可在 https://oecd-opsi.org/ 上查阅。

6. SIGMA 计划是经济合作与发展组织和欧盟的一项联合倡议。有关 SIGMA 计划的信息，可在 https://sigmaweb.org/ 上查阅。

7. 报告可在公共部门创新观察站网站 https://oecd-opsi.org/work-areas/innovation-trends 上查阅。

8. 有关 COVID-19 创新应对追踪器的信息可在 https://oecd-opsi.org/covid-response 上查阅。

9. 有关公共部门创新观察站案例研究库的信息可在 https://oecd-opsi.org/innovations 上查阅。

10. 有关 UpdateDeutschland 的信息，请访问 https://update-deutschland.org。

11. 有关 ReStart Ukraine 的信息可在 https://restartukraine.io 上查阅。

12. 有关 Avalinn AR 的信息可在 https://www.putukavail.ee/virtuaalreaalsus-linnaplaneerimises 上查阅。

13. 经济合作与发展组织公共部门创新观察站，《共同创造公共空间以改善波哥大社区》，案例研究库（2021年），可在 https://oecd-opsi.org/innovations/co-creation-of-public-spaces-bogota 上查阅。

14. 参见 http://www.cimulact.eu；项目详情可在 Missions Publiques 网站 https://missionspubliques.org/pf/cimulact-a-european-research-agenda-developed-jointly-with-citizens/?lang=en 上查阅。

15. 英国，国民健康服务局，《国民健康服务局人工智能实验室：加速人工智能在医疗卫生领域的安全应用》，参见 https://transform.england.nhs.uk/ai-lab。

16. 哥伦比亚，信息技术和通信部，"Guía con lineamientos generals para el uso de technologías emergentes"，参见 https://gobiernodigital.mintic.gov.co/692/articles-160829_Guia_Tecnologias_Emergentes.pdf。

17. Misha Kaur 等，《政府创新能力：系统框架》，经济合作与发展组织公共治理工作文件第51号（巴黎，经济合作与发展组织出版社，2022年9月19日），参见 https://oecd-opsi.org/wp-content/uploads/2022/04/innovative-capacity-wp.pdf。报告摘要可在公共部门创新观察站网站 https://oecd-opsi.org/publications/innovative-capacity-framework 上查阅。

18. 经济合作与发展组织公共部门创新观察站，《探索未来，即刻行动》，参见 https://oecd-opsi.org/work-areas/anticipatory-innovation。

新冠疫情期间医疗服务交付的创新

Ankita Meghani, Taryn Vian [1]

简介

各国实施管控措施并发布居家令，扰乱了卫生服务的提供。尽管各国试图在疫情期间保障基本卫生服务，但疫情给卫生系统带来了巨大压力，医疗用品、病床和医护人员严重短缺。肺结核筛查、艾滋病病毒检测以及妇幼保健服务也随之减少。[2] 然而，疫情也加速了创新的步伐。一些举措成为维持卫生服务的权宜之计，而另一些举措则帮助卫生信息系统、远程医疗和监管政策领域取得了跨越式进展，所带来的效率提升甚至可以应用于公共卫生紧急情况之外。本文介绍了一些疫情期间实施的创新方法案例，并对其在后疫情时代的适用性进行了探讨。

监管和仿制药生产方面的创新

疫情给国家和全球层面的监管政策制定带来了新的挑战，同时也提供了一些值得借鉴的关键创新经验。监管机构和政策制定者认识到加强监管合作和协调区域监管政策的重要性，以促进感染病例诊断和治疗方法的批准和获取。监管方式的创新体现在利用世界卫生组织的紧急使用清单程序、严格把控监管机构所做出的决定[3]和实施药品的附条件上市[4]，监管机构接受滚动提交，而不是像通常那样，只有在所有数据最终确定后才接受提交。通过药品检查合作计划（PIC/S）[5]建立的伙伴关系由特定监管机构组成，符合药品良好生产和分销规范的协调标准。药品检查合作计划被视为促进监管融合与合作的重要平台，可以帮助监管成熟度各异的国家确保获得优质、安全和有效的药品。

汲取了"疫苗鸿沟"的教训，各国政府和多边组织开始将注意力集中在利用和加强一些低收入和中等收入国家的生产能力，以促进仿制药生产的快速扩大。这促使世卫组织建立了一个名为"新冠疫情技术获取池"的全球平台，[6] 该平台旨在让新冠疫苗、治疗药物和其他卫生产品的开发商与制造商共享知识产权和数据。通过这一流程，专利权人自愿开放许可其专利，然后将这些专利再许可给经过资格审查和验证的仿制药制造商，制造商在销售药品时支付专利使用费。

检测和疾病监测方面的创新

疫情迫使人们在病情检测、接触者追踪和疾病监测等领域进行创新。SARS-CoV2 的无症状传播意味着需要进行大规模检测以控制疾病；然而，由于复杂的物流和基础设施要求，各国在实施聚合酶链式反应（PCR）检测方面面临挑战。维也纳市启动了 Alles gurgelt 新冠病毒漱口水聚合酶链式反应检测[7]以应对这些挑战。该计划允许学生、工人和其他居民通过在线注册、获取条形码并通过数百家参与的药店领取家庭聚合酶链式反应检测包。[8] 680 家超市、药店和加油站均可提交检测样本。邮政服务将样本送至实验室，并在 24 小时内通过电子邮件发送检测结果。

批准使用快速抗原检测法进行新冠病毒的非处方（OTC）居家检测也是一个重要的创新举措。新加坡卫生部提供了如何使用非处方抗原检测进行筛查的指导，适用于体育赛事、音乐会、婚礼和葬礼等大型聚会前的筛查，使人们能够更安全地聚集并恢复正常生活。美国政府要求私人保险承担检测费用。德国、奥地利和英国都将快速检测作为控制新冠疫情战略的一部分，通过学校、药房和志愿者上门等方式提供检测服务。

最后，非洲、亚洲、欧洲和美洲的 50 个国家利用由奥斯陆大学健康信息系统计划（HISP 中心）开发和协调的区域卫生信息系统（DHIS2）开源健康管理信息平台，进行新冠数据监测和追踪。[9] 斯里兰卡卫生、营养和本土医学部在 4 个月内开发了 8 个新冠疫情追踪模块，包括数字疫苗接种证书。这些开源模块旨在帮助各国监测传播情况、发现新病例、进行风险评估和数据汇总，为国家和地方政府及其他利益相关者的决策提供指导。另一个开源应用程序——疫情监测响应管理和分析系统（SORMAS）——由德国一家非营利基金会开发。该系统帮助公共卫生部门识别和监测可能接触过感染者的个人，并对其进行病毒检测和治疗。德国、法国、瑞士、尼日利亚、加纳和斐济的多个联邦卫生部门都使用了 SORMAS-ÖGD 应用程序。[10]

服务交付的创新

在疫情初期，卫生部门制定了新冠病毒感染分诊系统，以快速响应服务需求，并根据病情严重程度为患者提供适当的护理。印度、巴基斯坦和日本建立了一个集中式系统，根据病情严重程度，将新冠病毒感染患者转至不同的私立和公立医院。[11] 这些医院配备了相关的医疗专家，根据患者的病情分类（轻度、中度、重度或极度严重）提供特定级别的医疗服务。

疫情期间，远程医疗服务的数量和规模急剧增加，视频会议工具、电话和在线平台被用于提供远程医疗服务。例如，在印度，2020 年 3 月全国管控后，远程医疗成为一种即时的响应措施，使医生能够与患者保持联系。这一经验为印度制定《远程医疗实践指南》铺平了道路。[12] 包括韩国在内的一些国家，政策允许在公共卫生紧急情况下例外地实施远程医疗。韩国目前的政策讨论表明，远程医疗将成为新常态的一部分。[13] 在美国，医疗保险与医疗补助服务中心将远程医疗的服务范围从仅限于居住在农村地区或特定医疗机构的医保患者扩大到所有患者。事实证明，远程医疗的扩展可以增加居住在最贫困社区的人们获得医疗服务的机会。[14] 这场疫情还激发了对远程精神病学服务的需求，这一需求在各个国家都有所增长。[15]

同样，在医疗卫生人员培训领域也出现了创新迹象，通过在线平台以远程服务的方式提供培训。研究结果表明，在线培训增加了学习机会，而不会影响培训质量和知识获取，是经济实惠且方便的培训替代方案，特别是在中低收入国家中。[16]

最后，疫情使人们对创新的依赖程度增加，例如利用无人机技术将疫苗和治疗药物运送到交通不便的地区。例如，在卢旺达，公共卫生部门与一家营利性无人机公司合作，为生活在农村地区的癌症患者运送药品。[17] 虽然这种方法在长期内的可扩展性、可行性和适用性尚不明确，但它仍然为如何利用非传统技术解决卫生领域的问题提供了重要的经验。

数据管理的数字化转型

疫情激发了数据数字化方面的关键创新，体现在管理供应链和跟踪疫苗接种情况，以及加快决策数据收集。印度扩展了其电子疫苗情报网络（eVIN），[18] 该网络于 2015 年开发，用于在国家免疫计划中追踪疫苗在整个供应链中的流通情况，提供接种数据并向尚未接种的人发送提醒。巴拿马开发了一个名为 Panavac19 的系统，居民可以该系统的门户网站上预约疫苗接种并下载数字疫苗接种证书，还可以查看新冠检测结果。[19] 沙特数据和人工智能管理局与卫生部开发了名为 Tawakkalna 的新冠疫情数字追踪系统，以帮助人们进行检测，并在疫情"解封"后开放了其服务。[20]

在疫情期间，数字疫苗接种 ID 被用来提供人们接种的疫苗类型、接种时间以及需要接种加强针的时间等信息。这有助于确保疫苗库存充足，并可以在需要时随时随地获取。加纳使用一种名为 Simprints 的数字识别系统来记录新冠疫苗接种情况，该地区的许多人没有正式注册的出生信息和正式的身份证件。[21] 中国和南澳大利亚州使用健康二维码系统，要求公民通过手机应用程序上传个人信息以评估接触风险。虽然这些系统很有效，但其中一些系统被认为存在争议，因为收集到的信息可能被用来限制人们的行动和进入公共场所的权限，或对密接人员实施隔离。

加强与私营部门的合作

与私营部门的合作对于应对新冠疫情至关重要。从疫苗开发和加强诊断能力到为新冠患者提供服务都体现了与私营部门的合作。美国政府投资 180 亿美元的疫苗"曲速行动"（Operation Warp Speed）支持了面向美国人的新冠疫苗早期开发和生产活动。[22] 流行病防范创新联盟（Coalition for Epidemic Preparedness Innovations）则投资 14 亿美元扩大了全球获得新冠疫苗的机会。这些努力推动了疫苗市场以加速生产活动。未来，此类公私合作伙伴关系将有助于推动疫苗安全性和病毒变异方面的研究，并加强全球应对疫情的能力。

在疫情期间，公私合作往往会产生协同效应，推动创新并加速进步。与私立医院和实验室的合作有助于拓宽新冠检测渠道并增加新冠感染者的治疗机会。在印度北方邦，政府迅速动员私立实验室并招募私立医院以共同提供疫情相关的服务。[23] 荷兰的一个公私合作联盟迅速设计并实施了 SARS-CoV2 高通量诊断平台。[24] 疫情期间使用机器人和创新进行系统测试的开源平台（STRIP）每天可进行 1.4 万次测试，为全国基础设施奠定了基础，并加强了对未来疫情的防范。同样，公私合作伙伴关系提高了加纳、尼泊尔和尼日利亚的实验室检测能力，并扩大了加纳、尼泊尔和孟加拉国的医院容量，这些国家的城市人口严重依赖私营医疗机构。[25]

私营企业帮助改造私人场地以供患者隔离期间使用，提供资金和实物捐助以确保治疗所需的物资和设备充足，组织大规模的新冠疫情宣传活动，并提供粮食救济。

调动人力资源并扩大工作队伍

疫情期间对医疗卫生服务的高需求推动了工作队伍的壮大。在某些情况下，政府会选择雇用临时工来支持危机管理工作，而在其他情况下，政府则开辟了一条途径，将临时工纳入政府的长期卫生工作队伍。[26] 例如，在泰国，卫生部将其 15 万名临时医务人员中的 4 万人转为正式职工，以表彰他们在抗击疫情中做出的关键贡献。[27]

印度发起了"新冠勇士"计划，以支持抗击新冠疫情，并将退休医生、武装部队医务人员和私营部门医疗专业人员纳入考虑。[28] 还召集了医学院毕业班学生和护理专业学生进行病毒筛查、接触者追踪和疫苗接种。同样，巴西鼓励医学院毕业班学生支持新冠医疗卫生服务，并为居住在巴西的古巴医务人员重新颁发行医执照。[29] 墨西哥雇用医务人员以扩大国内卫生工作队伍，并呼吁各专业的医生参与抗击新冠疫情。[30]

结 论

新冠疫情期间，创新蓬勃发展。一些创新是作为权宜之计自发实施的，而其他创新，如远程医疗和数字医疗技术，则往往由各国政府和公共卫生机构系统地实施。从创新实践中吸取的经验表明，与私营部门建立伙伴关系、保持强大的卫生队伍、加强国家监管体系以及利用远程医疗和其他数字医疗技术对于抗击疫情尤为重要。随着经验教训的不断扩充，各国必须充分考虑这些创新经验对当地情况的适用性，以便为下一次卫生危机做好准备。

尾注

1 Ankita Meghani 博士是位于华盛顿州西雅图的全球非营利组织 PATH 的首席学习官,也是旧金山大学的兼职教授。Taryn Vian 博士是旧金山大学社区与公共卫生实践教授兼联席主任。

2 Catherine Arsenault 等,《新冠疫情与 10 个国家卫生系统的韧性》,《自然医学》第 28 卷(2022 年),第 1314—1324 页,参见 https://www.nature.com/articles/s41591-022-01750-1;Linda Geddes,《新冠疫情使减少孕产妇和儿童死亡率方面的进展倒退了数十年》,VaccinesWork,2022 年 10 月 7 日(全球疫苗免疫联盟 Gavi),参见 https://www.gavi.org/vaccineswork/covid-19-has-turned-back-decades-progress-reducing-maternal-and-child-deaths。

3 世界卫生组织,"监管机构",参见 https://extranet.who.int/pqweb/medicines/information/regulatory-agencies。

4 Emer Cooke,《紧急使用授权和类似授权概述》,于 2021 年 10 月 5 日在美国食品药品监督管理局的"紧急使用授权——从过去中吸取教训以指导未来"研讨会上发表,由美国国家科学、工程和医学院科学、技术和法律委员会主持,参见 https://www.nationalacademies.org/documents/embed/link/LF2255DA3DD1C41C0A42D3BEF0989ACAECE3053A6A9B/file/D18C8F5B242C6076541B8CC8F12932719C59AFDEC839?noSaveAs=1。

5 有关药品检查合作计划的信息,参见 https://picscheme.org/。

6 世界卫生组织,《世卫组织新冠疫情技术获取池》,参见 https://www.who.int/initiatives/covid-19-technology-access-pool。

7 联合国公共服务创新中心,联合国公共服务奖获奖者,重点介绍了由维也纳市实施的 Alles gurgelt 计划,参见 https://publicadministration.un.org/unpsa/innovation-hub/Special-Category-on-covid-19-response/Everything-gurgles_Alles-gurgelt。

8 Rosanna W. Peeling, David L. Heymann,《COVID-19 检测创新:从应对疫情到控制疫情》,《柳叶刀:传染病》第 21 卷第 10 期(2021 年 10 月),第 1334—1335 页,参见 https://doi.org/10.1016/S1473-3099(21)00291-7。

9 Pamod Amarakoon, Kristin Braa,《危机时期的数字公共产品:COVID-19 大流行和数字主权》,观察家研究基金会,2022 年 10 月 26 日,参见 https://www.orfonline.org/expert-speak/digital-public-goods-in-times-of-crises/。

10 有关 SORMAS 及其 ÖGD 应用程序的信息,参见 https://sormas.org/projects/sormas-ogd/。

11 Victoria Haldane 等,《卫生系统在管理新冠疫情中的韧性:28 个国家的经验教训》,《自然医学》第 27 卷(2021 年 5 月 17 日),第 964—980 页,参见 https://www.nature.com/articles/s41591-021-01381-y。

12 印度,印度医学研究理事会,《远程医疗实践指南》(2020 年),参见 https://www.mohfw.gov.in/pdf/Telemedicine.pdf。

13 Joori Roh,《新冠疫情期间韩国远程医疗蓬勃发展,总统尹锡悦支持此举》,路透社,2022 年 3 月 21 日,参见 https://www.reuters.com/business/healthcare-pharmaceuticals/telemedicine-booms-skorea-amid-covid-president-elect-yoon-backs-practice-2022-03-22/。

14 Sanuja Bose 等,《贫困社区的医保患者在疫情期间增加了远程医疗的使用》,《卫生事务》第 41 卷第 5 期(2022 年 5 月),第 635—642 页,参见 https://doi.org/10.1377/hlthaff.2021.01706。

15 Victor Pereira-Sanchez 等,《疫情对精神健康的影响:患者和劳动力》,《柳叶刀:精神病学》第 7 卷第 6 期(2020 年 6 月),第 E29—E30 页,参见 https://doi.org/10.1016/S2215-0366(20)30153-X。

16 Christina M. Stark, Christine D. Garner, Aashima Garg,《通过线上营养学专业继续教育提高中低收入国家卫生专业人员的能力》,《卫生专业继续教育杂志》第 41 卷第 1 期(2021 年冬季),第 63—69 页,参见 https://doi.org/10.1097/CEH.0000000000000334。

17 Grace Umutesi 等,《新冠疫情期间的癌症护理创新、经验和挑战:卢旺达经验》,《全球卫生行动杂志》第 11 卷(2021 年),03067,参见 https://doi.org/10.7189/jogh.11.03067。

18 Elinore Court,《印度如何使用数字追踪系统确保新冠疫苗惠及每个人》,VaccinesWork,2021 年 2 月 3 日(全球疫苗免疫联盟 Gavi),参见 https://www.gavi.org/vaccineswork/how-india-using-digital-track-and-trace-system-ensure-people-dont-miss-out-covid-19。

19 联合国公共服务创新中心,联合国公共服务奖获奖者,重点介绍了"Panavac19/新冠疫苗接种信息系统"举措,参见 https://publicadministration.un.org/unpsa/database/Special-Category-on-covid-19-response/Panavac19。

20 联合国公共服务创新中心,联合国公共服务奖获奖者,重点介绍了"Tawakkalna 应用"倡议,参见 https://publicadministration.un.org/unpsa/database/Special-Category-on-covid-19-response/Tawakkalna_Application。

21 Gavi,全球疫苗免疫联盟,《我们如何追踪身份不明人士的疫苗接种情况?》VaccinesWork,2021 年 7 月 16 日,参见 https://www.gavi.org/vaccineswork/how-do-we-track-vaccinations-people-who-dont-formally-exist。

22 柳叶刀 COVID-19 委员会,《曲速行动:对全球疫苗安全的影响》,《柳叶刀:全球健康》第 9 卷第 7 期(2021 年 7 月),第 E1017—E1021 页,参见 https://doi.org/10.1016%2FS2214-109X(21)00140-6。

23 Ankita Meghani 等,《疫情期间印度北方邦私立医疗服务提供者的公共部门参与》,《PLOS 全球公共卫生》第 2 卷第 7 期(2022 年 7 月),参见 https://doi.org/10.1371/journal.pgph.0000750。

24 Peter H. Krijger 等,《新冠诊断的公私合作模式》,《自然生物技术》第 39 卷(2021 年),第 1178—1184 页,参见 https://

doi.org/10.1038/s41587-021-01080-6。

25　Lauren J. Wallace 等,《私营部门在疫情中的作用：四个卫生系统的经验》,《公共卫生前沿》第 10 卷（2022 年）, 参见 https://www.frontiersin.org/articles/10.3389/fpubh.2022.878225/full。

26　Victoria Haldane 等,《卫生系统在管理新冠疫情中的韧性：28 个国家的经验教训》。

27　Mongkol Bangprapa,《工会呼吁平等对待医护人员》,《曼谷邮报》, 2020 年 5 月 12 日, 参见 https://www.bangkokpost.com/thailand/general/1916856/union-calls-for-equal-recognition-for-healthcare-workers。

28　有关印度"新冠勇士"计划的信息, 参见 https://covidwarriors.gov.in/。

29　Victoria Haldane 等,《卫生系统在管理新冠疫情中的韧性：28 个国家的经验教训》。

30　同上。

新冠疫情暴发后所开展的多层次创新治理与准备工作

Louis Meuleman [1]

新冠疫情对多层次治理造成了何种压力，并产生哪些创新？

新冠病毒肆虐，以及同时发生的多重其他危机，包括气候灾害、经济危机、地缘政治冲突等，对各级政府的职能行使及运作流程产生了巨大影响。在此背景下，国家和地方政府重新掌握主导权。过去数十年间，尽管众多国家曾推行效率为先的政策措施，然而这些措施却在一定程度上削弱了政府应对关键社会问题的能力。在全面危机管理中，国家政府固然发挥着领导作用，但次国家政府（即州、省、市等各级地方政府）始终坚守在基层治理的第一线。他们面临着复杂多变的挑战，这些挑战具有高度的复杂性，但这也构成了一个独特的悖论：一方面，许多重大挑战表现为危机，需要政府迅速采取行动；另一方面，这些挑战又表现为复杂问题，需要多方参与和长期渐进式的"小胜利"来逐步解决。近年来，一系列危机使得我们更加深刻地认识到，必须加强对多层次治理所面临的新旧挑战进行持续关注与研究。

多国在其自愿国别审查报告中指出，为实现可持续发展目标，新冠疫情的暴发迫使其对体制结构进行了必要的改革。[2] 阿根廷为此建立了省级政府的联邦可持续发展目标网络，旨在加强各级政府间关于《2030年议程》执行情况的交流与战略协作。同时，新冠疫情也加速了科学数据在决策过程中的应用。受此影响，希腊、意大利和阿拉伯联合酋长国等国家纷纷向数字服务转型，通过更加高效的方式收集、整合数据模式，进而推动决策的科学化和证据化。

尽管各国政府通常在法律和政治层面上有所区分，但在实践中它们往往相互交织，共同参与多层次治理过程。一般而言，各国通过地方一级层面的政府来了解地方和超地方挑战之间关联的能力，从而获得应对更大规模挑战的能力。由于地方政府与居民之间的距离更为接近，它们往往是最先应对新出现的经济、社会和环境挑战的国家机构。因此，危机尚未蔓延至全国范围之前，地方政府可能更具备有效地解决问题的能力。

虽然各个国家独具特色，拥有不同的政治文化、社会文化和历史背景，但它们在某些方面仍然存在着共性。当前，全球正面临着多边形危机的严峻挑战，各国政府不得不以前所未有的规模调动财政和其他资源以应对。由于危机和灾害管理通常是由极端紧急情况所驱动的，因此在某些情况下，为了适应危机形势，标准规则和程序可能会被暂时搁置。为了迅速应对危机，政府采取了立法捷径，有时甚至会绕过立法者和关键利益相关者，放弃循证的监管影响评估。这种做法虽有助于快速实施应对措施，但也可能带来一系列负面影响。随着危机的持续，各国政府可能会逐渐将危机治理视为一种"新常态"，这将在国家一级产生深远的后果。例如，到2030年（及以后），由于对可持续发展目标和可持续发展的其他方面所需的长期战略的投资可能会减少，这将严重制约各国的可持续发展进程。在这个过程中，不让任何人掉队的关键原则可能会被置于较低的优先级，而科学和利益相关者的证据也可能在政策制定中受到忽视。在次国家一级，国家的重点可能会因危机而发生变化，导致一些原本重要的领域因压力而变得脆弱。

联邦系统普遍设有职能强大的二级政府，而联邦政府则在诸多政策领域保持克制，避免直接干预。这一特点可能引发多级政府体系内的紧张态势。以比利时为例，该国设有3个地区政府，分别负责管理各自辖区内的地区、省及市政府事务；而德国设有 16 个联邦分区（即兰德尔），奥地利设有 9 个；西班牙则拥有 17 个自治社区，每个社区内的省市政府均享有一定程度的自治权。这些国家及其他具有类似行政架构的国家，共同构成了非层次化的多层次治理体系的重要组成部分。在此类治理体系下，区域政府往往肩负着实现可持续发展目标的重要职责。因此，有必要构建科学合理的机制和结构，以促进多级政府间的有效协同，共同推动可持续发展目标的顺利实现。[3]

从分裂到协作

责任的分配与任务的划分，在各级政府的层面上，通常由国家宪法进行明文规定，此举既可被视为"分裂化"，亦可视为"专业化"，具体情形需视情况而定。其中，"分裂化"一词往往蕴含消极意义，而"专业化"则多被赋予积极内涵。然而，当各部门间沟通不畅、协调困难时，原本的专业化便可能演变为碎片化。在政府层面，分裂现象纵向发生于不同层级之间，横向则发生在政策部门及其所属机构之间。在理想情况下，对于垂直与水平两个维度上的碎片化问题，应一并加以解决。在一个支离破碎的体制框架内，组织上和精神上的孤岛现象严重阻碍了采取可持续发展目标所需的整体性方法。因此，建立信任成为克服竖井思维、推动政府各部门间有效沟通与协作的关键途径。此外，信任水平也是衡量民主国家政府机构质量及其与公众互动效果的重要指标之一。[4]

在致力于对抗分裂、深化各级政府间协作的坚定立场下，意大利在其 2022 年自愿国别审查报告中特别对可持续发展目标定位努力的专题深度剖析。自愿国别审查报告亦囊括了由地方当局与中央机构携手推进国家可持续发展战略的过程中所撰写的自愿地方审查报告。为确保可持续发展政策的一致性与连贯性，意大利已将关于政策一致性的国家行动计划作为其国家可持续发展战略的附件，以此实现政策一致性的制度化进程。

从滞后到实时协作的多级治理

为了应对国家政府和地方政府间传统基于规则的关系所表现出的僵化和迟缓问题，部分国家已着手实施实时的多级协作治理模式。荷兰，以其深厚的参与性治理文化为基石，构建了一套机制，旨在解决战略政策层面的难题，尤其是关于可持续发展目标的议题。在这一机制下，政府间成立了档案小组，旨在促进国家行政系统中三个不同层面——国家、省及地方之间的密切沟通与协作，以便通过强有力的多层面手段共同应对所面临的挑战。这三个治理级别在实时互动中紧密结合，共同探讨并寻求解决具体的紧迫问题的有效途径。这一举措为一种补充性方法，绝不破坏辅助性原则或各级之间的法律等级制度。值得一提的是，在不同国家中，多层次的合作模式可能呈现出不同的形态。通过比较研究城市可持续性转型的案例发现，不同国家治理文化背景下的多层次关系可能存在显著差异。[5]

实时协作治理的另一例子是在哥伦比亚，该国通过多级进程的有效实施，实现了预算资源在不同领土间的合理分配，并成功构建了统一的报告格式，以促进信息的标准化与共享。[6]

对国家资源的审查表明，可持续发展目标的设定旨在促进国家和地方政府间更为紧密与高效的合作。[7] 在佛得角，已有 22 个地方平台成功建立，作为多利益相关者共同参与的空间，有效联结了国家与地方层面的可持续发展战略。在西班牙，地方实体网络针对 2030 年议程的推进工作，已经整合了 317 个地方行动者，致力于提升地方层面行动的协调性，以更好地落实《2030 年议程》的各项目标。

危机是检验实时协作多级治理机制有效性的绝佳时机。新冠疫情暴发期间，德国联邦政府采取了一套系统的两级大流行危机管理机制，即德国联邦州总理会议（Ministerpräsidentenkonferenz）与联邦总理（Bundeskanzler）的积极参与。这套机制在新冠疫情的紧急状态下发挥了主导性的作用（与正常时期相比，其运转的频繁程度和决策的影响力均显得尤为突出），会议频繁召开，各项决策亦得到迅速制定和执行。然而，在实施过程中，部分决策得以成功落实，而另一些则未能达到预期效果。[8] 这种结果的好坏参半，不仅反映了治理机制的复杂性，也在一定程度上造成了市民对复杂结果的困惑和不解。

自上而下的治理与自愿的地方审查相结合

传统的多级治理模式采取自上而下的方式。在总统制框架下，地方政府被授予的权力通常有限。以新冠疫情暴发期间为例，尽管自上而下的管理方式在危机时期能够迅速响应，但在其他情境下往往显得迟缓。国家法律与政策的制定与实施，往往需要历经数年甚至更长时间的筹备，才能深入地方层面得以贯彻。例如，自欧盟委员会通过新的欧盟立法起，地方层面的新法实施可能需要长达六七年之久，其中部分原因在于，这些法规首先需转化为国家层面的立法，并与相关行动计划相结合，随后再逐层下放至不同层级的政府执行。

辅助性原则（如《建立欧洲共同体条约》第3b条所定义）在一定程度上制约了由上至下的方法。辅助性原则旨在确保决策在最"适宜"的层级进行，这里的适宜是指各级政府就与其直接相关的问题制定决策并执行相关政策的能力。通过赋予地方政府相应权力，使得自下而上的治理模式更为高效，因为能够在基层层面采取切实措施并实现有效执行。

在2022年可持续发展高端政治论坛上发表的自愿国别审查报告充分证实了可持续发展目标本土化的趋势正日益凸显。[9] 埃斯瓦蒂尼政府认识到，迫切需要下放职能并将权力下放给地方一级，以便快速发展发展项目和方案，并减少差距。印度尼西亚则选择了一种更为集中指导的方式，旨在强化国家与次国家层级间的协调合作，以切实推动可持续发展目标的落地实施。[10] 此外，该国已明确提出将可持续发展目标与国家中期发展计划融入中期区域与地方规划的具体要求。对于在次国家层级实施可持续发展目标及其他行动计划、年度报告与半年度监测系统的过程中，亦需制定详尽的路线图以指导实践。意大利的自愿国别审查报告着重展示了其地区、自治省及大都市区在地方层面实施国家可持续发展目标时所采取的富有成效的多层次治理举措。为此，中央与地方当局间已建立起有效的协调机制。菲律宾政府亦报告称，其正努力通过在各层级次国家层面实施跨部门可持续发展目标方案、活动及项目，推动形成自下而上的整合方法，而非传统的自上而下模式，以促进可持续发展目标的全面融入与实施。

2015年推出的可持续发展规划，其核心理念似乎倾向于激发地方政府在全球可持续发展议题中的积极参与。值得一提的是，即便在可持续发展规划正式实施之前，诸多城市已然融入多个国际网络之中，诸如《关于气候和能源问题市长全球契约》《地方政府可持续发展公约》及《城市和地方政府联盟》等。这些城市在应对社会挑战、缓解气候变化压力以及解决其他环境问题等方面，均展现出显著的先导性。然而，不容忽视的是，部分领先的大城市对于国家层面政府在创新方面的态度持有疑虑，认为其可能对创新持反对立场，进而阻碍社会进步。至少，这一现象反映出在多级治理的复杂环境中，各级政府之间缺乏有效的协作与沟通机制。

地方和次国家政府的声音日益凸显，为确保他们的意见能够得到有效传达，自愿国别审查以及可持续发展目标实施情况自愿次国家审查等渠道被积极利用，以倾听并吸纳这些意见。在2018年7月举行的高端政治论坛会议期间，仅有4个地方自愿审查案例（分别由日本的北九州、下川和富山以及美国的纽约市发起），然而，这种审查形式已逐渐获得广泛认可与接纳；至2022年，已有26份自愿地方审查报告在论坛上得以展示。联合国在编制自愿地方审查报告方面亦提供了必要的指导与支持。

多层次能力建设

鉴于各类问题所需治理方式与工具之差异，特定层级的治理框架在国家与地方政府间任务划分过程中扮演着重要角色。在应对气候因素引发的洪水灾害时，地方当局层面的协调通常至关重要；对于复杂问题的处理，则需贴近民众，以更好地洞察挑战所在；至于某些常规问题，应避免陷入官僚主义或冗长对话的泥潭，而应考虑将其外包给高效的私人运营商。这种层级化的治理方法应当协同进行，然而，若各级别间关系未能妥善管理，则可能引发分歧，进而阻碍进展。因此，各级均需加强能力建设，以增进对其他政府部门情况的了解与反应效率。

鉴于可持续发展目标（特别是目标 11）的推进，其实现必须扎根于城市层面，这必然依赖于地方行动者及机构的深入参与和协作。为此，可能需进一步推动权力的下放与分配，确保市政当局在享有权力的同时，亦能承担起相应的责任。然而，鉴于 17 个可持续发展目标间相互关联且错综复杂，对于资源能力有限或面临类似挑战的城市而言，这无疑会构成一定的实施困难。[11]

根据可持续发展目标 17.14 的明确要求，制订和实施加强可持续发展政策一致性的国家行动计划，对于各国政府而言，具有显著提升跨政府各级有效协调能力的重要作用。在这一方面，意大利目前已经成为该地区的佼佼者之一，其取得的显著成果值得其他国家借鉴和学习。[12]

结　论

传统的多级治理模式，即国家政府对次国家政府实施控制的方式，并未消失，甚至近年来由于中央危机管理的需求，其影响力可能进一步加强。然而，同时我们也观察到，越来越多的协作与自下而上的方法正在逐渐获得动力。这一趋势至关重要，原因在于，可持续发展的多层次治理需要有机融合自上而下和自下而上的方法，并全面整合横向、跨部门的各个层面。

尾注

1 Louis Meuleman，比利时鲁汶大学公共治理客座教授，联合国公共行政专家委员会成员，欧洲环境署科学委员会副主席，担任布鲁塞尔可持续发展公共战略（智库）（PS4SD）主任。

2 联合国经济和社会事务部，《可持续发展高级别政治论坛：2022年自愿国别审查综合报告》，参见 https://hlpf.un.org/sites/default/files/2022-10/VNR%202022%20Synthesis%20Report.pdf。

3 Louis Meuleman，《可持续发展目标纵向治理和多层治理的超政府方法》，《在治理可持续发展目标之间的相互联系：方法、机遇与挑战》，安妮塔·布鲁尔等主编（伦敦，劳特利奇出版社，2022年），参见 https://www.taylorfrancis.com/chapters/oa-edit/10.4324/9781003254683-5/metagovernance-approach-multilevel-governance-vertical-coordination-sdgs-louis-meuleman。

4 经济合作与发展组织，《建立信任以加强民主：2021年经济合作与发展组织关于公共机构信任驱动力的调查》（巴黎，经济合作与发展组织出版社，2022年），参见 https://doi.org/10.1787/b407f99c-en。

5 Paul Fenton and Sara Gustafsson，《从高层言论转向地方行动：市政当局的城市可持续性治理》，《环境可持续性的当前意见》第26—27卷（2017年），第129—133页，参见 https://doi.org/10.1016/j.cosust.2017.07.009。

6 联合国经济和社会事务部，《共同协作：可持续发展目标、整合办法与机制——世界公共部门报告（2018）》（Sales No.E.18.II.H.1），参见 https://desapublications.un.org/publications/world-public-sector-report-2018。

7 联合国经济和社会事务部，《可持续发展问题高级别政治论坛：2021年自愿国别审查综合报告》，参见 https://sustainabledevelopment.un.org/content/documents/294382021_VNR_Synthesis_Report.pdf。

8 Johanna Schnabel, Rahel Freiburghaus and Yvonne Hegele，《联邦各州的危机管理：德国和瑞士在新冠疫情期间政府间委员会高峰的作用》，《德国政治、行政和社会的危机管理》第15卷第1期（2022），第42—61页，参见 https://doi.org/10.3224/dms.v15i1.10。

9 联合国经济和社会事务部，《2022年自愿国别审查的主要信息汇编：秘书处的说明》（E/HLPF/2022/5,2022年5月6日），https://digitallibrary.un.org/record/3978693?ln=en；联合国经济和社会事务部，《可持续发展问题高级别政治论坛：2022年自愿国别审查综合报告》，参见 https://hlpf.un.org/sites/default/files/2022-10/VNR%202022%20Synthesis%20Report.pdf。

10 全球地方和地区政府特别工作组，由城市和地方政府联合会推动，《实现可持续发展目标的地方化：地方和地区政府实现可持续和公正的复苏取得突破》，地方和地区政府向2022年世界首脑会议提交的第六次报告（巴塞罗那，城市和地区政府联合会，2019），参见 https://gold.uclg.org/sites/default/files/hlpf_2022.pdf。

11 Paul Fenton and Sara Gustafsson，《从高层言论转向地方行动：市政当局的城市可持续性治理》。

12 OECD，《意大利可持续发展政策一致性国家行动计划》（巴黎，经济合作与发展组织出版社，2022年），参见 https://doi.org/10.1787/54226722-en。

医疗高等教育中的混合式教学：
新冠疫情催生的新模式及其对南非一所公立大学创新和绩效的影响

Odette Ramsingh, Carlien Jooste [1]

简 介

新冠疫情已对社会结构产生了深远且不可逆转的影响。随着新冠疫情在全球范围内迅速蔓延，无论是发达国家还是发展中国家，都面临着基础设施和社区相关问题的严峻挑战，这些问题几乎需在一夜之间得到妥善解决。在前所未有的疫情冲击下，没有任何一个部门能够幸免于难，其副作用使得包括医疗和教育等在内的社会部门均陷入了前所未有的困境。在全球教育领域中，正式和非正式学习空间的关闭，包括学校的停课，影响了全球94%的学生。[2]统计数据进一步揭示，来自中低收入和中等收入国家的99%的学生都受到了新冠疫情对其国家教育系统的深刻影响。[3]

2020年3月20日，南非政府决定实施全国范围内的管控措施，此举导致所有学校关闭，进而影响了大约1 700万名学生，范围涵盖了从幼儿学前教育到中学各阶段学生的教育。[4]在高等教育和培训领域，亦有大约230万名学生受到波及。[5]管控令的宣布，使得教育系统骤然陷入停顿状态，而该国宪法明确规定，每个人都享有受教育的基本权利，[6]可持续发展目标4也呼应了这一理念，该目标呼吁各国政府致力于确保包容性、公平性的优质教育，并为所有人提供终身学习机会。

新冠疫情的骤然暴发迫使各组织在短暂的停摆状态后迅速恢复运营，并由此催生出一种前所未有的敏捷应变能力。[7]各规模的教育机构均须适应并调整至新的工作模式。其中包括后勤层面的转变，例如，调整时间表以适应新的教学环境。此外，教育机构还需反思并研发新的教学方式，以应对学生在家学习的迫切需求。在这一关键节点上，危机与创新相互交织。教育者在长期的不确定性和动荡环境中，不懈追求最佳的学习成果，教育机构必须展现出更加卓越的创新精神以保障教育的完整性和高质量学习体验。教师、讲师、管理人员及领导者等教育行业的中坚力量，需积极适应这一变革趋势，充分利用自身的创新精神，迅速推进新计划的实施，并灵活应对各种意想不到的后果。多数教育实体已加速推进数字化学习战略的实施。南非的26所大学正处于实施数字化和混合式学习的不同阶段。这些大学必须探索并发展创新的教育方法，以挽回本学年的剩余时间，并确保在面对长期危机时能够保持教育的连续性和稳定性。然而，实现数字化学习仍面临诸多挑战。如南非这样的国家，信息技术基础设施的匮乏、数字化和数字接入的高成本以及数字鸿沟等问题尤为突出。这些问题导致来自低收入或贫困家庭的学生要么寻找其他方式在线获取信息，要么根本无法学习。尽管该国77.5%的家庭可以通过手机上网，但只有10.4%的家庭可以使用光纤或非对称数字用户线路技术在家中接入互联网，这些技术允许在高带宽下快速传输数据。[8]为应对这些挑战，部分大学已与南非的移动运营商达成合作协议，为学生提供数据访问服务；同时，另一些大学则获得政府专项资金支持，以缓解学生和教师在技术设备方面的困境。这些大学通过调整预算方案并争取新冠疫情相关政府资金，成功为学生提供必要的数据访问服务，确保他们能够顺利参与在线学习。负责高等教育学生教育工作的机构在推动后勤和学习创新方面发挥着举足轻重的作用。这些机构的管理层需确保员工保持高效的生产力，并帮助他们适应混合学习环境，实现教育和组织目标，以利用剩余学年为未来的不确定性做好充分准备。虽然这一时期充满了紧迫的挑战，但也为各机构展现创新能力、教学能力和韧性提供了机会。

作为一项说明性案例研究，本文旨在深入探讨南非一所卫生科学大学在疫情驱动下所采取的举措。该大学肩负着重要使命，以教育和培养致力于促进健康生活和实现全民福祉的未来医疗保健专业人才（可持续发展目标3）。在疫情肆虐的严峻时期，Sefako Makgatho卫生科学大学不仅需要关注学生的理论教育，还需为在国内医院及其他医疗机构进行实践学习的学生提供必要的支持与保障。同时，大学还需确保教职员工及学生的生命安全。本文着重探讨健康与教育领域的可持续发展目标，并依据对一所公共卫生科学大学环境的实地观察展开论述。在该大学，疫情严重威胁着学年的教学活动，并对大学在推动国家医疗保健科学变革中的使命产生了深远影响。本文的核心议题之一在于探讨：在资源有限、挑战重重且面临前所未有危机的背景下，如何激励教职工和学生克服健康教育与服务过程中的种种挑战，并深刻认识到一旦失败将对更广泛的目标产生严重威胁。

健康科学教育领域的创新

Sefako Makgatho卫生科学大学拥有各种校内实践学习设施，其中在主校区毗邻处便设有一家教学医院。该校学生主要来自农村地区和低收入家庭，他们依靠国家学生财政援助计划所提供的政府教育资助，得以顺利完成高等教育。然而，随着疫情的暴发及后续对学校所施加的限制措施，该大学不得不重新思考与学生的互动方式，并积极协助教职工适应全新的教学模式。在疫情期间，由于医疗保健专业人员被归为基本服务提供者，必须坚守岗位，因此南非政府特别允许该领域的学生继续开展实践研究活动，而理论教学部分则必须转至线上进行。

经过此次妥协，大学成功制定了一份契合目标的协议，有效减少了校园及实践教学基地中的学生数量，并引入了在线平台，用以教授理论课程。在线教学的实施融合了传统方法与创新手段；学术领域的专业人士不仅负责进行标准化的授课，还负责管理小组讨论，并利用在线平台提供的互动媒体和视频资源。所有授课内容均被录制并存档，供学生随时观看，以便他们可以随时查阅相关资料，为各类活动和考试做好充分准备。数字化作为五年战略计划的一部分，在不到半年的时间里便得以实现。同时，该大学积极与私营公司展开合作，为员工提供数据访问权限，并为学生提供快递服务，确保农村地区的学生能够获得所需的笔记本电脑。在管控消息宣布后的24小时内，大学的人力资源部门迅速发布了在家工作（WFH）的协议，为管理人员及工作人员提供了明确的指导，并为他们及其家人提供国家和学校心理社会服务。在此过程中，学校、讲师以及学生之间的沟通成为首要任务，各类校园活动的协调亦不容忽视。

由于该大学有学生在校，也有医学生在实地工作，因此教员和管理层深刻认识到确保工作人员与学生安全的必要性。为此，学校的一位学术领域专业人士研发了一款新冠筛查应用程序（数字化工具），并于全国宣布管控后的3个月内成功上线。该应用程序旨在有效遏制病毒传播，并实时监测教职员工及学生所报告的症状信息。[9]通过该程序，学生和工作人员在进入校园前，均可通过回答一系列与新冠相关已知症状的问题，进行自主健康筛查。该应用程序进一步记录了学生和教职员工可能接触和检测的信息。[10]在收集到所有信息后，该应用程序能够提供基于数据分析的风险评估及相关建议。[11]鉴于该应用程序在发布后得到了广泛的关注和使用，尤其是在当前人们普遍面临高度恐惧和焦虑的背景下，其实施过程并未采取冗长的变更管理计划，而是迅速有效地满足了校园安全管理的需求。

新冠疫情期间的绩效管理

创新成果的实现依赖于组织和员工。为了构建适宜的创新环境与空间，必须深入剖析疫情对大学工作环境的影响。突如其来的管控措施和居家办公指令，使得员工与管理者无法再维持既有状态，传统的目标设定、绩效的衡量以及同事间互动模式均受到严峻挑战。这一新的现实要求"在碎片化的工作环境中重新诠释生产力"。[12] 员工们努力恢复工作秩序，不断熟悉并掌握沟通、教学、学习以及领导和管理所需的数字技术与在线工具。[13]

无论是因为员工们深切认识到自身有义务支持大学专业医护人员，还是因身处危机前线，对不断攀升的死亡率数据感到担忧，该大学内部已做出积极响应，并要求迅速采取行动。在线教学和学习得以迅速实施，应对挑战的速度远超过原先设定的战略计划。学校也已开始推行在线面试（此举先前未曾考虑过），招聘的行政和后勤成本减少了50%以上。同时，不同行政职能部门之间的协作也得到了加强，以及自我驱动问责也取得了相应成果。员工能够独立管理任务，无须主管持续监督，即便后者可以通过在线方式随时查看他们的进度和表现。然而仍需注意避免过多的沟通，以确保工作的高效推进。[14]

多种因素的共同作用，推动了卓越的业绩。此次危机的严峻性和紧急性，极大地激发了创新精神，并催生了集体的使命感和协作精神。在应对危机的过程中，人们逐渐淡化了对地位和等级制度的过分关注，而是将更多的精力投入共同应对新挑战，以及在不断变化的环境中提供尽可能优质的教育和支持。在绩效管理和评估方面，也进行了一系列的改革。传统的绩效指标和管理方式得到了修订和完善，物流方面的关注有所减少，而质量和适应性则得到了更多的重视。

结　论

自疫情首次席卷各机构以来，已过去了3年多。在这段时间里，人们有足够的时间去反思疫情及其带来的挑战如何成为创新的契机，以及这些创新是否具有可持续性。同时，也需深入探究绩效管理的转变方式是否在危机后得以保持。从本案例研究中，我们获得了如下经验教训和观察结果：

（1）疫情创造了许多新机遇，并做出了许多早就应该做出的积极改变。该大学最重要的决定之一是投入大量资源建立和加强数字能力和在线系统，此举将对机构的灵活性及绩效管理等领域产生深远且持久的影响。

（2）在疫情肆虐期间，部分传统绩效衡量标准（诸如考勤签到与工时记录等）的作用已显著减弱。相反，结果导向与绩效目标之间的关联日益紧密，而绩效目标在很大程度上由个人责任心与使命感所驱动。

（3）许多大学的传统文化具有某种孤岛心态，专注于离散的变革管理项目。然而，此次危机却催生了一种前所未有的团队协作精神，将大学内部的利益相关者聚集在一起，共同克服紧迫的挑战并实现共同目标。

（4）具有时间预测的战略计划很重要，然而，在拥有强大员工支持的基础上，我们更有可能实现更为迅速且卓越的成果。

（5）技术在教育供给、成本控制及渠道获取等方面均重塑了行业规则，而数字学习工具的应用则有助于缩小教育差距。在疫情期间，学生们得以借助笔记本电脑与数据资源，顺利参与在线课程并持续学习。

尾注

1. Odette R. Ramsingh 是 Sefako Makgatho 卫生科学大学负责人力资源的执行委员会成员，Jooste 博士是该大学的国际化主任。

2. 联合国，《政策简报：新冠疫情期间及以后的教育》（2020年8月），参见 https://unsdg.un.org/sites/default/files/2020-08/sg_policy_brief_covid-19_and_education_august_2020.pdf。

3. 同上。

4. 南非统计局，《2020年南非新冠疫情和参与教育的障碍》，教育系列第VIII卷，报告编号 92-01-08（比勒陀利亚，2020年），参见 https://www.statssa.gov.za/publications/Report-92-01-08/Report-92-01-082020.pdf。

5. 同上。

6. 南非，《南非共和国宪法》，参见 https://www.gov.za/documents/constitution-republic-south-africa-1996。

7. Oette R. Ramsingh，《适应 COVID-19期间的新常态：在危机中重新定位绩效管理系统》，该论文在 2020年7月24日的 APS-HRM-net 能力建设虚拟研讨会上发表。

8. 南非统计局，《2021年综合家庭调查》，新闻稿，2022年6月23日，参见 https://www.statssa.gov.za/?p=15482。

9. Yoliswa Sobuwa，《Sefako Makgatho 大学开发应用程序在校园内抗击疫情》，Sowetan Live，2020年5月10日，参见 https://www.sowetanlive.co.za/news/south-africa/2020-05-10-sefako-makgatho-university-develops-app-to-fight-covid-19-on-campus/。

10. 同上。

11. 同上。

12. Discovery Health，《新冠疫情期间管理者的团队支持技巧》（2020年7月20日），参见 https://www.discovery.co.za/corporate/covid19-tips-for-employers-to-support。

13. Andrew R McIlraine，《新冠疫情时期的绩效管理》，《人力资源主管》2020年3月19日，参见 https://hrexecutive.com/performance-management-in-the-time-of-coronavirus/。

14. Daantje Derks, Arnold Bakker，《工作中的数字媒体心理学》（纽约，心理学出版社，2012年），参见 https://doi.org/10.4324/9780203074145。

关于后疫情时代公共部门运营模式的思考

Geert Bouckaert [1]

新冠疫情对全球社会产生了巨大影响，而这一重大卫生紧急事件只是一系列全球危机之一，这一危机严重破坏了可持续发展目标及《2030年议程》中为人类、地球、繁荣、和平与伙伴关系制订的行动计划。世界各国及其社会面临的挑战日益复杂，由此延伸出来一个问题，公共部门当前的运营模式是否与未来的发展目标相适应。这一问题或许可以从公共部门对于近期危机的处理方式找到答案，因为在危机面前所采取的行动可以体现公共部门的能力。预防危机比解决危机更加重要，至于世界该如何为未来的危机做好准备，大众的普遍信念是，实现大部分或所有可持续发展目标有助于预防未来的危机，或者至少增强社会的能力和机构的韧性，以便更好地应对可能发生的任何危机。

最近席卷全球的危机对公共部门运作产生的影响好坏参半。在疫情期间，公共机构的核心职能（包括服务交付、立法和政策制定）受到了负面影响。然而，这也是一个充满希望的时期，因为疫情带来了行政管理和利益攸关方参与方面的创新，提高了透明度和问责制，以及对新系统和新方法必要性的认知不断提高。[2]

公共部门系统和机构在法律框架、历史发展和文化传统方面各不相同。存在一定程度的差异，但也有公认的国际标准，包括联合国关于可持续发展的有效治理原则，这些标准为良好的公共行政、管理和治理提供了强有力的框架和坚实的基准。[3] 有了客观的参照点，就可以评估在何种条件下什么方法有效、什么方法无效，以便各国政府可以相互借鉴经验。在复盘疫情防控工作的过程中强调了3个关键点：

（1）快速应对危机；
（2）有效管理危机；
（3）建立目标管理系统，为未来的系统性冲击做好准备。

尽管大多数政府现在在危机应对和管理方面有了相当多的经验，在公共部门运作中整合了成功的创新经验并将其制度化，但拥有危机管理经验的政府相对较少。正如近期危机所揭示的那样，系统性冲击需要公共部门采取强有力的应对措施，因为这些冲击会破坏整个国家和社会的稳定性，并波及其他国家乃至全球。从近期危机中吸取的一大教训是，必须为所谓的"动荡治理"[4]做好准备，建立能够遏制和应对冲击的系统。

快速应对危机至关重要

风险和影响评估表明，快速响应对减少负面影响至关重要。从近期危机的经验来看，很少有公共部门将快速反应时间列为其关键能力之一。[5] 疫情暴发后，许多发达国家在应对疫情时缺乏准备，即使进行了风险评估、建立了国家模型和情景分析，并根据以往的灾难制定了路线图。[6] 一些曾经抗击过非典疫情的亚洲国家在某些方面领先一步，因为他们可以将一些早期的应对策略制度化，特别是在疫情监测、检测和追踪方面。

现有证据表明，政府对重大灾难做出反应并采取重大干预措施的速度取决于以下因素：[7]

（1）相关决策者迅速识别危机状况，深刻理解其影响，并认识到危机的紧迫性；
（2）坚信危机政策措施的可行性和适当性；
（3）决策架构的状态（参与者及其关系）。

其他一些变量也会影响响应速度，包括中央集权或分权的程度、分散或协调的程度、治理文化是偏传统的还是更具适应性的、是否有开放学习和愿意试验创新的态度，以及公共部门在关键能力方面的状况。

在对150个国家的危机响应时间进行的比较研究中，Marlene Jugl 观察到，设立专门的危机响应部门可以"显著加快危机响应速度，使响应速度加快数天"。[8] 她的引证内容表明，拥有独立卫生部门的国家能够更快地响应卫生危机。当未来危机来袭时，如果没有能够快速监测和响应的独立部门或机构，响应时间可能会更慢。

横向碎片化和专业化对响应时间可能产生或积极或消极的影响，这取决于协调和优先级的程度。如果专业化与危机类型相关联，则可能是一种优势，尽管有时集中注意在一个领域可能会牺牲其他相关的政策领域，例如，优先考虑健康而忽视经济和教育。纵向碎片化和权力下放可能会阻碍快速响应，但对某些地区而言，权力下放（取决于自治程度）也可能促进更快地采取行动。

各国政府可以从自身或他国应对类似或不同类型危机的经验中吸取教训。就新冠疫情而言，似乎"危机期间的经验互鉴比总结自身以往抗疫经验更加有效"。

从过去的经验中可以吸取一些重要的教训。其中一个主要收获是，设立专门的突发公共事件应急机构可以加快危机响应速度。由于危机形式多样，且可能对特定行业产生严重影响，各国政府最好创建一个灵活的矩阵工具，以应对不同类型的潜在危机，如网络崩溃、极端天气事件和流行病。[9]

管理和遏制"典型"危机

各国在应对卫生危机和其他危机时的监管体系设计有所不同。[10] 疫情来袭时，许多拥有传统危机管理系统的国家最初对变革持抵制态度，然而，应对这一前所未有的危机需要创新的解决方案。因此，政府在探索和尝试新理念方面表现出更大的意愿，并在公共部门的行政和管理文化中融入变革性实践，也鼓励人们跳出固有的思维模式，寻找创造性的解决方案。那些经证明成功的临时解决方案需要正式纳入危机管理系统，并成为其标准操作程序的一部分。应采取措施，将与数字化就绪、适应能力、简化采购、共同创造、共同生产、公民参与、人员流动和沟通交流相关的创新制度化。[11]

疫情期间，数字化就绪程度有所改善，例如，虚拟会议、电子签名和数字身份识别、无纸化决策流程和在线医疗服务（远程医疗）的使用增加且相对常态化。然而，数字鸿沟在教育（在线教学和学习）、医疗保健可及性和流动性（人员和货物运输）等关键领域变得更加明显。数字隐私也成为一个重要问题，因为疫情的防控措施涉及访问和共享个人健康数据，有人担心用于追踪接触者的数据库可能会被用于其他目的。为此，一些国家进行了专门立法来保护数字安全和隐私。

疫情期间，物流速度和效率变得尤为重要。政府能够在不影响招标程序的情况下简化采购流程。各国政府援引不可抗力来做出旨在简化运营的变革，建立了确保关键物资和服务交付的系统，并调整了行政流程（包括管理招标和公共采购的流程），以提高公共部门的效率和灵活性。

疫情期间，共同创造、共同生产和公众参与被赋予了更高的优先级。管控和其他限制公众活动和接触的措施影响了社会互动，包括公共部门和公民之间的互动。为此，许多国家及其机构迅速采取行动，在卫生和教育等多个领域建立了社会参与机制。

疫情期间，公共部门内部的人员流动性显著改善。在传统制度下，人员分配和流动往往是僵化的，且局限于各自领域。然而，当需要填补空缺以确保治理的有效性和业务的连续性时，就为人员重新分配和调动提供了新的机会（受机构需要和个人志愿服务的双重驱动）。

对传统做法的调整可总结出如下经验：政府应建立一种创新文化以支持和促进问题的创造性解决；应采用灵活、透明的程序来创造性地分配人力资源；应维护招标制度，使公共机构能够充分利用市场上所有资源；应积极促进国家和地方政府、非政府组织和私营部门之间建立有效的合作伙伴关系，以加强服务交付。

帮助公共部门做好应对未来全球和系统性危机的准备

传统官僚机构不仅需要引入系统性变革以进行危机管理，还需要实施"动荡治理"以做好危机准备。公众逐渐意识到，国家和公共部门不仅能够提出解决方案，而且最有资格和能力领导公民应对危机的各种挑战，这在很大程度上有助于恢复政府公信力。为了保持公众对政府和机构的信任和信心，公共部门需要将创新融入未来的治理体系中，该体系要既能处理系统性冲击和动荡，又能保持有效的日常服务交付。以下3项改革可以支持建立和维护这样的系统。

（1）从顺序思维（正常—危机—正常—危机—正常治理）转变为同步思维（将正常服务交付与持续的危机治理相结合）。政府应采取措施，改革公共部门系统和其运营方式，以便灵活地将日常服务交付与危机治理的关键要素结合起来。这需要将创新融入人员分配、项目结构和横向预算等方面，并在机构、部门和国家内部和外部创造同伴间相互学习的机会。公共行政部门应做好准备，在获取更丰富和更细化的数据的基础上，参与更复杂的决策。

（2）实施联合国关于可持续发展的有效治理原则12以加强和维护公众信任。致力于建设和平包容的社会以实现可持续发展，为所有人提供司法服务，以及在各级建立有效、负责和包容的机构（可持续发展目标16）的国家和地方政府将拥有实现其他可持续发展目标和应对重大危机所需的工具。

联合国制定了11项可持续发展有效治理原则，这些原则与可持续发展目标16（以及所有其他可持续发展目标）的目标相一致。重点强调责任、问责、有效性和包容性（可持续发展目标16中强调的4个关键概念），从而增强公众对政府的信任。要实施必要的社会和制度变革，就需要公众对公共机构的信任和对其合法性的信念。[13]

联合国公共行政专家委员会制定了各种战略指导说明，其中提供了大量具体的例子和案例，阐述了前线的最佳做法。[14] 联合国通过其年度公共部门奖项来表彰显著的成就。2022年的10个获奖者——泰国、菲律宾、乌克兰、巴西、印度、加拿大、沙特阿拉伯、波兰、巴拿马和爱尔兰——这些国家的创造性实践融合了可持续发展的有效治理原则，以确保公共服务的包容性和公平性，并确保公共部门机构的高效治理和迅速响应。[15]

（3）在整个社会方法论中实践全政府战略。在公共行政中，横向和纵向的协调、合作和整合通常会在危机管理中加强，在应对系统性冲击时会变得更加强大。然而，个人的实践经验未必能提供明确的解决方案，因为政府系统的结构特征千差万别，在一种环境下行之有效的方法在另一种环境下可能行不通。总体而言，横向互动需要在整体社会方法论框架内得到巩固，而同时全政府方法论应该为纵向互动提供指导。为了追求共同目标，建立利益相关者的参与机制至关重要。[16] 应特别关注地方政府并为其提供支持，因为地方政府与公民关系密切。全政府/全社会方法论需要更加多样和灵活，以促进公共部门内部以及公共部门与私营部门和民间社会之间的协作治理。[17]

尾注

1. Geert Bouckaert，鲁汶大学公共治理研究所教授。

2. 联合国经济和社会事务部公共机构和数字政府司，《落实可持续发展目标的国家机制安排：五年回顾总结——世界公共部门报告（2021）》（出售品编号 E.21.II.H.1），参见 https://publicadministration.un.org/en/Research/World-Public-Sector-Reports。

3. 联合国经济及社会理事会，《关于可持续发展的有效治理原则》，《经济及社会理事会正式记录》，2018年，补编第24号（E/2018/44-E/C.16/2018/8），第31段，参见 https://publicadministration.un.org/portals/1/images/cepa/principles_of_effective_governance_english.pdf。

4. Christopher Ansell, Eva Sørensen, Jacob Torfing,《新冠疫情会改变公共行政和领导力吗？应对动荡问题需要强有力的治理措施》，《公共管理评论》第23卷第7期（2020年），第949—960页，参见 https://doi.org/10.1080/14719037.2020.1820272。

5. 联合国经济和社会事务部公共机构和数字政府司，《落实可持续发展目标的国家机制安排：五年回顾总结——世界公共部门报告（2021）》。

6. Sabine Kuhlmann等,《新冠疫情的机会管理：从全球视角检验危机》,《国际行政科学评论》第87卷第3期（2021年），第497—517页，参见 https://doi.org/10.1177/0020852321992102。

7. Marlene Jugl,《政府应对危机的行政特征和时机：对新冠疫情早期反应的全球研究》，《公共行政》第1卷第4期（2022年），可参见 https://doi.org/10.1111/padm.12889。

8. 同上书，第14页。

9. 同上书，第15页。

10. Geert Bouckaert等，《欧洲"新冠民族主义"？治理疫情危机的热点》，《公共行政评论》第80卷第5期（2020年），第765—773页，参见 https://doi.org/10.1111/puar.13242。

11. Paul Joyce, Fabienne Maron, Purshottama Sivanarain Reddy,《全球疫情下的良好公共治理》（布鲁塞尔，国际行政科学学会，2020年12月），参见 https://www.researchgate.net/publication/346945657_Good_Public_Governance_in_A_Global_Pandemic。

12. 联合国经济及社会理事会,《可持续发展的有效治理原则》，第31段。

13. 联合国经济和社会事务部公共机构和数字政府司，《落实可持续发展目标的国家机制安排：五年回顾总结——世界公共部门报告（2021）》，第146页。

14. 联合国公共行政专家委员会，《CEPA 战略指导说明》，参见 https://publicadministration.un.org/en/Intergovernmental-Support/Committee-of-Experts-on-Public-Administration/Governance-principles/Addressing-common-governance-challenges/CEPA-strategy-guidance-notes。

15. 2022年联合国公共服务奖获奖者名单及其倡议简介可在联合国公共服务创新中心网站上查阅：https://publicadministration.un.org/unpsa/database/Winners/2022-winners。有关公共服务奖项的更多信息，参见 https://publicadministration.un.org/unpsa/database。

16. 联合国经济和社会事务部公共行政与发展管理司，《共同协作：可持续发展目标、整合办法与机制——世界公共部门报告（2018）》（出售品编号 E.18.II.H.1），第7页。

17. Xabier Barandiaran, Maria-José Canel, Geert Bouckaert,《在不确定时期建立协作治理：来自巴斯克吉普斯夸省的实践经验教训》（比利时鲁汶，鲁汶大学出版社，2023年），参见 https://library.oapen.org/handle/20.500.12657/61606。

专家意见
总结

表3.1 专家关于公共服务转型和实现可持续发展目标的建议

领　域	行　动　要　点
治理改革与公共服务交付	• 在法律框架的坚实支撑下，致力于通过提升透明度、增强公众参与以及强化问责机制等方面的创新举措，进一步加固公共服务交付的制度韧性 • 为提升体制机制的适应性与灵活性，建议将其稳固植根于各级政府体系之中，从而确保其能够有效承受政府内部改革倡导者的离职或在危机时刻快速调整政策优先级的能力 • 各国政府在应对危机与实现可持续发展目标的长期战略之间需寻求平衡之道。为此，必须积极推动基于证据的决策制定，并坚守不遗漏任何群体的原则，不容妥协 • 各国政府应增强前瞻能力，以预先筹备并有效应对未来可能发生的各种冲击 • 各国政府需在系统层面加强创新能力建设。这要求超越临时性、危机导向的应急措施，将创新理念深植于决策和公共管理的各个环节 • 公共机构应高度重视参与式治理和公民监督的作用，以此加强问责机制，即使在疫情等危机期间也是如此 • 持续推动最高审计机关和有组织公民之间的合作，以不断提升公共监督、透明度及问责制的水平
共同创造	• 各国政府应充分利用疫情所带来的契机，积极推动在共同生产和共同创造方面的创新举措 • 应积极吸纳公民参与决策过程，确保政策制定和服务提供能够精准满足公众需求 • 各国政府需确保共同创造活动与可持续发展目标的系统性相契合，确保合作倡议具备广泛而相互关联的影响力，从而有助于实现既定的目标
医疗服务交付	• 各国政府应积极推动远程医疗和数字卫生技术以及其他创新解决方案的应用，对病毒检测和疾病监测创新进行定期评估与适应性调整，以优化服务提供，扩大医疗保健覆盖面，并有效应对服务薄弱地区的挑战 • 各国政府应优先考虑并加强与私营部门的合作，以充分利用私营部门的资源、专业知识及基础设施优势，确保医疗保健服务的有效供给 • 各国政府应投资并促进卫生人力资源培训在线平台的运用，确保医疗工作者在紧急状况之外也能实现持续的专业成长，特别是在低收入和中等收入国家
多级协调和准备工作	• 必须正视并高度关注多层次治理所面临的诸多挑战。应当积极应对新冠疫情等危机所带来的国家政府与地方政府间的紧张关系 • 各国政府应积极推动各级治理机构之间的协作与创新文化 • 政府应采取合作的方式，将自上而下和自下而上的关系，以及横向、跨部门的一体化策略整合起来
混合式学习模式及其对创新和绩效管理的影响	• 公共组织应把握疫情期间所赋予的契机，强化其内部员工间的协同合作与使命感，并基于明确的目标与预期成果对生产力进行重新定位。此种转变将有效增强组织在危机期间及之后的灵活应变能力，并提升绩效管理效能 • 组织应确保战略计划的制订充分吸纳员工的观点与建议，以激发其参与热情并增强其使命感 • 学术领域的专业人员应被积极鼓励发挥创新思维，致力于开发各类工具与应用，以解决组织内部所面临的特定挑战 • 学术组织应深刻认识到技术变革所带来的巨大推动力，并加大对在线学习系统及平台的投资力度，以强化教学效果并提升学生参与度 • 可考虑与私营公司合作获取技术，以克服资源分配不均等问题并优化资源获取途径

续表

领域	行动要点
重新思考现行公共部门的运作模式	• 各国政府应当积极整合危机创新，构建一个具备弹性且能够应对系统冲击的治理体系，并将疫情期间成功实施的临时解决方案纳入常规操作标准 • 在机构框架转型过程中，必须充分考量数字化准备水平、适应能力、采购流程的简化、共同生产、公众参与度、人员流动性以及有效沟通等因素 • 鼓励在公共部门内部营造一种倡导创新和解决问题的文化氛围 • 应建立灵活且透明的程序，以合理分配人力资源、开展招投标工作，并与地方政府、非政府组织和私营机构建立合作伙伴关系，以高效提供服务 • 应摒弃传统的顺序思维，采取将常规服务提供与危机治理紧密结合的方法，确保两者均得到充分的关注与资源支持 • 应采取全政府战略，并与全社会的多元方法相结合，广泛吸纳公民、组织和其他利益相关者的参与，共同推动危机管理与决策过程的深入发展

第4章

结论

《世界公共部门报告（2023）》探讨了以下问题：（1）政府如何提高公信力及加强政社关系？（2）政府如何评估政策优先事项，解决自2020年以来出现的政策权衡难题？（3）政府如何调动资源、利用创新来改革公共部门，实现可持续发展目标？

最后一章旨在结合研究团队所进行的研究及前几章专家们所作的论述，总结出关键的信息。4.1节简要概述了在新冠疫情期间和之后，公众和社会对治理目标和实践方面的期望发生的一些变化。4.2—4.5节总结了本报告中所考察证据得出的教训，分为四个主题：在各层面上增强参与度和投入度；调整公共部门的运作模式，使公共机构在实现可持续发展目标的同时可以有效应对危机；提高政府和非国家行为者推进《2030年议程》和管理危机的能力；以及在"正常"时期保留新冠疫情期间出现的积极变革和创新。本章还就国际社会如何看待公共机构在执行《2030年议程》后半阶段提出了一些思考。有关专家在其报告中提出的具体建议，请读者参阅前3个章节末尾提供的表格。

4.1 公众和社会对治理目标和实践方面的期望产生了改变

从很多方面来说，新冠疫情及其负面的经济和社会影响，揭示和加速了公众与其政府间社会契约中逐渐形成的紧张关系。这凸显了公众与公共机构之间存在极大的信任问题。在许多国家，公众对治理目标特别是涉及社会价值观、政府扮演的角色、包容性和参与方面似乎有着重大转变。报告指出了几个需要关注的领域。

这场疫情给全球人民带来了巨大的困难，其最有害的冲击不成比例地影响着那些已经处于劣势地位的个人和群体身上。社会对公平的期望正在增长——这直接支持更新社会契约的呼吁，以加强公众与其政府的关系。当前的报告探讨了一些领域，在这些领域中，公平一直是讨论如何向前发展的核心，包括司法管理、税收制度、公共服务以及更广泛地说，线下和线上对人权的尊重。

随着不平等现象继续加剧和政府财务状况恶化，政府在困难的政策权衡方面以及更广泛地关于长期社会选择方面所做决策合法性越来越受到质疑。目前围绕紧缩政策进行的讨论，举例来说，是否让那些经历过2007—2008年全球金融危机后的人们想起当时的情况——不同之处在于如今许多国家的财务和政策空间比当时受限得多。各国政府目前面临的备选方案显然还涉及短期当务之急与实现可持续发展目标的长期追求之间的权衡，因此更加需要与目标相一致的长期愿景和战略。随着国家与社会关系被重新定义，在可持续发展目标实施路径上建立共识和合法性至关重要。

在很多情况下，市民也呼吁政府加强问责制。问责制和透明度在疫情中受到挑战，如《世界公共部门报告（2021）》中所记录的。

新冠疫情和其他近期的危机提醒我们，解决重大挑战并实现社会目标需要各利益相关方的作为。作为公众参与的先决条件，政府需要保护和扩大公民空间——这是一种使公众和团体能够参与并行使其公民自由的环境，并构成社会契约的一部分。即使在疫情之前，公民空间持续收缩的趋势已经有所显现，而疫情只是加剧了这一趋势。言论受限和人权限制导致人们感到沮丧和疏远，损害了社会契约和对政府的信任，并阻碍了人们参与实现《2030年议程》共同努力中所需的投入——而这却是其成功所必需的要素。

数字技术在疫情期间发挥了关键作用，使政府和其他利益相关方能够继续提供公共服务，并在许多情况下改变服务提供方式。例如，在封锁措施造成的混乱时许多国家推动了司法系统数字化进程。信息技术在疫情期间还扮演了工作和协作平台的关键角色。然而，数字政府转型也明显凸显出国内外现有的数字鸿沟问题。此外，数字转型凸显出对隐私、言论自由、信息完整性以及非歧视性等风险，并加深了对监控、隐私保护及数据保护问题的担忧，强调线上线下人权之间的联系。法律法规和监管框架未能跟上数字技术快速发展应用的步伐。因此迫切需要适当的监管措施和监督机制，包括在公共管理领域内进行监管。

综合考虑本报告所强调的趋势以及其他超出本报告范围的趋势，这些都对现有社会契约构成了严峻挑战。采取全面的方法重建和加强社会契约将更好地使社会处于更有利的地位，以实现更牢固的关系和社会凝聚力，增强对危机的抵御能力，并加速实现可持续发展目标。单独靠政府无法重新塑造其与其他社会行为者之间的关系。然而，作为增强公众信任的关键第一步，政府需要创造一个有利的环境，通过方式方法加强联系，比如促进透明度、尊重人权、加大公众参与和行使发言权。至关重要的是，在寻求更多信任的同时，政府也需要表现出对其他行动者的信任。

根据该报告所作研究和专家所述，下文将从治理和公共管理方面探讨在疫情期间以及之后与这些趋势相关的创新和变革，以及用策略解决这些问题的潜力。

4.2 在各层面上增强参与度和投入度

政府需更具包容性、参与性并能够响应人民的需求，这是本报告3个主要章节中贯穿始终的思路。例子说明了在新冠疫情期间如何通过增强参与度和投入度产生社会效益，且如何在未来提高整体效果，覆盖所有的参与形式：从信息到咨询，再到参与，而后到协作，最后达到赋权。*

准确信息的传播在培养信任、促进参与和投入方面起着至关重要的作用。在疫情期间，两个关键问题浮出水面，即虚假信息和谣言的增加以及危机期间需要适当的沟通。俄乌冲突后，打击虚假信息和谣言已成为国际政策议程上更加重要的事项，并且各级别包括联合国内部都正在努力遏制这些问题。确保信息完整性的努力表明了媒体素养以及不同行动者之间合作伙伴关系潜力的重要性，包括媒体、事实核查组织、其他民间社会组织和政府。改善政府在危机期间的沟通也是未来进展的一个重要方向，在这方面更开放和包容性过程很可能带来更加有效的结果。

咨询、合作和赋权是政府需要采纳并建立决策合法性所必须秉持的关键原则。例如，在预算决策中吸引主要利益相关者不仅有助于获得对这些选择的支持，还可以提高财政成果并增强公共机构信任度。基于透明度、信息披露、参与度、包容性和可修订性等原则进行的开放流程的制度化不会自发发生。这需要制度改革以及承诺、时间和资源投入。在设定愿景目标时以及其他情境下，公共机构应注意避免（真实或被认为是真实的）象征主义行为，因为这可能导致人们对参与不再抱有幻想，并进一步疏远他们与政府之间的联系。

国家和非国家利益相关者之间以共同生产和创造形式的协作也存在机会，疫情期间出现了许多例子。正如《世界公共部门报告（2021）》所记录的那样，民间社会积极支持公共服务的连续性、接触到弱势群体、提供法律信息和援助、打击错误信息和虚假信息，并进行许多其他干预措施。在某些情况下，合作生产和混合模式的服务交付成为创新解决方案。在适当条件下，公共机构、私营部门和组织好市民之间的伙伴关系可以改善政府对人们需求的响应能力，并帮助社会应对冲击。各国应评估疫情期间的创新在本国情况下的适宜性和适应性，确保在公共服务设计中优先考虑边缘化人群的需求。这些合作需要得到充分法律框架支持，并且它们成功与否通常取决于政府理解其他参与者的参与意愿等不同因素，并为其提供正确激励。

从某种程度上说，赋权是所有参与和投入的类型所必需的。首先要从重新审视公共部门价值观开始实现这一原则。直接衍生出来的是保护市民空间以及增加个人和民间社会监测和监督参与机会——

---

* 国际公共参与协会的公共参与范围，由国际公共参与协会开发，有助于界定公众在公众参与过程中的角色，在逐步发生的分类反映着决策受公众影响程度的增加；欲获得更多信息，参见 https://cdn.ymaws.com/www.iap2.org/resource/resmgr/communications/11x17_p2_pillars_brochure_20.pdf。

这是加强政府问责制的关键所在。

这次疫情为今后保护公民空间提供了重要经验。一些政府为紧急措施设置了护栏，确保这些措施的必要性、相称性、合法性和非歧视性影响，并让监督机构参与这些措施的审查。通过采取措施促进公众参与，例如，邀请公众就与疫情有关的挑战和政策提供意见和反馈，并让民间社会代表参与决策委员会和议会辩论。保护和平集会自由和保护隐私权是一些政府的重要考虑。民间社会在监测侵犯人权行为并提高人们对这种行为的认识、建立网络和联盟、倡导取消刑事制裁、让当地社区参与以及通过战略诉讼挑战紧急措施方面发挥了至关重要的作用。

4.3 调整公共部门的运作模式，使公共机构能够同时应对危机和实现可持续发展目标

这次新冠疫情及其后果促使人们有必要讨论重新思考公共部门的运作模式。面对公共机构和组织的职能、政策选择和公共服务提供出现的中断，有一种观点认为公共机构需要同时能够预测和应对危机，并继续专注于包括可持续发展目标在内的长期目标。这意味着政府各部门需要更好地协调和协作，并重新思考公共服务的提供方式，将重点放在人民、用户和受益人上，而不是官僚结构和流程。

提高公共行政的包容性

在公共机构中的代表权影响其与社会的关系。反映其所服务公众的公共行政能够更好地满足社会需求并赢得公众信任。特别是，公共行政中的性别平等问题仍是一个未完成的议题。适应"新常态"并重新关注公共行政中的性别平等，需要同时在几个方面采取行动。这包括牢记疫情前吸取的教训，重新努力采纳和实施数据、透明度、培训和指导以及指标和配额等特别措施方面行之有效的良好做法。还必须评估疫情期间在远程工作、混合工作、注重工作与生活平衡及心理健康等领域所做变革的性别影响，并将积极变革巩固和纳入公共行政未来的性别平等承诺。决策者必须将性别平等置于未来危机恢复努力的中心，确保妇女充分参与，负责危机应对和管理的常设机构，并获得领导这些机构的机会。这些努力应是各国政府更广泛行动的一部分，以恢复势头，使可持续发展目标5、16能够在2030年实现，并为使公共行政更包容社会各阶层的其他努力提供信息。

改变公共管理中的思维方式

将人民置于公共管理行动的中心，需要改变公职人员的思维方式，这是支持进程变革所必须的。这从实施《2030年议程》的最初阶段就已经被认识到，但现在更加明确。随着公共机构从在疫情期间实施的临时性变革转向可持续性运营模式，现在有机会考虑全面改革公共行政管理。例如，在司法部门，重要的是围绕人们经历冲突或不公正的情况组织变革工作；让法官和人权维护者参与解决方案的设计；采用法律程序，以便尽早解决问题，并创建非正式的解决争端方法。

更好地把握可持续发展目标实施过程中出现的权衡

为了更好地处理在落实可持续发展目标过程中出现的权衡问题，各国政府需要在几个方面取得进展。可持续发展挑战不能通过技术官僚主义的解决方案来解决。它们需要在《2030年议程》所反映的价值观和原则的基础上，就相互冲突的政策考虑达成妥协。有必要围绕政策选择建立合法性和共识，以促进信任、政策遵守和效率的良性循环。对可持续发展目标的协同作用和权衡进行系统评估，可以帮助决策者确定创新的政策解决方案，并解决在特定背景下削弱公共服务效率的系统性瓶颈。政策权衡问题应以公平和透明的方式处理，用于确定优先事项和选择的证据基础应公开和透明地沟通。

政府至少应以透明的方式沟通政策优先事项和选择的分配影响。

可持续发展目标优先事项的确定应当透明，得到科学支持，并以风险评估和可持续发展目标的相互作用为依据，同时考虑到其动态性和背景性。有必要让支持可持续发展目标实施的科学系统更加包容、公平和更具社会相关性，为此需要让更多的意见、机构、知识来源以及知识生成和学习方法参与进来。系统建模、情景分析、战略远见和其他工具可以支持更一体化的优先事项设定和政策制定，并帮助决策者应对实现可持续发展目标的挑战，解决技术和环境转型问题。联合国在综合国家财政框架（INFFs）方面的工作为各国在可持续发展目标各部门加强政策协调方面提供了实际指导。政府能力是决定各国能否有效应对2019年新冠疫情的关键因素。未来，发展合作可以在建设此类能力方面发挥关键作用，例如，在国家卫生系统、社会保障系统或危机应对系统方面。综合国家财政框架可作为一种工具，使这种国际支持与国家优先事项和需求保持一致。

预算和公共财政管理是为可持续发展目标确定政策选择优先次序和资源配置的核心和有力工具。预算信息有助于权衡政策选择。加强公共财政管理系统对于提高公共支出的效率和公平以及全面落实可持续发展目标至关重要。这包括监测预算执行效率，确保政府按照批准的预算支出。了解公共支出对可持续发展成果的影响对于有效落实可持续发展目标至关重要。预算标记，将预算中的财政资源与发展目标和指标联系起来，从而实现有针对性的资源配置，并为将公共财政决策与发展成果联系起来提供基础。这种方法使政府能够跟踪和衡量公共支出的影响，从而有可能改善社会成果。这也使民间社会和利益相关方能够为预算编制做出贡献，支持监测和评价，并有助于前瞻性分析和国际比较。

委托进行独立评估（包括通过外部审计）、改进监测工作、提高数据和信息的质量和可用性，对于利用这些切入点系统性地实现可持续发展目标方面的潜力至关重要。

将风险管理纳入公共行政管理的常规程序

2019年新冠疫情凸显了风险管理的重要性，但也暴露了风险预测和防范方面的弱点。有效的风险管理可以更好地支持系统性实现可持续发展目标，通过加强将风险因素纳入可持续发展目标的协调和指导结构、投资于风险预测能力、促进加强机构间合作，以及缩小风险预测与实际防范之间的差距。将风险管理纳入现有的优先事项制定架构，例如，政府中心，需要解决风险管理系统的差距和克服优先事项制定过程中的制约因素。国际合作可帮助各国政府推动风险管理的作用，通过制定政策优先事项、分享良好做法、缩小影响差距和促进各级政府之间的协调。

推动公共行政管理创新

新冠疫情期间，公职人员和其他利益相关方之间的合作有所加强，创新步伐加快。对公共机构的效率、响应能力和问责制产生积极影响的创新和变革，举例来说，在数字化准备、公共采购、联合生产和人员流动方面，最好应该得到保留和巩固，并应该激发进一步的改变。这需要适当地将最初的临时举措制度化——即将其转化为公共机构的流程和标准操作程序。这在大多数国家一直是一个长期挑战。考虑到更长的时间框架，为公共机构配备预测未来挑战和管理危机的能力，同时仍然履行其正常职能，需要基于创新生态系统的系统性方法，以促进多个组织、利益相关方和部门之间的动态联系。很少有国家能够做到这些。

管理数字化转型

如前所述，自2020年以来加速向数字政府转型创造了新的机会和好处，但也增加了风险并产生了新的挑战。政府有机会利用数字转型，将人权、包容和不让任何人掉队作为核心。在推广"只用数字"的方法来实现数字政府后，许多国家现在正在转向承认需要综合的混合服务提供模式，为所有用户，特别是服务不足地区的用户提供无缝体验。政府应采取"有设计的包容"战略，并考虑采取有针对性的、本地化的和情境化的方法，因为并非所有被排除在外的群体都面临同样的障碍。

数字化的加速加剧了监管数字服务和数字技术使用的紧迫性。相关政策应允许创新在保护用户权利的同时蓬勃发展，并确保数字服务是安全和公平的，同时考虑到数字鸿沟日益扩大对最弱势群体的影响。需要制定此类政策，例如，保护妇女免受自2019年新冠疫情开始以来日益增加的网络暴力。

调整各级政府间的关系

不同级别政府之间的协作和协调对危机管理和应对至关重要。疫情暴露了碎片化的挑战，并凸显了加强多级治理方法的必要性。疫情期间观察到的各级别政府之间的关系变化，可以激发人们重新考虑以下关键方面的体制安排：不同级别政府在具体问题上采取行动的自主程度、支持可持续发展目标的资源分配、协作安排和协调机制，包括危机管理机制。

4.4 提高政府和非国家行为者推进《2030年议程》和管理危机的能力

前文强调了各国政府有可能在以下领域取得进展：恢复合法性和信任、促进参与和介入、提高公共行政效率、提升问责和响应能力以及改善公共服务。要在这些方面取得进展，需要加强能力建设，不仅在政府和公共机构内部，而且在其他行为体之间。本节阐述了本报告在这方面的一些见解。

加强政府规划和确定优先次序的能力

政府和公共机构有很多机会来提高其规划和确定优先事项的能力。重要的是培训公共机构的工作人员如何使用现有工具来评估权衡和协同作用，包括如何为决策者提供可操作的建议等。例如，战略展望和情景分析可以纳入公务员培训和公共行政管理学院的课程，以教育下一代公职人员。人工智能和计算模型可以通过分析政府支出与发展成果之间的联系，为落实《2030年议程》提供支持。在更广泛的意义上，公共财政管理也需要能力建设，包括在预算标记等具体领域。

培养公共行政管理的创新能力

如何从系统的角度促进公共机构的创新，以及成功实现这一目标所需的能力、技术和资产，仍有许多问题有待探讨。关于公共部门创新的常见叙述强调，需要有适当的监管和基础设施的扶持环境，以及面向创新的组织文化、思维方式、能力和工具。他们还强调，公职人员需要适当具备促进创新所需的知识和技能，特别是在技术、战略预见、危机管理、适应性、韧性和变革管理等领域。然而，疫情期间，其他因素，例如，工作人员的能动性和内在动机以及他们对其他行为者有意义接触的意愿，也发挥着至关重要的作用。

疫情期间，公共机构必须提出创新的培训方法。例如，在南非，卫生工作者培训需要通过在线平台完成。政府可以推动这种转型，作为面对面培训的一种负担得起的补充方案，同时确保包容性地获得能力发展机会。

提高非国家行为体的能力

尽管本报告侧重于公共机构，但疫情期间的实例突出表明，提高其他利益攸关方的能力仍具有现实意义。这与本报告的核心——加强参与介入——是一致的。例如，为了充分参与和受益于愿景建设计划，利益攸关方需要在有关根本实质问题和相关工具使用方面接受培训，以免参与成为形式。在基础层面上，可持续发展目标的教育对实现这些目标至关重要，中小学和大学层面的举措可以促进可持续发展的实施。提高公众的数字素养和媒体素养——尽早开始，最好是在学校内——是基础能力发展的一个例子，应伴随和支持各国政府开展的更广泛的能力建设工作。

共享经验和实践

各国之间的经验和做法交流有助于解决关于哪些措施有效以及未来应避免哪些措施的知识差距。各国之间的经验和做法交流有助于缩小知识差距，了解哪些做法有效，哪些做法今后应避免。跨国专业或民间社会主导的网络是支持可持续发展目标综合实施的宝贵资源。它们可以促进个人、组织和有利环境层面的能力建设和协作。全球和区域网络还可以促进传播及采用分析工具和模型，以支持政策的一致性和一体化，并鼓励实际使用。

4.5 从危机走向常态：保留和利用新冠疫情期间出现的积极变革和创新

新冠疫情和其他近期危机促成了对可持续发展目标进展产生积极影响的制度变革，表明危机也可以成为机遇之窗。然而，在许多领域，一旦危机结束，作为"回到常态"的一部分，具有积极影响的政策和体制变革就有可能被丢弃，特别是如果没有认真评估其影响的话。例如，一些针对公共雇员的新工作场所政策对性别平等产生了积极影响，但这些影响可能没有获得管理者或决策者的认可，或者可能被认为不重要，因为他们优先考虑的是恢复原状。类似地，虽然在疫情期间尝试了不同级别政府更有效的合作方式，但随着紧急情况的结束迫使所有行为体回到规定的或传统的工作方式，这些方式可能会失去吸引力并被放弃。这强调了评估的重要性，以评估制度创新的绩效，使之能够纠正方向，并将重点放在公共行政的有效做法上。

这同样适用于主要通过集体动员、源于重新产生的共同目标感的合作和个人的内在动机而实现的迅速和积极变革的情况。这反映了正常时期和危机期间的关键区别。在非紧急情况下，公职人员可能无法尝试或从失败的创新尝试中学习，也无法了解如何管理与失败有关的风险。他们可能也缺乏探索提供公共服务新方式所需的乐观精神、影响力和动力，以及利用可促进创新的数据和工具。在危机期间，这一切都可能发生翻天覆地的变化。在疫情期间，公共部门的管理者和工作人员往往背离普遍的先入之见，没有等待传统上公认的所有有利因素到位后进行创新。

因此，问题在于如何保持积极变化，以便在正常时期继续造福社会。正如报告所列举的例子所反映的，促进转型和创新需要在不同层面采取有意识的行动，这些行动涉及个人（包括公共实体及其合作伙伴的工作人员）、组织和机构，以及有利的环境。如上所述，公共机构以持久的方式将变革制度化，将其转化为公共行政标准操作程序的变化，这至关重要，公共组织应对不确定性和风险的能力也是至关重要的。公职人员及其互动对象的心态和态度也是至关重要的。展望未来，在公共机构和公共行政中创造一种新的使命感——一种与利益相关者共享的使命感，一种真正致力于为参与和介入服务的使命感——是有必要的。

4.6 展望：疫情的教训能否为机构变革提供启发，以更好地支持实现可持续发展目标？

展望未来，在如何转变国家级别的机构以支持实现可持续发展目标并使社会更有抵御危机的能力方面，疫情时期的经验教训是什么？各国政府在应对2019年新冠疫情方面发挥的作用加强了国家作为社会行为者的合法性和中心地位，这与自20世纪80年代中期以来主导主流经济话语权的关于国家作用的极简主义概念发生了180度的大转弯。与此同时，当前的社会、经济和环境挑战巨大，公共机构与其服务对象之间的信任水平很低。这种结合为重新思考公共机构如何为人民服务以及如何更好地推进《2030年议程》提供了明确的机会。鉴于各国在许多领域面临的挑战具有共性和相互依赖性，这种对话应在国家级别举行，但在适当情况下也应在国际层面举行。疫情的教训还可帮助各国政府应对其他紧急情况。例如，气候紧急情况，这需要政策的长期转变和重大政策选择，并将权利和公正考虑置于政策决策的中心。

总的来说，各级机构需要变得更具包容性和响应性。这包括增强社会不同阶层的权能，包括妇女和青年，以便为创建可持续发展的共同愿景和战略做出有意义的贡献，包括参与关键的政策选择。必须持续和综合地关注人权，包括子孙后代的人权，更多地关注制度设计的变化和快速的技术进步在危机时期和常态时期可能对人权产生的影响。

为了加快实现《2030年议程》，机构需要更好地装备自己——从充足的资金和人力资源开始。需要考虑的关键领域包括公共部门管理可持续发展目标之间的协同作用和权衡的能力，更好地将不确定性和风险纳入关键流程、管理数字化转型，更好地利用预算和公共财政管理来支持知情的政策选择，以及在公共组织内部流程和在提供服务的过程中，促进创新并使其制度化。所需的变革不仅限于技术性变革，还包括改变公职人员的思维方式和公共机构及具体组织的规范，以真正重视其他行为者的赋权，参与共同生产并有效管理参与，将性别平等和人权置于政策和制度设计的核心，并将不让任何人掉队的原则提升为公共服务的核心原则。

报告中列举的例子展示了快速，有时甚至是激进的变革（如在卫生和司法部门），但也深入探讨了长期存在的障碍和挑战，这些障碍和挑战往往在疫情期间阻碍了更大的变革（如在保护公民空间、非国家行为者参与决策以及打击错误信息和虚假信息等领域）。虽然跨部门的全面评估不是本报告的目标，但总体情况并不是对公共机构进行广泛、系统性转型，从而有助于促进《2030年议程》的实施。因此，本报告强调的许多挑战在未来几年可能仍具现实意义。可以开展更多研究，系统地评估哪些部门、哪些政策领域和机构类型经历了更剧烈或更具破坏性的变革，并评估这些变革对所有可持续发展目标的进展产生积极影响的潜力。这种评估应在国家级别进行，因为各国的情况和背景大不相同；也应在国际层面进行，因为一些部门的快速变化——例如突发卫生事件期间的新合作机制或处理错误、虚假信息的新方法——可能会影响国际关系。

在疫情期间出现的一些积极变化可能无法持续下去，因为政策和进程被拉回到疫情前的"默认"位置。在某些情况下，公职人员、民间社会和个人的内在动机可能是疫情推动的许多积极变化背后的决定性因素。疫情后能否以及如何保持这种动机，现在应该是各国政府主要关切的问题。

本报告探讨的许多问题目前正在联合国内部得到处理，其中一些问题是通过作为联合国秘书长报告《我们的共同议程》的后续行动而启动的政府间进程。本报告中的若干专家所述观点突出表明，人们对由联合国主导的旨在解决这些问题的进程寄予厚望，这些进程包括可持续发展目标峰会、全球数字契约、关于未来世代的宣言和未来峰会。这对联合国来说是一个巨大的机会，因为它证明了非国家行为体致力于促进这些进程并不断丰富它们的贡献，并在更广泛意义上证明了人们仍然对多边体系抱有信心，提醒人们确保这些进程取得有意义成果的重要性。

图书在版编目（CIP）数据

世界公共部门报告. 2023 : 后疫情时代通过机构转型实现可持续发展目标 / 联合国经济和社会事务部编 ; 上海社会科学院信息研究所译. -- 上海 : 上海社会科学院出版社，2024. -- ISBN 978-7-5520-4551-2

I. D523

中国国家版本馆CIP数据核字第2024VN7475号

世界公共部门报告（2023）：后疫情时代通过机构转型实现可持续发展目标

编　　者：联合国经济和社会事务部
译　　者：上海社会科学院信息研究所
责任编辑：熊　艳
封面设计：杨晨安
出版发行：上海社会科学院出版社
　　　　　上海顺昌路622号　邮编 200025
　　　　　电话总机 021-63315947　销售热线 021-53063735
　　　　　https://cbs.sass.org.cn　E-mail: sassp@sassp.cn
排　　版：南京展望文化发展有限公司
印　　刷：上海盛通时代印刷有限公司
开　　本：889毫米×1194毫米　1/16
印　　张：14
字　　数：390千
版　　次：2024年10月第1版　2024年10月第1次印刷

ISBN 978-7-5520-4551-2/D · 731　　　　　　　　定价：188.00元

版权所有　翻印必究